이 한 상

작가·번역가·논술 강사
서울대학교 경영학과 졸업.
경희대학교 대학원 국문과 졸업.
논술학원 '상상력발전소' 대표 강사 역임.
옮긴 책으로 〈유전자 인류학〉, 〈안데르센 자서전〉,
〈돌파경영 돌파전략〉, 〈의학사의 이단자들〉,
〈벌거벗은 여자〉 등이 있다.
E-mail / leeks8787@hanafos.com

논
술이 쉽
다

논술이 쉽다

이한상 논술12강

Human & Books

논술이 뭐길래

지피지기知彼知己면 백전불태百戰不殆라고 했다.
적을 알고 나를 알면 백 번 싸워도 위태롭지 않다는 뜻이다.
논술이 뭔지 알면, 그리고 왜 논술을 가지고 떠드는지 알면,
논술 때문에 낭패 볼 일은 결코 없을 것이다.

학교 다닐 때 우등생이 사회에 나와서는 우등생이 못 되었다.

오히려 뒷줄에 앉아 엉뚱한 짓을 하던 친구들이 사회에서 우등생이 되는 경우가 많다.
이들은 한결같이 이렇게 말한다.
"나는 수업 시간에 배운 것보다, 수업 이외의 시간에 엉뚱한 짓을 하면서 더 많은 걸
배웠습니다."
그 '엉뚱한 짓'이 바로 창의적인 사고를 기르는 훈련 과정이었고 성공의 밑거름이었다.
물론 다는 그렇지 않았겠지만, 결코 무시해도 좋을 만큼 적은 비중이 아니다.
학교 교육이 실천적인 교육이 되지 못했다는 반증인 셈이다.

학교에서는 무얼 가르쳤단 말인가?

이런 문제 인식 하에, 창의적인 교육의 필요성이 꾸준히 제기되었다.
창조적인 사고의 힘을 기르고 이를 바탕으로 수학 능력을 끌어올리자. 주입식·암기
식 위주의 교육에서 탈피해, 사회에 나가 성공할 수 있는 경쟁력을 심어주자.
스스로 문제를 파악하고 해결책을 찾아나가는 능력을 길러주자.
고기를 잡아주는 게 아니라 고기를 잡는 법을 가르치자.

그리고 그 대안으로 논술이라는 교육 방식·시험 방식이 채택되었다.

논술고사는 적어도 중상위권 이상 대학에서는 당락을 결정할 만큼 배점 비중이 크다.
하지만 논술이 중요한 이유는 단지 이뿐만이 아니다.
논술은 단순히 국어나 언어 영역의 연장이 아니다.
6차에서 7차로 이어지는 교육과정의 핵심 목표가 창의적이고 실천적인
수학 능력을 기르는 것이고, 그 한가운데 논술이 있다. 학원가의 유명 논술 강사들이
국어과만이 아니라 사회과와 과학과 출신인 까닭도 여기에 있다.
수능 성적을 올리는 데 논술은 가장 든든한 체력 훈련장이다.

수능시험이 끝나고 나서야 논술이 얼마나 중요한지 깨닫는다.
땅을 치고 후회해봐야 그때는 이미 늦다.

논술이 어렵다고들 한다.
과연 그럴까?

인터넷 게임을 한 적이 있을 것이다.
(있는 정도가 아니라 무지하게 많겠지.)
상대방이 나보다 실력이 월등할 때는 물론이고, 비슷할 때도 이기기 힘들다.
하지만…

이기기 어렵다고 해서, 게임이 재미없었나?
이기기 어려운 상대가 오히려 투지를 불태우게 만들지 않았나?
화장실에 앉아서도 생각이 나고,

잠을 자려고 눈을 감아도 생각이 나는 건,
쉬운 상대가 아니라 어려운 상대의 얄미운 얼굴이 아니었나?

게임이 재미있는 건 규칙이 있고, 규칙 속에서 긴장하고
상대와 교감하기 때문이다.

논술도 그렇게 해보자.
함께 하는 친구들을 상대로,
그리고 주변의 모든 사람들과 사물을 상대로,
교감하고 긴장을 느껴보자!

교감하고 긴장하려면 상대가 만만치 않아야 한다.
(그래야 재미있지! 컴퓨터를 상대로 치트키 써서 이겨봐야 무슨 재미가 있나?)
만만치 않은 논술과 붙어보자, 재미있게!
어느 순간, 논술의 내공이 엄청나게 높아져 있음을 발견할 것이다.

다시 한번 분명히 해둘 것, 하나.
어렵다는 건 이기기 어렵다는 것이지, 게임 자체가 어렵다는 뜻은 아니다.
규칙만 알면 누구나 즐길 수 있다. 그래서 쉽다.

논술이 쉽다!
자, 시작해보자!

c o n t e n t s

3 실전 논술 5선

완벽 논술을 위한 팁 모음

TIP 1 함정 체크

TIP 2 만점 받기 기술

TIP 3 만점 받기 훈련

《논술이 쉽다》 100배 활용하기

♥ 체 제

— 이 책은 1부의 오리엔테이션 편과 2부의 강의 편, 그리고 3부의 실전 논술 편으로 구성
되어 있다. 1부는 논술에 대한 총강인 셈이고, 2부는 각론, 3부는 실전 훈련인 셈이다.

— 2부의 12회 강의 12개 주제는 논술시험에서 가장 보편적으로 나오는 주제들에서 선택했
다. 각 강의는 이 각각의 주제 및 주변 개념들을 쉽게 익히고 응용할 수 있게 구성했다.

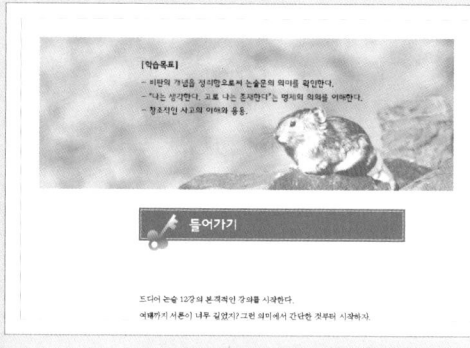

학습목표와 들어가기
해당 강의의 주제를 경험과 현실 속에서 파악하게 한다.

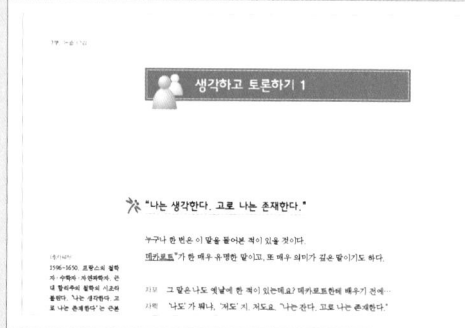

생각하고 토론하기
주제로 접근하기 위한 구체적 사례와 상황을 다각도로 사
고하게 유도한다.

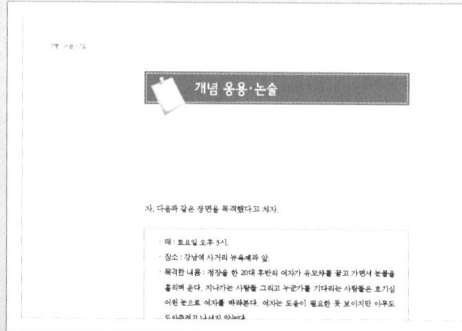

개념 응용·논술
생각하고 토론한 내용을 바탕으로 실전적인 문제를 풀게
한다.

♥ 활용법

― 이 책은 혼자서도 얼마든지 논술을 공부할 수 있게 구성했다.

― 보다 큰 효과를 보려면, 세 명 이상 그룹을 지어 서로 생각을 나누고 비교하길 권한다.

― 이 책의 12회 강의는 교양 영역을 중심으로 구성했으며, 논리력을 키우고 글쓰기 실력을 늘리는 영역은 이 12회 강의 속에 녹아 들어가게 구성했다.

― 이 책에서 제시하는 문제나 질문을 꼼꼼히 풀다보면, 자기도 모르는 사이에 실력이 부쩍 늘어났음을 깨달을 것이다.

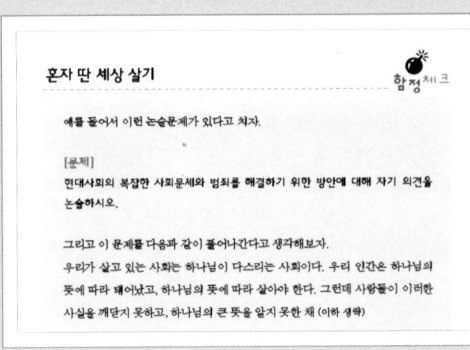

함정 체크
논술문을 작성할 때 흔히 저지르는 오류와 빠지기 쉬운 함정을 정리했다.

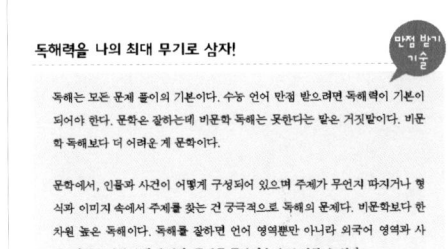

만점 받기 기술
논술 만점을 받는 데 필요한 기본 기술을 설명한다.

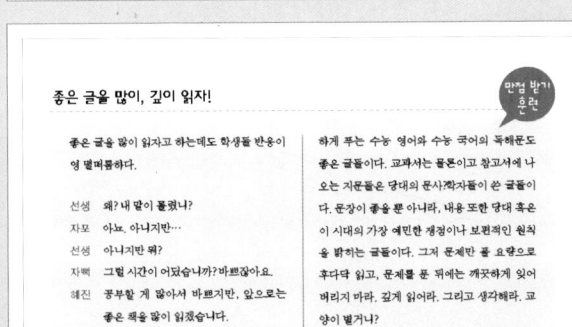

만점 받기 훈련
논술 만점 받기 위한 훈련 내용을 알기 쉽게 설명한다.

2005학년도부터 실시하는 논술고사는 교과과정과 관련된 한국 및 동서고금의 고전을 포함한
다양한 소재를 바탕으로 출제하도록 하되, 정형화된 논리나 상투적인 표현보다는
창의적인 생각을 논리적으로 표현한 글이 좋은 평가를 받도록 하고자 한다. 주어진 자료의
성격과 의미를 정확하게 이해하고 이를 바탕으로 자신의 견해나 주장을 논술하도록 하겠다.
제시될 자료로는 문장자료·통계자료·도표자료 등이 있는데, 수험생은 논제의 조건을
잘 살펴보고 자료의 활용방안을 생각해야 한다.

— 서울대학교가 발표한 '2005학년도 논술고사 출제 방향' 에서

1

오리엔테이션

(길동과 바보가 말따라하기 놀이를 하고 있다.)

길동   이것은 책이다.
바보   이것은 책이다.
길동   이것은 사과다.
바보   이것은 사과다.
길동   너는 바보다.
바보   너는 바보다.
길동   네가 바보라구.
바보   네가 바보라구.

(지겨워진 길동이 그만하고자 한다.)

길동   이제 그만하자.
바보   이제 그만하자.
길동   아니 이제 말따라하기 놀이를 끝내자니까!
바보   아니 이제 말따라하기 놀이를 끝내자니까!

갑은 어떤 말로 이 놀이를 끝낼 수 있을까?

1장_ 다시, 논술이 뭐길래

자, 논술이 뭔지, 무얼 추구하는지, 또 논술 과정이 어떤 건지 일단 알아야겠지? (이미 알고 있다고 생각하는 사람은 건너뛰어도 좋다. 하지만 이 책을 사는 데 투자한 돈의 성과를 백 퍼센트 얻고 싶으면, 그리고 이 책에 투자하는 시간과 노력의 성과를 백 퍼센트 얻고 싶으면, 그러지 않는 게 좋다. 왜냐하면, 여기서 하는 얘기는 이후에 이어질 '논술 12강' 에서도 계속해서 할 것이기 때문이다. 이래도 건너뛸 사람 있다면, 할 수 없지 뭐.)

이해하기 쉽게 예를 하나 들겠다.
여러분들은 모두 학원 한두 곳 정도는 다니고 있을 것이다.

자기가 다니는 학원 강의실 가운데 하나를 머리에 떠올려보자.

아무 거나 상관없다.
어떤 학생은 백 명이 너끈하게 들어가고도 남을 대형 강의실을 떠올릴 테고,
또 어떤 학생은 열 명만 앉아도 꽉 차는 아주 작은 강의실을 떠올릴 것이다.
어떤 강의실이든 상관없다.

자, 강의실을 떠올렸다면, 머릿속에서 좀더 구체적으로 그려보자.
구조가 어떤지, 넓이가 어느 정도인지, 냉난방 시설은 어떤지, 벽에는 벽지가

발라져 있는지 아니면 페인트칠이 되어 있는지, 그리고 책상과 의자는 어떤 종류인지, 가능하면 세세하게 머리에 떠올려보라. 함께 강의를 듣는 친구들 얼굴을 떠올리면 상황이 훨씬 생생해질 것이다. 개중에는 마음에 들어서 언젠가 한번은 사귀자는 제안을 해보고 싶은 친구도 있을 테니까. '오바' 한다고 생각하지 마라. 구체적으로 생각하라는 얘기다.

(30초의 시간을 주겠다.)

자, 이제 여러분에게 과제를 주겠다.

[과제]

여러분은 모두 인테리어 업계의 전문가다. 한국에서 대학교 4년 동안 이 방면을 열심히 공부했고, 군대 갔다 온 뒤 다시 미국이나 일본 또는 프랑스로 유학을 가 3년 동안 코피 흘려가며 죽어라 공부를 하고 막 귀국했다. 그동안 고생하며 갈고 닦은♥ 실력을 발휘하는 일만 남았다. 그런 여러분이 실력을 발휘할 수 있는 첫 번째 프로젝트를 따냈다. 지금 여러분이 머리에 떠올린 강의실 하나를, 학원의 사장이 7백만 원을 줄 테니 그걸로 멋지게 꾸며달라는 것이다. 여러분은 귀국 후 처음으로 맡은 이 프로젝트를 멋지게 해내어야 한다. 그래야만 사람들이 여러분의 실력을 인정해줄 것이다. 이 일을 제대로 하지 못하면, 귀한 돈 들여 외국에 유학이랍시고 가서는 뺀들뺀들♥ 놀기만 했다고 비난받을 수도 있다. 어쩌면, 실력이 없다고 소문이 나 개업을 하지도 못하고, (이왕 가는 거 좀 심하게 가보자), 사회에서 영원히 매장될 수도 있다. 인생이 걸린 문제다. 자, 여러분은 학원의 사장이 주는 돈으로 그 강의실을 어떻게 꾸밀 것인가?

갈고 닦은
연마(研磨·鍊磨)한

뺀들뺀들
흔히 쓰는 '뺀질뺀질'은 잘못된 표현이다.

논술이 뭐냐고 얘길 꺼내놓고선, 웬 뚱딴지같은 인테리어냐는 사람이 있을지 모르겠다. 이런 사람에게는, 호기심이 많은 건 나쁘지 않지만 상황에 따라서는 호기심을 잠시 접어둘 필요가 있다는 말을 점잖게 해주고 싶다.

자, 인생이 걸린 이 프로젝트를 당신은 어떻게 수행할 것인가?
일단 계획을 세워야겠지. 계획도 없이 무턱대고 시작할 수는 없으니까.

다음 빈칸에 가능한 한 자세하게 계획을 정리해보자.

빈칸을 빼곡이 채우기 전에는 다음 쪽으로 넘어가지 말기를 당부한다.

'○○학원 ○○강의실 인테리어 프로젝트' 계획안

_____

_____

_____

_____

_____

_____

_____

_____

_____

_____

_____

_____

_____

_____

빈칸을 채우지 않고 다음 쪽으로 넘어가려는 사람에게 다시 한번 권하는데, 인생이 걸린 문제이니 만큼 대충 넘어갈 생각은 하지 말기 바란다. 자기가 세운 계획안이 자신의 미래를 장밋빛으로 보장해준다는 확신이 설 때까지는 절대로 넘어가지 마라. 대학입시 논술고사라 생각하고 최선을 다하도록.

자, 이제 여러분이 세운 계획안을 살펴보고 도움말을 주어야 할 텐데, 내가 확인할 수 없으니, 각자 스스로 자기에게 필요한 도움말을 챙겨가기 바란다.

먼저, 강의실 단장의 기본적인 목표를 세웠나? 업계에서는 이걸 흔히 '컨셉트'라고들 한다. 논술에서는 '주제'라는 말로 표현하지.

주제 설정

다음과 같은 주제가 있을 수 있다.

- □ 웰빙형 강의실
- □ 주의집중형 강의실
- □ 강사의 연구실을 겸한 강의실

(물론 이외에도 수많은 주제가 있을 수 있지만, 이 세 가지만 살펴보자.)

웰빙형 강의실	학생들이 최대한 쾌적한 분위기에서 인간적으로 공부할 수 있게 하는 데 초점을 둔다.
주의집중형 강의실	학생들이 한눈팔지 않고 강의 내용에 최대한 집중할 수 있게 하는 데 초점을 둔다.
연구실 겸 강의실	강사가 강의와 강의 준비 등으로 하루 중 대부분의 시간을 보내는 공간임을 염두에 둔다.

주제에 맞는 구체안 세우기

웰빙형 강의실이라면, 아로마 향기가 은은하게 퍼지도록 해야 한다. 또 의자도 가능하면 안락하게 만들어야 한다. 그리고 명상음악 같은 것도 필요할 때 들려줄 수 있도록 장비를 갖추어야 한다. 정서에 좋은 그림이나 사진 등을 벽에 걸 수도 있다.

주의집중형 강의실이라면, 학생들이 몸을 조금만 비틀어도 자세가 불편해서 어쩔 수 없이 자세를 바르게 할 수밖에 없는 의자를 비치해야 하며, 강사의 목소리가 구석구석까지 퍼질 수 있도록 (필요하다면) 스피커도 설치해야 한다. 또한 강사가 서는 강단도 높이를 올려서 권위와 위압감을 줄 수 있게 해야 한다.

연구실 겸 강의실이라면, 강사가 하루 중 대부분의 시간을 보내는 공간인 만큼 책장이나 개인 사물함 등의 사적인 공간을 확보해야 한다. 이 사적인 공간은 자칫 강사의 구질구질한 일상이 학생들에게 노출될 수 있다. 따라서 학생들이 강사의 권위를 최대한 느끼고 신뢰를 가질 수 있는 공간으로 배치해야 한다.

자, 여기서 정리하는 기분으로 여러분이 한 과제를 평가해보자. 평가 항목은 다음과 같다.

▶ 주제를 설정했나, 혹은 하지 않았나?

이걸, 논술에서는 '논지를 설정한다' 혹은 '주제문을 작성한다'고 한다.
자신이 주장할 내용을 한 문장으로 정리하는 걸 말한다. 예를 들면 이렇다.

"학생들이 개방적인 분위기에서 자기 의견을 스스럼없이 발표하게 해 자유로운 토론을 이끌어내는 웰빙형 강의실로 꾸미겠다."

주제 혹은 논지는 가장 큰 원칙이다. 이런 원칙이 없으면 서로 상반되는 구체적인 내용이 한데 뒤섞인다. 예를 들면 이렇다.

- 학생들이 안락하게 강의를 들을 수 있도록 쿠션이 있는 팔걸이 의자를 비치한다.
- 학생들이 강의에 집중할 수 있도록 강사용 마이크와 스피커를 비치한다.

얼핏 봐서는 아주 좋은 계획 같지만, 팔걸이 의자에 드는 비용이나 마이크와 스피커 비용 둘 중 하나는 낭비다. 목표와 목표를 달성하기 위한 수단이 따로 놀기 때문이다. 컨셉트, 다시 말해 주제가 없기 때문이다.

▶ 설정한 주제에 맞게 구체안들을 작성했나, 하지 못했나?

이걸 논술에서는 '논지 전개의 일관성'이라고 한다. 연구실 겸 강의실로 주제를 정했으면, 여기에 맞게 비품들을 갖추고 공간을 배치해야 하는데, 주제만 그렇게 설정해놓고선, 실제 비품이나 공간 배치는 주제와 동떨어지는 경우, 일관성이 없다고 말할 수 있다. 예를 들면 이렇다.

• 주제 : 연구실 겸 강의실
• 방안 : 학생들의 휴게실로도 활용할 수 있도록 다양한 읽을거리들을 비치한다.

이래가지고는 강사가 강의 준비를 제대로 하기도 어려울뿐더러 학생들을 위한 자유로운 분위기의 휴게실 기능 역시 충족시킬 리가 없다. 지출한 비용만 낭비다.

자, 그런데 여기서 또 다른 의문이 제기된다.

"논술을 강의실 인테리어와 같다고 할 수가 있나요? 강의실 인테리어야 용도나 목적에 따라 이렇게도 할 수 있고 저렇게도 할 수 있지만, 논술은 그런 게 아니잖아요. 정답이라는 게 있어야 하는 거 아니에요?"

정답?
좋은 질문이다. 하지만, 정답 같은 거 없다. 다음 쪽에서 확인해보자.

🦟 논술에 정답이 있다는 편견을 버려라!

논술은, 사물이나 현상을 논하며 의견을 진술하는 것이고,

논술을 공부하는 목적은, 사물을 논리적이고 창의적으로 바라보고 분석해 자기 의견을 진술하는 능력을 기르기 위한 것이고,

논술고사는, 수험생이 가치의 균형감각을 얼마나 갖추고 있는지, 또 사물을 논리적이고 창의적으로 바라보고 분석하는 능력을 얼마나 가지고 있는지 측정하는 시험이다.

> 논술고사는, 수험생이 가치의 균형감각을 얼마나 갖추고 있는지, 또 사물을 논리적이고 창의적으로 바라보고 분석하는 능력을 얼마나 가지고 있는지 측정하는 시험이다.

논술고사에 정답이 없다는 말을 아직도 믿지 못하는 사람들을 위해서 예를 들어보겠다. 다음과 같은 문제가 있다고 치자.

[문제] 자살에 대해서 어떻게 생각하는지 논술하라.

'논술하라'는 '자기 의견을 진술하라'는 뜻이다. 자기 의견을 진술하면 된다.

학생   간단하네요?

선생   그럼, 간단하지!

학생   그럼 정답은요?

선생   정답이 아니라, 모범답안이라니까 그러네.

학생   아 참, 모범답안은요?

선생   모범답안은 이거야, 자살에 대해서 네가 생각하는 걸 진술하면 돼.

학생   내가 생각하는 거요? 그게 뭔데요?

선생   그건 네가 알 거 아냐.

학생   네, 전 자살 반대예요.

선생   그래, 자살에 대해 옹호할 수도 있고 반대할 수도 있고, 또 자살의 배경

이 되는 사회적인 문제를 해결하는 방안을 제시할 수도 있는 거지. 어떤 걸 선택해도 상관없어.

학생 그냥 자기 생각을 쓰기만 하면 되나요?

선생 아니지, '잘' 써야지.

학생 '잘'이라구요? 그런 말 누가 못해요?

선생 누구나 다 하지. 하지만 그 '잘'이 문제거든. 얼마나 잘하느냐에 따라 점수를 많이 받기도 하고 조금밖에 못 받기도 하지.

학생 그러니까 그 '잘'의 조건이 뭐냐구요.

선생 주장이 선명하고 독창적이며, 그 주장을 펼치는 과정이 논리적으로 일관성이 있으면 되는 거지. 논리도 치밀해야 하고. 이 논리 전개 과정에, 인문·사회·예술·과학에 관한 풍성한 교양이 뒷받침되면 더할 나위 없이 좋지.

> **모범답안의 조건**
> 주장이 선명하고 독창적이며, 그 주장을 펼치는 과정이 논리적으로 일관성이 있어야 하며, 논리가 치밀해야 한다. 풍성한 교양이 뒷받침되면 더 좋다.

다시 이어지는 선생과 학생의 대화.

학생 논리적 일관성, 치밀한 논리는 어떻게 하면 배울 수 있어요?

선생 배우는 게 아니라, 훈련을 통해서 익히는 거지.

학생 많이 써보란 얘기죠?

선생 눈치는 빨라요.

학생 근데, 풍성한 교양을 갖춰야 한다니까 기가 팍 죽네요. 하루에 학원 두 탕씩 뛰는데 교양 쌓을 시간이 어디 있다구요.

선생 너희들이 교양이 없는 건 사실이지.

학생 그럼 어떡해요?

선생 교양이 없으면 쌓아야지 임마!

학생 시간이 없잖아요!

(여기서 선생은 학생에게 알밤을 아프게 한 대 먹인다.)

교양에 대해서는 이어지는 2장에서 설명하겠다.

아 잠깐, 항의하는 소리가 들린다.

"인생이 걸린 중요한 프로젝트라 생각하고 과제를 풀어보라고 해놓고선,
 강의실 인테리어에 대해서는 더 이상 설명 안 하실 겁니까!"

그 이야긴 두고두고 해줄 테니까, 걱정하지 말도록.

자, 여기서 1장의 내용을 정리하고 넘어가자.

> _ 논술은 사물이나 현상에 대한 자신의 의견을 진술하는 것이다.
> _ 그렇기 때문에 논술에서는 자기 주장, 즉 주제가 선명해야 한다.
> _ 뿐만 아니라, 주제를 전개하는 데 논리적인 일관성이 유지되어야 한다.

2장_ 논술의 3요소

🗘 논술의 3요소 : 교양, 논리, 글쓰기

논술을 하려면 기본적으로 세 가지 요소가 동원된다.

- 교양 대상이 되는 사물 및 그 주변 사물에 대한 이해
- 논리 주장을 펼쳐나가는 과정
- 글쓰기 진술 내용을 원고지에 문장으로 옮기는 행위

이 세 가지 요소가 결합해서 하나의 논술문이 탄생한다.

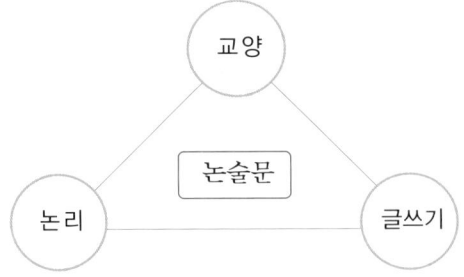

얼마나 좋은 논술문이 나오느냐는, 이 세 가지 요소가 서로 얼마나 긴밀하게 결합하고 상호 보완하느냐에 달렸다.

1장에서 들었던, '강의실 인테리어 프로젝트'와 '자살에 대한 견해'를 예로 들어 살펴보자. 다음 표는, 각각의 경우에 교양과 논리 그리고 글쓰기가 잘못될 경우 어떤 결과가 나타날지 표로 정리한 것이다.

	프로젝트 – 강의실 인테리어	논술 – 자살에 대한 견해
교양이 엉터리일 때	"학원 사업이란 게 원래 사람 장사 아닙니까? 학생이 와야죠. 그러니 무조건 놀기 좋고 편한 분위기로 주제를 잡아서 학생들을 끌어야 합니다. 학생들이 좋아할 만한 건 다 갖춰야죠. 학습 효과는 중요하지 않아요. 학부모야 뭘 압니까, 학생들만 좋아하면 그만이죠." (견해 1)	"먹고 싸고 싸우다 죽는 게 인간 아닙니까. 따지고 보면 동물과 다를 게 하나도 없습니다. 동물이나 식물이나 인간이나, 어차피 죽을 운명 아닙니까? 자살을 하든 자연사하든, 그것도 자연의 이치라고 봐야죠. 간섭할 이유도 없고 필요도 없습니다." (견해 2)
논리가 엉터리일 때	"국어 강의실이니까 벽면 색깔의 디자인을 빨강과 파랑을 주제로 삼아야 합니다. 왜냐구요? 태극기의 태극이 빨강과 파랑이잖아요. 국어 강의실이니까 우리나라 국기인 태극기를 주제로 하는 게 당연하죠." (견해 3)	"자살하려는 사람들은 모두 잡아다가 사형시켜야 돼. 그래야 자살하려는 사람들이 줄어들고, 사회가 조용하고 평화롭지." (견해 4)
글쓰기(실행)가 엉터리일 때	옆 강의실의 소음이 그대로 들리고, 천장♥에서는 비가 새고, 의자는 몸을 조금만 움직여도 삐걱거리는 소리가 나서 집중하기 힘들다.	주어와 술어가 일치하지 않고, 한도 없이 늘어지는 문장을 채점자가 바라본다고 치자. 아마 '내가 왜 이딴 글을 읽어야 하나?' 하는 생각에 화가 날 것이다.

천장
천정天井(텐조우)은 일본말이고, 천장이 올바른 표현이다.

자, 그럼 논술의 3요소인 교양과 논리 그리고 글쓰기 가운데 어느 하나라도 부족하면 어떻게 되는지, 아울러 이들이 논술에서 왜 중요한지 차례로 살펴보자. 이때 날아오는 질문.

학생　견해 1, 2, 3, 4, 설명 안 해주세요?

선생　왜?

학생　돈 내고 손해 보잖아요, 설명도 안 하시고 그냥 지나가면…

선생　(순간 스치는 생각. 돈으로만 따지는 이 학생을 용서하기로 한다. 이 학생의 잘못이 아니니까. 하지만 논술 강의를 통해서 고쳐주리라 다짐한다.)

학생 왜 말씀을 안 하세요?

선생 질문 잘했다. 그러지 않아도 얘길 해야 하는데 깜박했네. 뒤에서 교양
과 논리 얘기하면서 그때 할 거야. 임마, 내가 '견해 1, 2, 3, 4'라고 이
름까지 붙여놓고 아무 설명도 없을 줄 알았니?

학생 네…

선생 그리고 너, 돈으로 자꾸 따질래? 교양을 돈으로 살 생각이니?
      (참지 못하고 기어코 이 말을 하고 만다. 결국, 하고 나서 후회할 걸…)

학생 그게 아니고…

선생 그만해, 나 삐쳤으니까♥ 오늘 그만해!

삐쳤으니까
'삐지다'는 잘못이고 '삐
치다'가 맞는 표현이다.

분위기 썰렁해진다.

아무리 강하고 엄격한 선생님이라 하더라도, 특히 학원 강사는, 경제적 보상
과 도덕적 책임 사이에서 끊임없이 갈등하고 방황하는, 상처받기 쉬운 여린
존재이다.

(물론, 이런 갈등을 초월한 훌륭하신 선생님들이 주변에 많이 계시지.)

그러니, 가르치는 걸 직업으로 하는 사람의 자존심을 돈으로 건드리지 말자.

말이 나온 김에 문제 하나 내볼까?

[문제] 교양을 돈으로 살 수 있을까?

① 살 수 있다.

② 살 수 없다.

③ 살 수 있기도 하고 살 수 없기도 하다.

④ 알 수 없다.

⑤ 문제가 잘못되었다.

이 문제를 풀 수 있다면, 2장 '논술의 3요소'를 더 볼 필요가 없다.

논술과 교양

교양이란 말은 일상 생활에서 자주 쓴다.

학생 입장에서 보면, 자주 쓴다기보다는 자주 듣는 편이겠다.

- 밥 먹는 자세가 그게 뭐니, 교양 없게… (엄마)
- 요즘 학생들은 도무지 교양이 없어, 우리 땐 그래도 셰익스피어니 릴케니 많이 읽었잖아. 하다못해 〈삼국지〉라도 말이야. (4,50대 직장인)
- 교양, 이거 없이는 민주주의 멀었습니다. 우리나라 사람들이 외국에서 왜 어글리 코리언이라고 욕먹는 줄 아십니까? 교양이 없어서 그렇습니다. 보릿고개다 전쟁이다 해서 아사餓死♥ 직전까지 몰리며 그저 하루 한 끼 죽으로라도 주린 배를 채워야 했는데 거기에서 어떻게 교양을 찾을 수 있었겠습니까? 하지만 우리나라 사람들 원래 교양 없지 않았습니다. 전세계를 통틀어서 우리나라만큼 교양이 깊었던 국가는 많지 않았을 겁니다. (TV 강연자)

국어사전에서 '교양'을 찾아보면 이렇게 되어 있다.

교:양(敎養)[명사] ① [하다형 타동사] [되다형 자동사] 가르쳐 기름. ② 사회 생활이나 학식을 바탕으로 이루어지는 품행과 문화에 대한 지식.

사전으로 보니까 더 어렵게 느껴지지? 그냥 '세상 혹은 세상 돌아가는 이치에 대한 지식이 몸에 밴 것'이라고 생각하면 된다. 아무튼, 논술을 하려면 교양이 있어야 한다는 얘기다. 그러자 누가 투덜거린다.

"그래, 나 교양 없고 무식하다, 어쩔래?"

이 학생에게 한 마디 해야겠다.

부족함을 인정하다니 솔직해서 좋다,라고 말할 줄 알겠지만 천만의 말씀이다.

부족함을 인정하는 건, 부족함을 채우겠다는 의지를 동반할 때 가치가 있다.

그럴 때 주변 사람들은 길을 가르쳐준다.

아사
굶어 죽는다는 뜻.
cf. 동사凍死 : 얼어 죽음.
병사病死 : 병으로 죽음.
교사絞死 : 목을 매어 죽음.
급사急死 : 갑작스럽게 죽음.
횡사橫死 : 비명횡사. 예기치 않은 사고로 죽음.
자연사自然死 : 살 만큼 다 살고 노환老患으로 죽음.
참사慘死 : 비참하게 죽음.
옥사獄死 : 감옥에서 죽음.
복상사腹上死 : 성행위를 하던 도중에 갑자기 죽음.

하지만 부족함을 채우겠다는 의지가 눈곱만큼도 없는 '양아치 빼째라주의자' 들에게는 다르다. 괜히 따지고 가르치려 들었다가는 매를 맞거나 욕을 먹는다는 걸 안다. 그래서, "그래, 너 잘났다!" 하며 무시하고 만다.

(한데, 자기가 정말 잘난 줄 착각하는 부류가 80퍼센트 이상이라는 통계가 나와 있다. 이 통계의 신뢰도에 대해서는 밝힐 수 없다.)

우리는 일상 생활을 하면서 상대의 교양 있음/없음을 끊임없이 판단한다. 그리고 그때마다 상대의 교양 수준에 맞추어서 대응한다. 유치원생에게는 유치원생에 맞게, 초등학생에게는 초등학생에 맞게, 그리고 전문 분야의 박사들끼리는 자기들 수준에 맞게… 그래서, 교양의 수준이라는 개념이 나타난다.

※ 교양의 수준

'수준'이라는 말만 나오면 두드러기 생기는 사람들이 있다. 수준에 따라 편을 나누다 보면 항상 낮은 수준으로 편이 짜여지는 부류에 속하는 사람들이다. 이 사람들에게 다시 한마디 충고한다. "두드러기는 열등감의 피부질환적 표현이다. '양아치 빼째라주의자'♥가 되고 싶지 않거든, 두드러기 일으키지 마라. 부족함을 채워야겠다는 의지를 가져라."

♥
여기에 대해서는 216쪽을 참조할 것.

교양의 수준이라… 말이 좀 어렵지? 어려울 때는 예를 들어 이해하면 쉬울 때가 많지. 다음 질문에 대한 답변들이 교양의 수준에 따라 어떻게 다른지 보자.

"밥을 어떻게 먹어야 할까요?"

해　피　"와르르르~ 왈왈왈!"

→ '밥'이라는 단어와 '할까?'라는 단어에 즉각적으로 반응을 보이는군. 교양이라곤 전혀 없다. 갖출 의지도 없다. '양아치 빼째라주의자'의 원초적인 전형으로, 그저 본능에 따라 행동할 뿐이다. 참고로, 해피는 우리 집에서 기르는 애완견이다.

유치원생   "꼭꼭 씹어 먹어야 해요!"

➜ 노란 병아리들이 일제히 소리 지르는 모습이 눈에 선하다. 귀여운 녀석들.

초등학생   "반찬을 골고루 먹어야 합니다."

➜ 음… 편식을 하지 말자는 이야기로군.

중 학 생   "그런 거 왜 물어보세요? 짱나… 제가 알아서 먹을게요."

➜ 괜히 반항적인 거 보니까 사춘기군. 토론이 불가능하겠어.

고등학생   "하루 세 끼를 정해진 시간에 먹어야 한다는 걸 알면서도 0교시 수업부터 해서 밤 10시 11시까지 학원에 있다 보면 잘 지키지 못합니다. 몸은 약해지고 살만 찌는 거죠 뭐. 청소년들 체력이 예전보다 떨어졌다며 운동을 안 한다고들 하지만, 입시 때문에 그런 거 아닐까요?"

➜ '입시'라는 사회 제도의 문제까지 파고드는군. 제법이야.

의   사   "칼로리 계산을 철저하게 하셔야 합니다. 특히 감자를 드실 때는 조심하셔야 하고요. 감자의 전분이 몸 속에서 포도당으로 바뀌면서 혈당치가 급격하게 올라가니까 말입니다. 그리고 토마토도 즉각적으로 혈당치를 올려 주는 채소니까 항상 조심하셔야 합니다."

➜ TV에 당뇨병 전문의가 나와서 하는 말은 늘 똑같애. 전분이 포도당으로 바뀐다는 말을 이해하지 못하겠고, 포도당으로 바뀌면 왜 혈당치가 올라가는지도 이해하지 못하겠지만, 전문가가 하는 말이니까 그냥 외워야지…

철 학 자   "모자란 느낌이 들도록 먹어야 합니다. 그게 몸에 좋다지요. 몸에만 좋은 게 아니라 마음에도 좋습니다. 항상 나를 모자라게 만들고 비워 그걸 나 자신의 원래 모습으로 삼으면, 욕심이 왜 생기겠습니까? 불화는 욕심에서 비롯됩니다. 세상의 불화와 악행은 모두 욕심에서 비롯된 것이니, 이 불화를 없애려면 욕심을 없애야 합니다. 자신을 비워야 합니다. 밥은 항상 모자란 느낌이 들도록 먹어야 합니다."

➜ 밥 먹는 걸 가지고서 삶의 태도를 이야기하시는군. 역시 철학자는 다르셔.

자, 여기서 정리 좀 하고 지나가자.

> • 교양 세상이나 세상 돌아가는 이치에 대한 지식이다.
> • 교양의 수준 교양에도 낮은 수준이 있고 높은 수준이 있다.

근데, 다시 질문이 날아온다.

"교양의 수준을 왜 나누는 거예요, 치사하게?"
(치사하게라구? 아직도 열등감을 버리지 못하고 있군. 좋다. 여기서 이 학생의 이름을 밝혀야겠다. 반항적인 태도가 자신의 열등감에서 비롯된다는 사실을 깨닫지 못하는 이 친구의 이름은, 상팔이다. 양상팔. 하지만 이름보다는 주로 '양자포'라는 별명으로 불린다. 스스로도[자] 포기한[포] 얼굴이라는 뜻이다. 나는 자포가 이 열등감에서 벗어날 수 있도록 도와야 한다는 강한 의무감을 느낀다. 열등감을 안으로 삭이기보다 밖으로 드러낸다는 사실은 교정의 가능성이 매우 높다는 걸로 해석할 수 있다. 불행 중 다행인 셈이다.)

좋은 질문이다.
어떤 시인이 눈 지긋이 감고 한 구절 읊길, "살아 있는 모든 건 이름이 있다"고 했다. 그 말을 이렇게 바꿔보자.
"이름이 있는 모든 개념은, (이름 붙인 사람 입장에서 볼 때) 존재 이유가 있다."
말이 되나? 모르겠다구? 그럼 이런 시 구절은 들어봤겠지?

　　내가 그의 이름을 불러주기 전에는
　　그는 다만
　　하나의 몸짓에 지나지 않았다.

　　내가 그의 이름을 불러주었을 때,
　　그는 나에게 와서
　　꽃이 되었다.

　　― 김춘수, 〈꽃〉 중에서

그래도 모르겠다구? 교양의 수준이라는 말이 생긴 건, 그럴 만한 이유가 있기 때문이란 말이다.

교양의 수준이라는 개념이 존재하는 이유는 무얼까?

자포 편을 가르려는 거잖아요.

선생 맞았어! 바로 그거야. 그런데, 그 대답만으로는 부족해. 편을 갈라서 뭐 하게?

자포 … (생각을 한다)

선생 편을 갈라서 비웃어주려고?

자포 … (아직도 생각중)

선생 편을 갈라서 억압하려고?

자포 예.

선생 예를 들면?

자포 일제 시대 일본 사람들이 한국 사람의 교육 기회를 극히 제한했잖아요.

선생 맞았어! (제법이군. 칭찬을 아끼지 말아야지.) 근대사 많이 아는구나. 하지만 그건 제국주의 시대 이야기고, 현대 사회에서는 그걸 일반적인 이유라고 할 수는 없는데?

자포 (한참 더 생각하다가) 낮은 수준을 높은 수준으로 끌어올리려고… 아닌가요?

선생 정답!

교양의 수준을 따지는 건, 낮은 교양 수준을 높은 교양 수준으로 이끌기 위해서이다.
교양의 수준을 왜 높이려고 할까?

자포 똑똑한 사람이 많아야 사회가 발전하죠!

그렇다. 자포 말이 맞다.
교육인적자원부에서 논술고사를 보게 하고 논술 공부를 시키는 것도, 국가의 경쟁력을 높이기 위해 실생활에서 경쟁력을 발휘할 수 있도록 하는 데 교육의 초점을 두어야 한다는 문제의식에서 비롯된 것이다. 이것이 바로 7차 교육과정의 핵심이다.

그렇다면,
논술고사에서 기준으로 삼는 교양의 수준은 어느 정도일까?
문제를 출제하고 채점하는 대학교의 담당자는 이렇게 대답한다.

"고등학교까지의 교과과정을 충실하게 소화한 학생 수준."

애매하다. 자포는 어떻게 받아들이는지 물어보자.

선생　이게 무슨 수준인지 이해하겠니?

자포　몰라요. 지금까지 가출 한번 안 하고 학교 충실히 잘 다녔는데도 무슨 말인지 모르겠네요.

선생　넌 모르겠지만, 네가 이해하고 있는 수준이 바로 그 수준이란 뜻이다.

자포　그럼 나도 한 교양 한다는 뜻이네요?

선생　"밥을 어떻게 먹어야 할까요?"라는 질문에, "꼭꼭 씹어먹어야 해요!"라고 할 수준은 아니라는 거겠지.

자포　에이, 그 정도는 아니죠… 그럼, 교양을 따로 더 쌓을 필요가 없네요?

선생　왜?

자포　제 수준이라면서요.

선생　오해하지 마라. 네 수준에서 시작해서 위로는 무한대란 얘기야.

자포　예에?

선생　네 수준을 만점으로 보는 게 아니라 최하 기본 점수로 본다는 얘기야. 교양을 더 쌓아서 그걸 논술에서 발휘하는 사람은 더 많은 점수를 받을 수 있다는 얘기지.

자포　(실망의 기색이 역력하다.)

선생　실망하지 마라, 너희들의 교양 수준은 다듬어지지 않아서 그렇지, 우리 나라 최고 지성의 교양 수준과 종이 한 장 차이밖에 안 되니까.

자포 (좋아하는 기색이 역력하다. 하지만 은근히 의심하는 눈치다.) 괜히 띄워주
      려는 거 아니에요?

선생 진짜 종이 한 장 차이야.

자포 그 사람들 공부 많이 해서 아는 게 얼마나 많은데요!

선생 교양의 높고 낮음은 단순히 지식의 총량이 얼마나 되느냐가 아니거든.

자포 그건 또 뭔 말이에요?

선생 지금부터 얘기할 테니까 잘 들어라.

교양은 단순히 지식의 총합이 아니다.

아는 게 많다고 해서 교양이 많은 사람이라고 하지 않는다.

공금 수억 원 혹은 수백억 원을 꿀꺽했다거나, 반인륜 행위를 저질러 언론 매
체에 이름이 오르내리며 지탄의 대상이 되는 사람들은 결코 지식의 양이 적은
사람들이 아니다. 하지만 이들을 교양이 있는 사람이라고 하지 않는다.

교양에는 지식 이외에 또 다른 가치 기준이 포함된다.

건전한 도덕, 균형 잡힌 가치관 등이 바로 그 기준에 속한다.

교양은 지식 이외에 건전한 도덕, 균형 잡힌 가치관 등을 포함한다.

이게 중요하다. 논술고사에서 채점관들이 주목하는 평가 항목 가운데 하나가
바로 이것이다. 부도덕하거나 사회의 기존 가치들을 뒤엎는 파괴적인 가치관
은 궁극적으로 사회와 국가의 경쟁력을 떨어뜨리기 때문이다.

25쪽에서 들었던, '강의실 인테리어 프로젝트'와 '자살에 대한 견해'를 예로
들어 살펴보자.

먼저 **【견해 1】**

"학원 사업이란 게 원래 사람 장사 아닙니까? 학생이 와야죠. 그러니 무조건
놀기 좋고 편한 분위기로 주제를 잡아서 학생들을 끌어야 합니다. 학생들이
좋아할 만한 건 다 갖춰야죠. 학습 효과는 중요하지 않아요. 학부모야 뭘 압
니까, 학생들만 좋아하면 그만이죠."

이 사람의 논리적 전제는 '학원 사업은 기본적으로 사람 장사이다' 라는 명제이다. 이 전제에 입각해서 논리를 전개하고 있다. 사람 장사이니까 다른 거 신경 쓰지 말고 학생들만 많이 모이게 하면 된다는 논리 전개는 일관성이 있다. 하지만, 이 견해에서는 건전한 도덕 혹은 균형 잡힌 가치관을 찾아볼 수 없다. 오히려 잘못된 가치관, 다시 말해 사회 전체의 이익을 대변하는 도덕이나 규범에 위배되는 가치관에 기초해서 자기 주장을 펼치고 있다.

> **잘못된 가치관**
> 사회 전체의 이익을 대변하는 도덕이나 규범에 위배되는 가치관.

이 사람은 교양에 문제가 있다. 학원 사업은 교육 사업의 일종으로서, 피교육자의 지식 수준을 향상시키는 것이 존립의 근거다. 이 근거를 없애고 돈만 벌자고 한다면, 명백한 사기 행위다. 외국에서 유학까지 하며 많은 지식을 쌓은 인테리어 전문가가, 자신의 주장이 사기 행위에 준한다는 사실을 아는지 모르는지는 중요하지 않다.

이 사람이 제안한 내용이 사기 행위라는 사실은 명백하다. 따라서 지탄을 받아 마땅하다. 사기 행위가 지탄을 받는 이유는, 규칙과 관례에 따른 건전한 상도의商道義의 기반을 흔들어, 경제 체제 자체를 위협하기 때문이다.

자, 여러분이 논술 채점관이라면, 이처럼 잘못된 가치관에 입각한 논술문에 좋은 점수를 줄 수 있을까?♥
다른 사례 하나를 더 보자.

♥
106쪽의 함정 체크 '혼자 딴 세상 살기' 를 참조할 것.

【견해 2】

"먹고 싸고 싸우다 죽는 게 인간 아닙니까. 따지고 보면 동물과 다를 게 하나도 없습니다. 동물이나 식물이나 인간이나, 어차피 죽을 운명 아닙니까? 자살을 하든 자연사하든, 모두 자연의 이치라고 봐야죠. 간섭할 이유도 없고 필요도 없습니다."

이 주장의 논리적 전제는 '사람이나 동물이나 마찬가지고 어차피 죽는다' 이다.

이 논리적 전제의 잘못된 가치관에 대해서 각자 비판해보자.

(1분 동안 각자 생각해보자.)

사람이나 동물이나 마찬가지라는 견해에 동의하나?

동물학적 관점에서는 동의할 수 있다. 하지만, 우리 사회에 만연한 사회 현상으로서의 자살을 동물학적 관점에서 논할 수는 없다. 나아가, '먹고 싸고 싸우다 죽는 게 인간이다'는 견해는 인류가 수십만 년 동안 쌓아온 문명과 문화를 부정하는 것이다. 인간이기를 포기하는 태도라고 볼 수 있다. 인류라는 커다란 공동체가 쌓아온 문명을 부정하는 이런 태도는, 공동체라는 관점에서 볼 때 파괴적일 수밖에 없다. 인간이기를 거부하고 인간 관계 자체를 부정하기 때문이다. 아무리 논리 전개가 치밀하다고 해도 좋은 점수를 받을 수 없다. 왜냐? 잘못된 가치관에 입각해 있기 때문이다.

선생 야, 양자포! 이제 네가 뭘 잘못했는지 알겠니?

자포   … (말이 없다)

선생 세상을 그렇게 보지 마라. 세상에 즐거운 일이 얼마나 많은데…

자포 이거 완전히 의식화 과정이네요?

선생 뭐? 그건 또 무슨 말이니?

자포 사회에 필요한 사람만 만들어내자는 거 아니에요.

선생 맞았어! 바로 그거야! 핵심을 짚어내는구나!

　　　(칭찬을 아끼지 말아야 한다. 칭찬은 고래도 춤추게 한다지 않는가.)

　　　어떤 사회든 그 사회의 가치관을 재생산하게 마련이야. 그래서 개인과 공동체, 개인과 사회 사이에 늘 갈등이 일어나게 되고…

> **어떤 사회든 그 사회의 가치관을 재생산한다. 여기에서 개인과 공동체, 개인과 사회 사이의 갈등이 빚어진다.**

자포 (더욱 신이 나서) 사회에 톱니바퀴처럼 물려 들어가는 거 난 싫어요!

선생 좋아, 그건 나쁜 생각 아니야. 바람직한 가치관이라는 것도, 영원히 고정 불변이 아니라 사회에 따라 변하니까. 그리고 자포 같은 사람이 있어야 사회가 발전하거든. 코페르니쿠스 같은 사람이 있었기 때문에, 신이 태양을 지구 주위로 돌린다는 생각이 깨지고 과학의 세상이 탄생한 거 아냐.

자포 (더욱 신났다) 난 반대로 나가는 사람이 좋아요.

선생 말리진 않겠다만, 반대로 나간 사람들 중에는 세상을 발전시킨 사람도 있지만 후퇴시킨 사람도 많다는 걸 명심해라. 히틀러 같은 사람…

자포 난 히틀러 존경하는데요?

선생 임마, 히틀러가 얼마나 많은 사람을 죽이고 인권을 유린했는데!

자포 그래도 멋있잖아요.

나는, "너, 조폭 문화에 너무 많이 젖어서 그래"라고 말하려다 그만둔다.
다음에 할 기회가 있을 것 같다. 없으면 할 수 없지만.
교양에 관한 이야기는 이만 끝내자.

자, 여기서 교양에 관한 내용을 정리하고 넘어가자.

> ― 교양은 세상 혹은 세상 돌아가는 이치에 대한 지식이 몸에 밴 것이다.
> ― 교양에는 수준이 있고,
>   논술고사에서 기준으로 삼는 교양의 수준은 위로 무한대이다.
> ― 교양은 단순히 지식의 총합이 아니라, 건전한 도덕과 균형 잡힌 가치관을 포함한다.
> ― 어떤 사회든 그 사회의 가치관을 재생산한다.
>   여기에서 개인과 사회 사이의 갈등이 빚어진다.
> ― 바람직한 가치관은 영원히 고정불변이 아니라 사회에 따라 변한다.

논술과 논리

논리라는 말만 들어도 머리가 아픈 사람들이 있다.
자포 같은 경우가 그렇다.

"난 논리로 살고 싶지 않아요, 감으로 살 거예요. 삘!"

물론 사람은 논리로만 살 수 없다. 하지만 사람들은 모든 행위에 알게 모르게 논리를 동원한다. 냉장고 문을 열고 얼음물을 꺼내 마실 때 대부분의 사람들은 냉장고 문을 열어놓는 시간을 줄이려고 한다. 냉장고 문을 오래 열어두면 냉기가 빠져나가 그만큼 더 많은 전기가 필요하고, 또 그만큼 더 많은 전기료를 지출해야 한다는 사실을 머릿속에서 논리적으로 재구성하고, 거기에 따라 행동하기 때문이다.

자포　난 냉장고 열 때 그런 거 신경 안 쓰는데. 그냥 딱 감으로, 닫을 때도 있고 안 닫을 때도 있고… 나만 그런가?
혜진　아냐, 내 동생도 그래. 그때마다 나한테 터지지. 난 그런 사람 제일 싫어하거든.

혜진이의 한마디에 자포가 입을 다물었다. 혜진이는 자포의 천적이다. 혜진이가 뭐라고 한마디만 하면 자포는 즉각 입을 다문다. 혜진이는 광대뼈가 약간 튀어나오고 눈끝이 살짝 치켜 올라가 '뮬란'이라는 별명을 가지고 있는데, (정작 혜진은 〈뮬란〉이라는 영화를 보지도 않았고, 관심도 없다), 이런 외모 때문에 연예계의 매니지먼트 스카우터에게 스카우트 제의를 받은 적도 있다. 스카우터늘이 고등학교 정문에서 학생들을 관찰하고 스카우트 한다는 걸 이때 나도 처음 알았다.
스카우터가 혜진이의 담임선생님에게까지 찾아가 혜진을 댄스 가수로 키우겠다고 했지만, (참고로, 혜진이는 음치다), 혜진이의 부모님이 혜진에게 연예인 직업을 허락할 가능성은 단 1퍼센트도 없다는 말로 스카우터를 돌려보냈다고 한다. 사실, 연예인의 길로 발을 들여놓지 않은 건 부모님 때문이 아니라 혜진이 자신의 의지다. 혜진이는 공부로 자기 인생을 개척하기로 마음먹은 지 오래다. 아무튼 혜진이가 없었다면 자포 때문에 열두 번이라는 강의가 불가능했을지도 모른다. 만일 그랬다면 이 책도 나오지 못했을 것이다. 이 자리를 빌려 혜진이에게 고맙다는 말을 하고 싶다.

그렇다고 해서 혜진이가 논리적이었던 건 아니다. 오히려 반대다. 가장 비논리적인 글을 쓰는 사람이 혜진이였다. '자살에 대한 견해'에 대해 다음 견해를 낸 사람이 바로 혜진이다.

【견해 4】

"자살하려는 사람들은 모두 잡아다가 사형시켜야 돼. 그래야 자살하려는 사람들이 줄어들고, 사회가 조용하고 평화롭지."

자, 이 견해의 논리적 구성을 보자.

> - **현상** 자살하려는 사람들 때문에 사회가 시끄럽다.
> - **목적** 이 문제를 해결해야 한다.
> - **주장** 사회를 조용하고 평화롭게 만들기 위해 자살하려는 사람을 사형시켜야 한다.
> - **근거** 감히 무서워서 사람들이 자살할 마음을 먹지 않는다.

현상과 목적은 문제에서 제시하는 것이고, 문제를 풀 사람은 자신의 주장을 밝히고 그 근거를 제시하는 게 논술이라는 게임의 규칙이다.
논술에서는 자신의 주장을 밝히고 그 근거를 제시해야 한다.

혜진이의 주장과 근거가 논리적으로 명쾌하게 구성되었는지 살펴보기 위해, 위에서 상자 안에 정리한 논리적 구성을 순차적으로 정리해보자.

- 자살하려는 사람들 때문에 사회가 시끄러운 현상은 바람직하지 않다. 조용하고 평화로운 상태가 이상적이다. ─①

- 그렇기 때문에 자살하려는 사람이 없어야 한다. ─②
- 이 조건을 충족하기 위해서는 사람들이 감히 무서워서 자살할 마음을 먹지 않게 해야 한다. ─③
- 이를 위한 방법으로 자살하려는 사람을 사형시켜야 한다. ─④

①~②의 과정에서 논리적인 비약이 이루어진다.

- 자살하려는 사람이 없으면 조용하고 평화로운 사회인가? 사회가 평화롭다는 사실과 그 사회의 구성원들이 평화롭다는 사실이 늘 일치하는가? 그렇지 않다. 독재 사회가 얼마나 평화로운가, 겉으로만!

②~③의 과정에서도 논리적인 착종錯綜♥이 일어난다.

- 자살하려는 사람이 없게 하려면, 사람들이 모두 현재의 삶에 만족하게 해야 한다. 그러면 문제는 해결된다. 그런데, 사람들로 하여금 감히 무서워서 자살할 마음을 먹지 못하게 해서 자살하려는 사람을 없애겠다는 건, 현재의 삶에 만족하지 못해 자살하려는 사람 입장에서 보자면 뫼비우스의 띠 위를 끊임없이 걷게 하는 가혹한 처사이다. 문제가 겉으로 드러나지 않기만 하면 된다는 전제를 하는 셈이 된다. 무사안일 · 복지부동卜地不動♥의 전형적인 모습이다.

해결 방안으로 주장하는 ④는 전혀 설득력이 없다.

- 어떤 사람이 자살을 하기 위해서, 자살하려는 사람을 사형시키는 제도를 이용하려 들면 어떻게 할 것인가? 통치자의 입장에서는 자살하려는 사람을 사형시킴으로써 징벌을 내렸다고 자위하겠지만, 자살하려는 사람 역시 자신이 의도한 목표를 이루지 않나.
- 이런 예를 들어볼까? 자포가 중간고사 기간임에도 불구하고 컴퓨터 앞에 앉아서 스타크래프트를 한 시간째 하고 있다. 자포의 어머니가 도끼눈으로 자포를 노려본다. 이 다음에 이어질 대화를 상상해보자.

어머니 너, 지금 당장 컴퓨터 끄지 않으면, 오늘 스타크래프트 네 시간 동안 하게 할 거야! 내일, 모레, 시험 끝날 때까지 계속 하루에 네 시간!

착종
여러 가지 현상이 복잡하게 뒤얽힌 상태.

복지부동
땅바닥에 바짝 엎드려 꼼짝도 하지 않음.

자포   오오, 제발 용서해주세요 어머니! 제가 좋아하는 스타크래프트를 네 시간이나! 너무 가혹하신 거 아닙니까? 아아 무서워라, 당장 컴퓨터 끄겠습니다!

확실히 이상하지?

하지만 혜진이는 고집을 꺾지 않았다. 내가 말장난을 한다는 것이었다. 자기가 나중에 법무부 장관이 되면 진짜로 자살하려는 사람을 사형시키는 제도를 만들겠다고 했다. 그러라고 했다. 냉소적으로 한 말이 아니다. 진심이었다. 법무부 장관이 될 만큼 공부를 열심히 한다면, 자기 오류를 스스로 깨달을 테니까.

자, 여기서 팁 하나 나간다.

단순무식

함정체크

학생들이 쓴 논술문을 읽다 보면 어떤 특정한 유형을 볼 수 있다.
그중 하나가 '단순무식형' 이다. 다음이 그런 예다.

"자살하려는 사람은 모두 잡아다 사형시켜야 한다."

단순무식이라고 하면 당사자가 심하게 모욕감을 느끼기 때문에 '과격하다' 는 표현을 대신 쓰는데, 남학생 가운데는 과격하다는 이 평가를 자랑으로 생각하는 사람이 있다. 과격함에서 '터프함' , 나아가 '남성다움' 을 연상하는 모양이다.

> 단순무식 → 과격함 → 터프함 → 남성다움
> ∴ 단순무식 → 남성다움

하지만 논술에서 과격함은 결코 남성다움의 상징도 아니고, 자랑거리도 아니다. 논술에서 과격함은 무식을 스스로 폭로하는 것일 뿐이다.

논술은 섬세해야 한다. 논리로 쌓아 올리는 구조물이기 때문이다.

자, 그럼 다음에서 논리적인 오류를 찾아보자.

【견해 3】

"국어 강의실이니까 벽면 색깔의 디자인을 빨강과 파랑을 주제로 삼아야 합니다. 왜냐구요? 태극기의 태극이 빨강과 파랑이잖아요. 국어 강의실이니까 우리나라 국기인 태극기를 주제로 하는 게 당연하죠."

자, 이 견해의 논리적 구성은 다음과 같다.

> - 주장 강의실 벽면 색깔의 디자인을 빨강과 파랑으로 해야 한다.
> - 근거 인테리어를 할 강의실이 국어 강의실이며, 동시에 빨강과 파랑은 태극기의 태극 색깔이다.

여기에 어떤 오류가 있는지 각자 빈칸에 정리해보자.

논리를 전개할 때는 치밀해야 한다.

치밀해야 한다는 말은 빈틈이 없어야 한다는 뜻이다.

여기에서는 간단하게 예만 들고 지나가겠다.

앞에서 살펴본 ○○학원의 ○○강의실 인테리어 프로젝트를 예로 들겠다.

자포   또요?

선생   그래, 또다 왜? 앞으로도 계속 틈만 나면 이 예를 들 생각인데 불만 있니?

자포   아뇨…

이때, 강의실 문을 열고 누가 들어온다. '자뻑'이다. 스스로 자기 얼굴에 '뻑 갔다'고 해서 붙여진 별명이다. 일진 짱이라는데, 모의 수능 점수는 형편없지만 내신 성적은 높다고 했다. 머리가 좋아서 한 번만 척 보면 금방 외운다는 것이다. 시험 기간임에도 불구하고 책을 들여다보기는커녕 새벽까지 나이트클럽에서 노는 자뻑이 안타까워서 자포가 사회 과목 정리한 걸 보여줬는데, 정작 자포는 82점밖에 못 받았고 자뻑은 97점을 받았다고 했다. 내신이 좋아 '수시'로 입학할 계획이지만, 그래도 혹시나 싶어 논술을 듣는다고 했다. 일주일에 한 번 나를 찾아오는 게 실은 혜진이 때문이라는 사실은 자포도 알고 나도 안다. 다른 애들도 다 안다. 모르는 사람은 혜진이뿐이다. 아무튼, 칠판에 커다란 글씨로 문제를 적었다.

> **[문제]**
> 논술을 ○○학원 ○○강의실 프로젝트로 비유할 때, 논리의 치밀성은 이 프로젝트에서 어떻게 표현될 수 있을까?

한 사람씩 돌아가면서 자기 생각을 발표해보자.

혜진   음… (한참 생각한 뒤에) 치밀해야 합니다.

선생   뭐가?

혜진   계획이요.

선생   어떻게?

혜진　참, 사장한테 돈을 5백만 원 받았다고 했죠?

선생　… (여기서는 기가 막힌다는 표정을 지어야 한다.)

혜진　아닌가?

자포　7백만 원.

혜진　이익은 얼마나 남겨야 돼요?

선생　… (여전히 기가 막힌다는 표정을 유지해야 한다.)

자포　자기 꼴리는 대로지.

자빽　짜식이… 용어 선택에 문제 많다, 선생님 앞에서!

자포　20퍼센트는 남겨야지. 그죠, 선생님?

선생　… (알 듯 모를 듯 미소를 날리며 고개만 끄덕인다.)

혜진　재료비를 살 때 값을 잘 깎아야 합니다.

선생　왜?

혜진　치밀하게 해야 하니까요.

이야기가 이 정도로 흘러가면 '꽝'이다. 다음 사람을 지목하려는 순간, 자빽
이 나선다.

자빽　제가 한 말씀 드려도 괜찮겠습니까?

선생　어.

자빽　논리가 치밀해야 한다는 건 논리적인 구성, 다시 말해 논리의 전개가
　　　치밀해야 한다는 뜻입니다.

선생　좋다!

자빽　논리의 전개가 치밀해야 한다는 건, 앞뒤 이빨이 딱딱 맞아떨어져야 한
　　　다는 뜻입니다.

> 논리의 전개가 치밀해야 한다는 건, 앞뒤 이빨이 딱딱 맞아떨어져야 한다
> 는 뜻이다. 원칙이나 목적이 앞이라면, 구체적인 방안은 뒤가 된다. 목적
> 이나 원칙이 방안과 빈틈없이 연결되어야 한다.

선생　좋다! 그래서 ○○학원 ○○강의실 인테리어에서, 그 앞과 뒤가 뭐야?

자쁵   앞은 목적이고 뒤는 방법입니다. 방법에서도 큰 원칙은 앞이 되고 구체적인 방안은 뒤가 됩니다.

그렇다. 논리의 전개가 치밀해야 한다는 건, 앞뒤 이빨이 딱딱 맞아떨어져야 한다는 뜻이다. 원칙이나 목적이 앞이라면, 구체적인 방안은 뒤가 된다. 목적이나 원칙이 방안과 빈틈없이 연결되어야 한다.

○○학원 ○○강의실 인테리어 프로젝트는, 이 프로젝트의 목적과 관련해서 볼 때는 다음과 같이 진행해야 옳다.

> • 자신의 실력을 유감없이 발휘해야 할 일생일대의 프로젝트라고 했다. 그렇다면 이익에 대한 기대치는 제로라도 상관없다. 손실도 어느 정도까지는 감수해야 할 것이다.
> • 또한 최고의 재료와 인력을 확보해야 할 것이다. 친한 사람 혹은 아는 사람이 인력 선택의 기준이 아니라 최고의 솜씨를 가지고 있는 사람을 작업 인부로 뽑아야 한다는 말이다.
> • 또한 기간에 대한 구체적인 명시가 없기 때문에, 작업 기간도 가능하면 충분히 확보해야 한다.

목적이라는 관점 외에도, 1장에서 설명한 '논리적 일관성'의 원칙을 견지해야 할 것이다.

명심하자! 논술에서 논리가 없으면, 크림 없는 크림빵이다.

이상으로 논술의 3요소 가운데서 교양과 논리를 짚어보았다.

나머지 하나가 뭔지 기억하고 있나? 그렇다, 글쓰기다. 글쓰기에 관해서는 뒤에서 설명하겠다. 이때 들어오는 태클.

"지금 하면 안 돼요? 논술에서 글쓰기가 제일 중요하잖아요. 아무리 용을 잘 그려도 눈에 점을 안 찍으면 무슨 소용 있나요?" ♥

화룡점정 畵龍點睛
마지막으로 눈동자를 그려 넣어 용 그림을 완성함.

혜진이다. 농담이 아니고 무지하게 진지하다.

선생   누가 안 한대? 뒤에서 한다니까…

혜진   나중에 한다고 하신 줄 알았어요. 나중에 한단 얘기는 안 한다는 말이
        잖아요.

억지에다 논리의 비약까지… 이 혜진이가 바로 최근까지도 최희섭과 마쓰이를 동일 인물로 알았던 학생이다. 이름을 '최쓰이'로 알고 있었다나 어쨌다나, 최쓰이란 이름이 자기도 이상했다나 어쨌다나…

※ 논술과 글쓰기

앞서 혜진이가 말했듯이, 아무리 아는 게 많고 논리력으로 무장을 했다 하더라도 정작 글을 제대로 쓰지 못하면 아무 소용이 없다.
논술문은 글쓰기로 완성된다.

논술문은 서론과 본론, 결론으로 나뉜다. 본론은 보통 두 부분으로 나누어 본론 1, 본론 2로 하는 게 편하다. 필요하다면 본론 3도 가능하다. 본론을 몇 개로 나누어야 한다는 규칙은 없다.

서론	본론 1	본론 2	결론

▶ 논술문을 쓸 때 흔히 저지르는 실수들

• 서론과 본론, 결론이 내용적으로 이어지지 않고 각기 따로 논다.
• 서론과 본론이 구분되지 않고 뒤섞여 있다.
• 본론과 결론이 구분되지 않고 뒤섞여 있다.
• 서론과 본론은 있는데, 자기 주장이 뭔지 자기도 몰라 결론이 없다.
• 서론과 본론은 있는데, 본론의 분량이 너무 많아 결론을 쓸 자리가 없다.
• 서론에서 한 주장이나 전제가 본론이나 결론에 가서 뒤바뀐다.

- 서론에서 이러이러한 내용을 쓰겠다고 해놓고선 본론에서는 언급하지 않 거나 사소하게만 다루고 넘어간다.
- 예시문을 인용하다 보니까 분량이 너무 많아졌다.
- 전제는 있지만 근거가 없다.
- 주장은 있지만 근거가 없다.
- 본론을 요약한 내용으로 결론을 대신한다.
- 적절한 위치에 적확한 단어를 구사하지 못해 논리에 구멍이 생긴다.
- <u>중언부언</u>重言復言♥한다.
- 길고 복잡한 문장이 이어져 무슨 말인지 자기도 이해하기 힘들다.
- 주어와 술어가 일치하지 않는 문장이 있다.
- 문제와 관련된 부분의 지식이 모자라자, 이를 만회하기 위해 주제와 직접 관련이 없음에도 불구하고 자기가 아는 걸 마구 갖다 붙이고 늘어놓는다.
- 어떻게 하다가 보니까 논술문이 아니라 감상문이 되고 말았다.
- 다 쓰고 보니까, 문제에서 내세운 조건을 빠트렸다.
- 다 쓰고 보니까, 문제를 잘못 이해하고 엉뚱한 것만 잔뜩 썼다.

중언부언
했던 말을 자꾸 반복함.

이것 말고도 많이 있을 것이다. 각자 세 가지만 더 적어보자.

- _____
- _____
- _____

앞에서 열거한 실수들을 분류하면 크게 다음 세 가지로 나눌 수 있다.

☐ **논술문의 구조를 모른다.**
☐ **글쓰기의 기초가 되어 있지 않다.**
☐ **논술 실전 경험과 기술이 부족하다.**

자, 이제 문제는 간단하다. 논술문의 구조를 익히고, 글쓰기의 기초를 다듬고, 논술문을 많이 써보면 된다.

선생　논술이 쉽지?

자포　에이, 사기다!

자뻑　하나마나 한 이야기잖아요.

선생　무슨 소리, 목표를 분명하게 제시했잖아.

논설문의 구조를 익히자!

서론과 본론과 결론에 들어가야 할 내용은 다음과 같다.

서 론	본 론	결 론
– 도입 – 현상이나 문제의 확인 　(문제 제기에 접근) – 문제 제기 – 글의 체제나 방법 설명 　및 입장 제시	– 주장(견해) 제시 – 주장에 대한 설명 – 주장에 대한 근거 제시 – 사례 예시 – 비유	– 논의의 마무리 – 자기 주장의 재확인 – 제언 – 확대된 문제 제기 　(미래에 대한 전망)

특별히 어려운 말은 없지만, 이해를 돕기 위해 몇 개만 설명하자.

□ **글의 체제 설명**

　예) "민족주의라는 개념을 둘러싼 여러 입장을 정리하면서 (동북아 물류 중심 건설
　　　이라는 현 정부의 구상에 대한 의견을 진술하겠다.)"

□ **글의 입장 제시**

　예) "건축가 지망생의 입장에서 (해양 개발의 여러 가능성을 진단해보겠다.)"

□ **문제 제기**

　예) "동북아 물류 중심 건설이라는 현 정부의 구상에 대한 의견을 진술하겠다."
　　　"해양 개발의 여러 가능성을 진단해보겠다."

□ **확대된 문제 제기** (미래 전망)

　예) "(이상에서 살펴보았듯이 이제 우리는 환경의 중요성을 새로운 눈으로 바라보아야 한
　　　다. 이게 단지 민간 차원의 문제가 아님을 확인한 만큼) 정부에서도 제도적인 지원
　　　장치를 마련해야 한다. 그럴 때 비로소 환경 운동이 실질적인 힘을 발휘할 수
　　　있을 것이다."

자포　어렵네…

혜진　어렵긴 뭐.

선생　그렇지?

혜진　몇 개 안 되는데 외워버림 되지.

선생　… (할말 없음)

♥
3장의 '개요 짜기' 편을 참조할 것.

외우는 거 아니다. 논술문의 구조를 자연스럽고 적절하게 구축하고 구사하려면, 글쓰기 훈련을 반복해서 연습해야 한다.♥

글쓰기의 기초를 다듬자!

글의 가장 기초적인 요소는 어휘이다. 그 다음이 문장이고, 또 그 다음이 단락이다.

□ **어휘**
　－ 적절한 위치에 적확한 어휘를 구사해야 한다.
　－ '～ 것이다' 라는 표현을 삼가야 한다.
　－ 자신 없는 어휘나 고사성어는 쓰지 않는 게 좋다. 혹시 틀릴 수도 있으니까. 혹시라도 잘못 사용한 경우, 이빨에 고춧가루가 낀 줄도 모르고 무지하게 잘난 척 떠들어대는 것과 마찬가지다. 얼마나 망신스러울까?
　－ 없는 단어를 자기 마음대로 만들어내어 쓰지 마라. 유식을 자랑하고 싶겠지만, 오히려 무식을 드러내는 지름길이다.

□ **문장**
　－ 주어와 술어를 분명하게 써야 하고, 또 일치시켜야 한다.
　－ 짧은 단문을 구사하라. 문장이 길다 싶은 느낌이 들 경우, 생각이 정리되지 않았거나 논리적인 오류가 숨어 있을 가능성이 매우 높다.
　－ 문장 끝에 마침표를 찍지 않았을 경우, 채점관은 어이가 없다.
　－ 일본식 혹은 영어식 번역투 문장은 쓰지 마라.
　　예) "～에 다름 아니다", "～라고 인정되어진다", "우리는 ～한 경험을 가지고 있다"

— 문장의 앞뒤가 제대로 호응해야 한다.

    틀린 용례) "결코 ~이다", "문제로 지적할 수 있는 점은 ~라고 지적할 수 있다"

☐ 문단

— 누구나 잘 알고 있는 사실을 구구하게 설명할 필요는 없다. 논술자는 자기 지식을 과시하고 싶겠지만, 그 순간 무식이 드러난다는 사실을 명심할 것.

— 전체 문단이 일관성을 갖추도록 해야 한다.

— 앞부분에 소주제를 쓰고 뒤이어 구체적으로 진술해, 이해하기 쉽도록 구성하라. 문단 마지막 부분에서는 문단을 간단하게 요약하는 게 필요할 때가 있다.

"말을 들으면 다 잘할 수 있을 것 같은데, 직접 쓰면 어렵다구요!"

그렇다. 그렇기 때문에, 글을 잘 쓰기 위해서는 많이 써보아야 한다. 지름길은 없다. 글쓰기 부분을 정리하면서, 마지막으로 문제 하나 풀어보자.

[문제]

다음 상자 안의 글은 학생이 쓴 논술문의 한 단락이다. 이 글을 수정해보아라.

> 세계화 시대의 개막으로 지구촌 문화권이 다양해지고 있다. 세계의 각국들은 다양한 문화들과의 교류로 자국의 문화를 더욱 발전시키고 있다. 이러한 흐름 속에서 우리나라도 일본을 포함한 많은 나라와 문화적 교류를 하고 있다. 그러나 유독 일본 문화 개방은 일제라는 과거의 사건 때문에 다른 문화 개방보다 민감하게 다루어진다. 이러한 긴장감 속에 유입되는 일본 문화의 문제점은 무엇일까?

자다가 봉창 두드리기

함정체크

봉창封窓은 옛날 한옥에서 찾아볼 수 있는 걸로, 창호지로 막아서 열 수 없도록 봉한 창문이다.

자 그럼, 이 봉창이 있는 주막집의 누추한 방에서 하룻밤을 보내는 이도령과 방자를 상상해보자. 시간은 자시子時♥, 한밤중이다. 방자는 코까지 골며 곤히 자고 있고, 이도령은 내일 있을 어사 출두를 어떻게 하면 가장 극적이고 폼나게 할 수 있을지 고민중이다. 이때, 갑자기 자고 있던 방자가 벌떡 일어나더니 난데없이 봉창을 텅텅 두들긴다. 창호지로 만든 봉창이 푹 찢어진다. 그래도 방자는 계속 봉창을 두들긴다. 이 모습이 너무도 황당해서 이도령이 던지는 말이 바로, '자다가 봉창 두드리는군' 이다.

학생이 쓴 논술문을 보면 방자처럼 자다가 봉창 두드리는 경우가 의외로 많다. 그게 어떤 거냐구?

일단 아래의 문제와 예시 답안을 꼼꼼하게 잘 읽어라.

[문제]
바다는 인류에게 식량을 공급해주는 밭이며, 또 왕래하는 길이기도 하며, 지구상에서 아직 이용되지 않고 유일하게 남아 있는 광대한 공간이기도 하다. 이러한 해양의 활용에 대하여, 여러분의 꿈과 구상을 기술하시오. (800자 이내)

[예시 답안]

나는 바다를 좋아한다. 푸른 바다가 끝도 없이 펼쳐져 있는 것을 바라보면, 입시를 앞둔 고민이나 괴로움도 깨끗이 잊을 수 있다. 하늘과 바다가 맞닿은 수평선을 보면 무한한 세계를 상상하면서 나 자신이 얼마나 보잘것없는 존재인가 하는 것을 깨닫게 된다. 이것저것 자질구레한 세상사가 모두 부질없는 일로 생각된다.

나의 꿈은 이 넓은 바다와 하늘을 화폭 삼아 장래의 꿈을 가득히 그려보는 것이다. 바다는 우리 인류에게 있어서는 식량을 공급해주는 밭이라고 하니, 나는 이 밭에 물고기의 모이가 되는 해초를 심어서, 이를테면 돌고래와 같은 머리 좋은 동물을 이용해서 경작하게 하여, 해저 목장 같은 것을 만들어보고 싶은 것이다. 이렇게

자시
밤 11시에서 1시까지.

하면, 어업의 발달도 촉진될 것이고, 또 어획 제한 같은 문제도 쉽게 해결될 것이다.

다음으로 내가 바다라는 화폭에 그리고 싶은 꿈은, 오늘날 에너지 문제가 매스컴 등에서 요란하게 취급되고 있지만, 이것을 해소하는 방편으로 바다를 이용한다는 것이다. 예를 들면, 일전에 신문에서 읽은 적이 있는데, 바닷물의 간만의 차를 이용하여 터빈을 돌려서 전력을 얻는 방법이 있는 모양이다. 이것이 사실이라면, 연구를 거듭해서 실용화시켜 나가자는 것이다. 원자력 발전은 위험이 따르기 때문에 그리 좋은 방법이라고 할 수 없지만, 이 방법이라면 아무 문제도 없을 것이다.

그리고, 그 다음으로 내가 꿈꾸고 있는 것은 이런 것이다. 아무리 항공기가 발달했다 해도, 거대한 화물이나 다량의 물질을 수송하는 것은 아무래도 선박을 따르지 못한다. 그러나 현재와 같은 선박으로는 너무나 속도가 느리다. 그래서 비행기 못지않은 속도로 달리는 선박을 고안해보고 싶은 것이다.

꼼꼼하게 잘 읽었겠지?
그럼 문제를 내겠다. 위 예시 답안에 대한 평가를 올바르게 한 사람은?

혜진 : 나는 바다를 좋아한다, 이 첫 문장이 죽이네요. 고3 수험생이라면 누구나 느낄 수 있는 문제를 솔직하게 잘 표현했다고 생각합니다. 해저 목장이나 조력 발전소 그리고 항공기처럼 빠른 배, 이런 것도 좋고요. 나도 이렇게 생각할 수 있어야 하는데… 90점 주겠습니다.

자포 : 본론이나 결론은 좋은데 서론이 없는 거 같아서 아쉽습니다. 82점 주겠습니다.

자뻑 : 솔직히 글을 잘 썼다는 건 인정을 하는데… 아까 논리적 치밀성 이야기하면서 앞뒤가 딱딱 맞아떨어져야 한다고 했는데, 뭐가 목적인지 뭐가 방법인지 잘 모르겠네요. 아니, 이 글이 잘못된 게 아니라, 내가 이 글을 잘 알아보지 못한다고요. 87점!

올바르게 평가한 사람은 자포도 아니고, 혜진이도 아니고, 자뻑도 아니다.
정말 못 쓴 논술문이다. 왜 그런지 조목조목 설명할 테니까, 잘 듣도록.

- 우선 질문 내용을 확인하자. 해양의 활용을 어떻게 할 것인지 의견을 묻고
  있다. 과연 이 질문에 자기 주장을 얼마나 논리 정연하게 펼치고 있을까?

- 첫째 문단을 보자. 바다를 좋아하고, 바다에 서면 세상 모든 게 부질없이
  느껴진다고 했다. 이게 무슨 뚱딴지같은 소리지? 서론에서는 질문에 대한
  본인의 태도나 주장의 한 측면을 제시해야 하는데, 세상사가 부질없게 느
  껴진다니? 채점관이 '이 학생은 시험을 보겠다는 건가, 말겠다는 건가?'
  라며 혀를 찰 일이다.
  → 학원 강의실을 인테리어 해달라는 사람에게 학원 사업 하지 말고 함께
     도 닦으러 산에 들어가자는 소리나 다름없다.

- 둘째 문단에서는 해저 목장이라는 구체적인 방안을 제시한다. 하지만 돌
  고래를 훈련시키겠다고 하니, 이건 또 무슨 황당한 소리인가? 훈련을 시
  키겠다면 어떻게 훈련을 시키겠다는 건가? 비용 문제는 전혀 고려하고 있
  지 않은 걸로 봐서는 단순한 상상 혹은 공상임에 분명하다.
  → 학원 강의실을 인테리어 해달라니까, 강의실 벽을 해수어 어항으로 꾸
     미고, 학원 전체를 해양 수족관으로 만들자는 거나 다름없다.

- 셋째 문단에서는 조력 발전을 언급하면서 핵발전소는 위험하고 조력 발전
  소는 안전하다고 하는데, 어째서 그런지 아무런 근거를 제시하지 않음으로
  써, 주장에 대한 설득력을 전혀 얻지 못한다. 그야말로 몽상의 세계를 헤매
  고 있다. 논리의 허점이라기보다는 논리를 아예 생각도 하지 않고 있다.
  → 학원 강의실을 인테리어 해달라니까, TV에서 본 적이 있다며 강의실에
     샤워실을 설치해 학생들이 졸릴 때 샤워를 할 수 있게 하자는 거나 다
     름없다.

- 그리고 마지막 문단에서는 웬 항공기? 해양 개발에 대한 의견을 말하라고
  하는데 항공기 개발이 왜 나오지? 자다가 봉창 두드린다는 속담이 딱 들

어맞는 상황이다.

→ 학원 강의실을 인테리어 해달라니까, 학원 사업은 수지가 맞지 않으니 PC방이나 술집으로 업종을 바꾸라는 얘기를 하는 거나 다름없다.

논술은 어떤 행위나 현상에 대해서 자신의 의견을 주장하는 글이라고 했다. 그리고 이 주장은 근거를 갖추어야 하며, 전체적인 글의 흐름은 논리 정연해야 한다고 했다.

다시 한번 예시 답안을 꼼꼼히 읽어보자.

여러분이라면 과연 몇 점을 줄 수 있을까? 직접 점수를 매겨보자.

(/ 100)점

누구나 처음 논술을 쓰면 위에서 본 예시 답안처럼, 정리되지 않은 감상感傷을 여기저기 뿌려놓은 이상한 글이 되고 만다.

당연하다. 왜냐? 논술이 자기 견해를 논리적으로 밝히고 주장하는 글이라는 사실을 알지 못하니까. 하지만 여기까지 공부한 여러분은 달라야 한다, 논술이 뭔지 알았으니까. 이것만 해도 엄청난 발전이다.

혜진　진짜 믿어도 돼요?
선생　믿어도 좋다, 그래 책임진다! 자, 그런 의미에서 다음 글을 큰 소리로 읽어보자.

자다가 봉창 두드리지 마! 산문 백일장이 아니라 논술고사야!
이제 논술이 뭔지 감이 좀 잡혔나?

학생들　예!
선생　좋았어! 기왕 학생 논술문을 하나 읽었으니까, 팁 하나 더! 다음 쪽에 있다.

모르면서 아는 척하기

함정체크

모르는 걸 아는 척해야 할 때만큼 난감할 때가 또 있을까? 내가 모른다는 사실을 상대방이 모를 때는 양심의 가책은 받아도 얼굴은 덜 화끈거리겠지만, 내가 모른다는 사실을 상대방이 알고 있을 확률이 98퍼센트가 넘을 경우는 정말 괴롭다. 모르는 걸 아는 척하다 보면 중언부언重言復言하다가 횡설수설橫說竪說하게 된다. 특히, 일정 시간 동안 떠들어야 한다면 더욱 그렇다. 논술에서도 마찬가지다. 모르는 걸 아는 척하고 원고지에 써내려가기란 괴롭다. 유일한 기대는, 채점관이 내가 모른다는 걸 눈치채지 말았으면 하는 것이다. 하지만 결코 그런 일은 없다.

자, 앞에서 살펴본 학생 논술문의 한 부분을 다시 읽어보자.

> 다음으로 내가 바다라는 화폭에 그리고 싶은 꿈은, 오늘날 에너지 문제가 매스컴 등에서 요란하게 취급되고 있지만, 이것을 해소하는 방편으로 바다를 이용한다는 것이다. 예를 들면, 일전에 신문에서 읽은 적이 있는데, 바닷물의 간만의 차를 이용하여 터빈을 돌려서 전력을 얻는 방법이 있는 모양이다. 이것이 사실이라면, 연구를 거듭해서 실용화시켜 나가자는 것이다. 원자력 발전은 위험이 따르기 때문에 그리 좋은 방법이라고 할 수 없지만, 이 방법이라면 아무 문제도 없을 것이다.

이 학생이 과연, 이런 언급을 할 만큼 조력 발전과 원자력 발전의 원리나 도입 배경, 현황, 비용과 위험성 그리고 효율성에 대해서 충분히 알고 있을까? 여러분이 보기에 과연 그런가? 전혀 그렇지 않다. 어떻게 아냐구? 알고 있다면 이렇게 쓰지 않았을 테니까…

채점관은 수험생이 쓴 논술문의 앞과 뒤 그리고 가운데의 세 문장만 보고서도 글의 내용과 수준을 파악할 수 있다. 거짓말이 아니다. 채점관은 여러분이 모르는 것도 알고, 여러분이 아는 것도 몇 배 더 깊고 넓게 알고 있다. 그러니 채점관에게 헛된 기대는 아예 하지 않는 게 좋다. 아는 범위 내에서 최대한 논리적으로, 설득력 있게 쓰면 된다. 모르면서 아는 척하지 마라.

논술은 지식의 양을 측정하는 시험이 아니다.
자기 주장을 얼마나 논리적으로 주장하는지를 측정하는 시험이다.

3장_ 개요 짜기

'개요 짜기'는 논술의 전부이다

고등학생이던 시절, 집 짓는 걸 가까이에서 본 적이 있다. 단독주택이었다. 한데 놀랍게도, 건축을 지휘하던 목수의 설계도는 가로 세로 50센티미터 정도의 베니어 합판이었다. 그 위에 검은 색연필로 평면도를 그려놓은 게 설계도의 다였다. 개집도 아니고, 지하실과 다락까지 있는 양옥을 짓는데 달랑 베니어 판 하나가 설계도의 전부라니… 목수와 인부들이 그걸 가운데 두고 둥글게 서서 지시를 내리고 지시를 받는 걸 바라보면서, 과연 저렇게 해서 집이 만들어질까 궁금했다. 내가 걱정할 일이 전혀 아니었지만, 학교를 오가며 공사 현장을 바라볼 때마다 걱정이 되는 건 어쩔 수 없었다. 하지만 그건 기우杞憂♥였다. 지하실 출입구 위로 놓인 화강암 계단을 밟고 올라가면 현관으로 연결되는 멋진 양옥집이 만들어진 것이다. 이 일은 내 머릿속에 오랫동안 신기한 기억으로 자리잡았다.

자, 과연 이 목수에게 설계도는 그 베니어 판때기뿐이었을까? 지금 생각해보면 그랬을 것 같지 않다. 그 집을 지은 목수는 비슷비슷한 집들을 수도 없이 지은 사람이었다. 당시에 그런 집들을 '집장사 집'이라고 불렀다. 땅을 사서 집을 지은 다음에 파는 일을 '집장사'라 했고, 이때 지어진 비슷비슷한 집을 그렇게 불렀던 것이다.

기우
하늘이 무너질지 모른다고 걱정한 옛날 중국의 기라는 사람의 일화에서 유래한 고사성어로, 쓸데없는 걱정을 의미한다.

그러다 보니 솜씨 좋은 목수가 그 '집장사'에 전속으로 고용되었을 테고, 수십 채의 비슷한 집을 지은 이 목수는 설계도를 완벽하게 머릿속에 그리고 있었을 것이다.

결론은, 설계도 없이는 결코 집을 지을 수 없다,이다. 개집 하나를 만들 때도 설계도가 필요하다. 종이비행기를 만들 때 설계도가 따로 필요하지 않은 이유는, 이미 우리 머릿속에 설계도가 입력되어 있기 때문이다.

자, '개요 짜기'를 설명해야 하는 마당에 내가 왜 이 이야기를 하는지 감을 잡았나? 개요 짜기는 내가 쓸 글의 설계도를 그리는 과정이다.

말하자면, 글의 전체 계획을 잡는 과정이다.

개요 짜기는 글을 쓰기 전에 글의 전체 계획을 잡는 과정이다.

바로 이 순간 날아오는 자포의 태클. 누군가 태클을 걸어올 줄 예상했다.

"저는 글은 잘 쓰겠는데, 꼼꼼하게 계획을 세우는 건 자신없거든요. 개요 짜기 안 하면 논술을 못 쓰나요?"

선생　쓸 수 있지.
자포　그럼 개요 짜기 안 하고 쓰면 안 되나요?
선생　논술을 잘 쓰려고 개요 짜기를 하자는 거야.

꼭 이런 학생이 있다.

선생　개집 짓는데 설계도 필요하겠니 필요없겠니?
자포　필요없죠.
선생　비닐하우스 짓는데 설계도 필요하겠니 필요없겠니?
자포　다른 사람들 해놓은 거 보고 대충 하면 되죠 뭐.
선생　그럼 63빌딩 짓는데 설계도 필요하겠니 필요없겠니?
자포　그거는 있어야… 설계도 없이 지을 수도 있잖아요.

선생   기록 세워서 기네스북에 이름 올릴 일 있니?

정밀하고 복잡한 건축물·구조물일 경우 설계도가 없으면 만들 수가 없다. 왜냐? 하중을 계산해야 하고, 건축물 혹은 구조물의 안팎에서 사람이나 물건의 동선이 최대한 효율적이 되도록 계산해야 하기 때문이다. 그리고 거기에 필요한 자재를 세세하게 규정해서 재료비를 산출하고, 공사 기간과 인력을 산출하고, 나아가 전체 공사비를 계산해야 하기 때문이다.

"일단 저질러놓고 보는 거죠 뭐."

괜히 시비를 거는 거라면 한 대 팰 수도 있다. 하지만 실제로 이렇게 생각하는 학생들이 있다. 이런 걸 두고 한 치 앞을 내다보지 못한다고 한다. '논리'와 '계획'이라는 개념이 아예 없기 때문이다.

선생   일단 저지르는 것과 정밀하게 계획하고 실행하는 것, 둘 중 어느 게 더 나은 결과를 가져다줄까?
자포   그야 뭐, 계획을 하는 게…
선생   그러니까, 어떻게 하면 좀더 나은 결과를 만들까, 어떻게 하면 논술을 보다 잘할 수 있을까 공부하는 거 아니니.
자포   귀찮고 힘이 드니까 그렇죠…
선생   논술을 잘하려면, 귀찮고 힘이 들어도 해야지. 우리는 개집을 만들려는 게 아니라, 63빌딩을 지으려는 거야.

논술문은 개집이 아니라 63빌딩이다.

현상을 분석하고, 자기 주장을 제안하고, 그 주장에 대한 근거를 제시하며, 사례를 인용하는 일련의 과정을 정교하게 구축해야 한다. 쓸데없는 부분은 빼고, 필요한 부분은 강화함으로써 글의 밀도를 높인다. 글의 이 전체 모습이 정교하면 정교할수록 글의 질은 높아진다.

글은 잘 쓰겠는데 개요 짜기는 못하겠다는 말은 모순이다.
- 개요 짜기를 제대로 하지 못하면 좋은 글이 나올 수가 없다.
- 좋은 글은 훌륭한 개요 짜기에서 비롯된다.

글의 질을 높이려면 개요를 잘 짜는 게 필수적이다.
명심하자, 개요 짜기는 논술의 전부이다.

✻ '개요 짜기'의 순서

무슨무슨 순서, 이렇게 나오면 일단 외워야 한다는 생각에 머리부터 아픈 사람들이 있다. 하지만 머리 아파할 것 없다. 그런다고 해서 쉬워지는 것도 아니니까. 머리를 써야 할 때 머리를 쓰면 되지, 머리를 써야 한다는 사실에 미리 머리부터 쓸 일 있나?

다들 자전거를 탈 줄 알 것이다. 처음 자전거를 어떻게 배웠는지 떠올려보자. 누군가에게 자전거 타는 순서를 들었을 것이다.

— 일단 두 손으로 핸들을 잡는다.
— 한 발로 페달을 힘차게 밟아 자전거에 추동력을 준다.
— 그 다음 다른 발을 위로 올려 안장에 걸터앉으면서 들어올렸던 발을 반대편 페달에 올린다.
— 두 발로 페달을 힘껏 밟아 자전거에 가속력을 준다.
— 이때 넘어질 것 같으면, 넘어지려는 방향으로 핸들을 돌려 균형을 잡는다.

이 순서를 죽어라 외운 사람 있나? 외울 게 따로 있고 이해해야 할 게 따로 있다. 개요 짜기의 순서는 외워야 하는 게 아니라, 이해하고 몸에 배게 숙달해야 한다. 마치 자전거 타는 법을 배울 때처럼…

자, 이제 개요 짜기의 순서를 알아보자.

□ 논제 파악
- 문제의 의도를 정확하게 파악한다.
- 문제의 의도를 숨기는 경우가 있다. 이 경우 논제 파악 능력도 채점 대상이다.
- 앞에서 보았던 '해양 활용'에 관한 예시 답안의 경우가, 논제 파악을 제대로 하지 못해 낭패를 본 사례라고 할 수 있다.

□ 논점 정리
- 예시문과 자료에서 논거를 찾아 자신의 논점을 정리한다.
- 사건 현장에서 머리카락 하나라도 놓치지 않는 셜록 홈즈와 같은 눈으로 예시문과 자료를 꼼꼼하게 살펴, 자기 주장을 펼 수 있는 근거를 확보해야 한다.

□ 논지 작성
- 서론, 본론 1, 본론 2, 결론의 주제문을 작성한다. 본론은 보통 본론 1, 본론 2로 나눈다.♥
- 이때의 주제문은 짧아야 한다. 짧을수록 분명하기 때문이다. 문장이 길고 설명이 많이 들어가면 제대로 된 주제문이 아니므로 다시 정리해야 한다.

□ 개요 작성
- 주제문에 살을 붙여 비유·예시·논증 등의 세밀하고 꼼꼼한 계획을 세운다.
- 여러분은 비슷한 집을 수십 채 지은 노련한 목수가 아니기 때문에 '판때기 설계도'만으로는 결코 집을 지을 수 없다. 따라서 이 과정을 충실하게 해야 한다.

□ 검토·수정
- 논리에 일관성이 있는지, 논리가 정연하게 전개되는지, 논리적인 비약이나 비능률적인 동어 반복이 없는지 확인한다.

♥
서론, 본론, 결론에 들어갈 내용 정리를 위해서 47쪽(논술과 글쓰기 부분)을 다시 한번 살펴보자.

> **개요 짜기의 순서**
> 논제 파악 → 논점 정리 → 논지(주제문) 작성 → 개요 작성 → 검토와 수정

개요 짜기의 사례

사례를 들어 설명하면 쉽게 이해할 수 있을 것이다.

다음과 같은 논술 문제를 놓고 개요를 어떻게 짤지 생각해보자.

[문제]

복잡한 현대 사회를 이끌어나가는 가장 효율적인 관리 체제로 관료제를 들 수 있다. 예시문을 기초로 하여, 관료제의 부정적 측면에 대해 자신의 견해를 밝히는 논술을 작성하라.

(주의사항) 1. 예시문에 주어진 논거를 기초로 최소한 세 가지 이상의 문제점을 논할 것.
2. 각 문제점에 관한 사례를 제시할 것.

[예시문]

현대 사회의 조직 중에서 가장 발달된 형태가 관료제이다. 관료제는 대규모 조직을 합리적으로 관리하는 방식으로서, 다음과 같은 특성을 지니고 있다.
첫째, 과업의 전문화이다. 조직의 복잡한 업무를 효율적으로 처리하기 위하여 전문적인 능력을 지닌 구성원들로 하여금 분담된 일만을 처리하도록 하는 것을 말한다.
둘째, 위계의 서열화이다. 조직 내의 모든 지위가 권한과 책임의 정도에 따라 서열화되어 있는 상태를 말한다. 따라서 높은 지위는 의사 결정의 폭이 넓고 전체적인 책임을 지며, 낮은 지위는 지시된 과업을 수행하며 주어진 한도 내에서만 책임을 진다.
셋째, 규약과 절차에 따른 과업 수행이다. 조직체 내에서 구성원들은 문서로 된 규약과 절차에 따라 과업을 수행해야 하므로, 개인적인 판단이나 의사가 개입되는 경우는 제한되게 마련이다.
넷째, 지위 획득의 공평한 기회이다. 즉 관료제에서의 지위는 일정한 기준에 따라 공개 경쟁을 통하여 획득된다. 따라서 전문적인 자격과 능력이 지위 획득의 기준이 되며, 이런 점에서 관료 조직에서의 지위는 성취 지위라 할 수 있다.
다섯째, 경력에 따른 보상이다. 즉 구성원의 업무 수행의 경험과 훈련을 중시하고 신분을 보장한다.

이상과 같은 특성을 모두 갖춘 실제적인 조직체는 찾아보기 힘들다. 따라서 이와 같은 특성들은 대규모 조직이 최고의 효율성을 성취할 수 있는 이상적인 기준일 뿐이므로, 조직체의 특성을 파악하는 이론적인 기준으로 받아들이는 것이 좋을 것이다. 관료제의 가장 중요한 기능은 복잡하고 거대한 집단적 과업을 안정된 체계 속에서 효율적으로 처리할 수 있다는 점이다. 그리고 관료제는 거의 모든 것이 표준화되어 있어서 구성원이 바뀌어도 과업 수행에 큰 차질을 가져오지 않는다.

□ 논제 파악

　－ '관료제의 부정적 측면에 대해 의견을 제시하라' 가 논제임을 확인할 수 있다.

　－ 여기에 두 개의 조건이 붙는다. 하나는 부정적인 문제를 세 가지 이상 다루라는 것이고, 또 하나는 각각의 문제에 대한 사례를 제시하라는 것이다.

□ 논점 정리

　－ 예시문에서 제시한 관료제의 특성을 제시하면서 관료제의 장점을 설명한다.

　－ 우선 예시문이 제시하는 관료제의 특성에 숨어 있는 문제점들을 파악한다. 그리고 이 가운데서 내가 다룰 항목들을 선택한다.

□ 논지 작성

　－ 서론과 본론 그리고 결론을 작성한다.

　－ 부정적인 문제를 세 가지 이상 다루라고 했으니 본론을 1, 2, 3으로 나누어서 각각 다룬다.

　－ 관료제와 관련한 내 경험의 어떤 걸 활용할지 선택하고, 그걸 본론에 어떻게 결합할지 생각한다.

다음 쪽에 하나의 안이 제시되어 있다. 하지만 잠깐, 그냥 넘어가지 마라. 잠시 생각해서 다음 빈칸을 채우고 넘어가자.

서론 _____

_____

본론 _____

_____

결론 _____

_____

[개요 짜기 안]

□ **서론 (관료제의 대두 배경과 문제점)**

현대 사회가 고도화되고 전문화됨에 따라 사회 전체의 이익을 효과적으로 실현하기 위한 관료 조직의 역할이 그 어느 때보다 커졌지만, 적지 않은 문제를 드러내고 있다.

□ **본론 1 (문제 1 : 책임 회피와 무사안일주의)**

관료제는 관료들이 책임을 회피하고 무사안일주의에 쉽게 빠지는 폐해가 발생해 효율을 떨어뜨리는 경향이 있다.(주장) 이는 관료제에서는 과업을 전문화하고 위계를 서열화하며, 또 능력보다는 경력에 따라 보상을 하기 때문이다.(근거)

사례) 공장 설립 및 인가에 따른 수많은 절차 때문에 기업은 막대한 피해를 본다.

□ **본론 2 (문제 2 : 극단적인 조직이기주의)**

관료제는 또한 과업을 전문화함으로써 각각의 조직 단위는 전체 조직 혹은 전체 사회의 이익보다는 자기 조직의 이익을 우선시한다.

사례) 자기 조직의 예산을 확보하기 위해 멀쩡한 보도 블록을 뜯어내고 다시 까는 등 긴급하지 않은 사업에 예산을 낭비한다.

□ **본론 3 (문제 3 : 비인간화)**

관료제는 규약과 절차에 따라 과업을 수행하는 걸 원칙으로 삼기 때문에 개인의 사정은 도외시된다. 이에 따라 애초 관료제가 목표로 삼는 업무의 효율성도 손상을 입는다.

사례) 홍수와 같은 재난이 발생했을 때, 피해자에게 한시라도 바삐 지급해야 할 국민 성금이나 정부 보상금이 절차상의 문제로 지연된다.

□ **결론 (대안을 생각한다)**

관료 조직의 인사나 보상 체계 그리고 활동 방식을 탄력적으로 운용할 필요가 있다.

사례) 기업의 고위관리자를 정부의 부처로 스카우트해서 성과를 얻은 경우가 있다.

사례) 전자 민원 등이 좋은 반응을 얻고 있다.

무엇보다, 현재의 관료제가 유일한 대안이라는 생각을 버리고, 사회 전체의 이익을 우선시하는 열린 태도로 잘못된 관행을 고쳐나가야 한다.

🎯 개요 짜기 연습 문제

문제 하나 풀어보자. 다음 문제의 논술문을 작성하기 위해 개요를 짜보아라.

[문제]
바다는 인류에게 식량을 공급해주는 밭이며, 또 왕래하는 길이기도 하며, 지구
상에서 아직 이용되지 않고 유일하게 남아 있는 광대한 공간이기도 하다. 이러
한 해양의 활용에 대하여, 여러분의 꿈과 구상을 기술해보시오. (800자 이내)

[개요 짜기]

_____

_____

_____

_____

_____

_____

_____

_____

_____

_____

_____

답을 찾아 다음 쪽을 넘겨볼 필요는 없다. 맨 뒤의 해설을 기웃거릴 필요도 없
다. 이 문제에 대한 해설이나 답은 따로 없다. 빈칸 다 채우기 전에는 다음 쪽
으로 넘어갈 생각 말도록! 다 채운 다음에는 꼭 친구들과 비교하고 토론해라.

🦟 개요 짜기를 다시 강조한다

모두들 열심히 개요를 짜고 있다. 연필이 바쁘게 돌아가고, 지우개도 바쁘게 이 사람 저 사람 손으로 옮겨 다닌다.

(설마, 볼펜으로 쓰는 사람 없겠지? 그 얘길 왜 이제 하냐구? 그래, 미안하다.)

이때, 날아오는 질문 하나.

"개요를 짜는 데 시간을 얼마나 들여야 해요?"

개요를 짜는 데 시간을 얼마나 들여야 하냐구? 이런 질문은 꼭, 짜라는 개요는 짜지도 않고 연필만 돌리는 친구가 하게 마련이다.

자 그럼, 여기서 문제 나간다.

[문제]

전체 논술고사 시간을 120분이라고 할 때, 과연 개요 짜기에 시간을 얼마나 들여야 할까? 다음 중에서 고르시오.

① 10분   ② 20분   ③ 30분

④ 40분   ⑤ 60분

답은 ⑤번 60분이다. 많다고 생각하나? 천만에!

개요를 잘 짜면 잘 짤수록 쓰기가 쉬워진다.

개요를 구체적으로 짜면 짤수록 쓰기가 쉬워진다.

다시 한번 강조하지만, 개요 짜기는 논술의 전부이다.

개요는 그대로 원고지에 옮겨 써도 될 만큼 자세하게 짜라.

비슷한 집을 수십 채 지어본 경험이 있는 목수라면, 베니어 판때기 수준의 개요만 가지고 원고지 칸을 메워나가도 된다. 하지만 그렇지 못한 사람이 베니어 판때기 수준의 개요로 덤벼들면 어떻게 될까? 십중팔구 다음 쪽 꼴이 난다.

□ 지우개로 수십 번 지우다가 답안지 다 찢어져 걸레가 된다.

□ 찢어진 답안지 버리고 새 답안지에 쓰다가 시간 모자란다.

□ 수정에 수정을 거듭하다 마침내 포기하고 대충 쓴다. 결국 서론과 본론, 결론이 논리적으로 이어지지 않는다.

□ 마지막으로, 논술 고사장을 나오자마자 땅을 치고 후회한다.

이렇게 살지 말자. 논술을 배우는 건 시험을 잘 보기 위해서이기도 하지만, 논리적으로 생각해서 최선의 길을 선택하는 역량을 키우자는 거다. 미래를 풍요롭게 살기 위한 밑거름이다. 자기 생각을 논리적으로 조직하고 자기 행동을 논리적으로 조직하자.

"근데 선생님, 개요 짜기는 잘 했는데, 원고지에 옮겨 적다 시간이 모자라면 어떡해요?"

선생　걱정하지 마라, 그럴 일은 절대로 없다.

자포　원고지에 옮겨 적는 데 걸리는 시간은 사람마다 다르잖아요.

선생　물론 다르지. 그 시간은 자기가 알아야지.

자포　그걸 어떻게 알아요?

선생　열 번만 해보면 안다.

혜진　(불쑥 끼어든다) 선생님이 책임질 수 있어요?

선생　책임이라… 좋은 질문이다. 책임지지! (학생들을 둘러보며) 여러분은 여러분의 인생을 책임질 각오가 되어 있나?

난데없는 질문에 내 의도를 파악하느라 눈만 끔벅이는 학생들.

여러분은 여러분의 인생을 책임질 각오가 되어 있나?

이 질문은 논술고사에서 출제되는 주제의 핵심이다.

다음 장에서 논술의 주제에 대해 살펴보자.

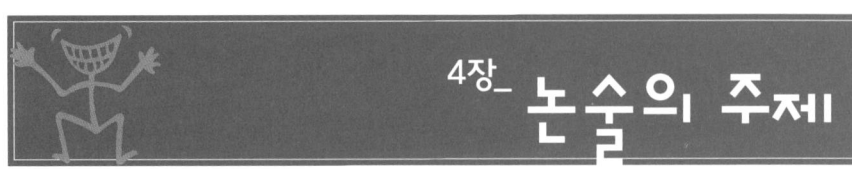

어떤 주제가 출제될까?

적을 알고 나를 알면 절대로 지거나 망할 일이 없다고 했다. 논술도 마찬가지다. 논술고사에서 출제될 주제를 미리 안다면, 시험을 못 볼 리가 없다. 하지만 이걸 미리 알 수 있는 방법은 없다. 있다면, 불법적이거나 초능력을 동원하는 방법뿐이다. 그렇다고 포기할까? 그럴 순 없다. 어떻게 할까?

논리적으로 접근해보자. 출제될 주제를 미리 알 수 없다면, 추상수준♥을 한 단계 높여서, 어떤 부류의 주제를 출제할지 생각해볼 수 있지 않을까? 이 점에 관해서 우리는 단서를 가지고 있다. 기존에 대학교 논술고사에서 출제된 문제들로 유추할 수 있다. 하지만 무엇보다 논술고사 자체의 의미에서 출발해야 한다.

우리는 앞에서 다음 상자 안의 내용을 확인했다.

- 논술은 창의적인 생각을 논리적으로 표현하는 능력을 기르기 위해 채택된 교육 방식이자 평가 방식이다.
- 논술은 대학에 입학한 뒤 전공 과목을 깊이 그리고 실천적으로 공부할 수 있게 해 사회의 한 구성원으로서 개인의 경쟁력을 높이고, 나아가 국가의 경쟁력을 높이고자 한다.

추상수준과 유개념·종개념

연필과 만년필은 추상수준이 같다. 연필보다 추상수준이 높은 건 필기도구이고, 필기도구보다 추상수준이 높은 건 문방도구이다. 이때, 필기도구는 유개념이 되고, 연필과 만년필·볼펜 등은 종개념이 된다. 문방도구가 유개념이 될 때는, 필기도구, 제도도구 등이 종개념이 된다. 개념이나 사물을 비교하거나 열거할 때는 추상수준이 같은 것들을 대상으로 삼아야 한다. 다시 말해 유개념은 유개념끼리, 종개념은 종개념끼리 비교하거나 열거해야 한다.

오류의 사례

"나는 필기도구는 가지고 있는데 연필은 없어."
"사회의 이익이 국가의 이익보다 앞서야 한다고 봐."

그렇다면, 출제자들이 물을 수 있는 답은 뻔하다.

- 범주 1 인간이라는 존재론적 자각을 얼마나 깊이 있게 하고 있나.
- 범주 2 개인과 사회의 관계와 그 의미를 얼마나 자각하고 있나.
- 범주 3 전공 과목을 깊이 연구할 수 있는 기초 소양, 다시 말해 인문·사회·예술·과학 분야의 제반 개념들을 얼마나 잘 파악하고 있나.
- 범주 4 사회에서 빚어지는 여러 현상들의 사회적·정치적·경제적·철학적 의미를 제대로 파악하고 있나.

이 가운데서 하나가 문제로 출제된다. 그러자 바로 화살이 날아온다.

자뻑   그게 다예요?
선생   어.
자포   끝이에요?
선생   어.
혜진   그런 게 어딨어요, 콕 찍어주셔야지요.

맞다, 콕 찍어야 유능한 선생이다. 그래야 쪽집게라는 말을 듣는다.
한데, ○○대학교 논술고사가 끝난 뒤에 혜진이가 말하길, 내가 문제를 콕 찍었다고 했다. 심지어 예시문까지 내가 출제한 예상문제 그대로여서 별 어려움 없이 배운 대로 썼다고 했다.
그때 들었던 생각,

'이야아… 난 정말 유능한 선생이구나. 진작부터 알고 있었지만…'

하지만 웬걸, 나중에 확인해보니까, 비슷하긴 하지만 내가 낸 문제와 달랐다. 예시문이 논술고사에 그대로 나왔다고? 전혀 아니었다. 하지만 혜진이의 논술 성적은 괜찮았다. 덕분에 그 대학에 붙었다. 얼마 후, 혜진이는 △△대학교에서 다시 논술고사를 봤다. 그리고선 하는 얘기가, 내가 낸 문제 그대로 나왔다고 했다. 믿지 않았다. 혜진이는 진짜라고 했다. 그래서 평소 배우고 토론한 내용 그대로 썼다고 했다. 다른 애들은 어렵다고 투덜댔지만 전혀 어렵지 않았다고 했다.

나중에 확인해본 결과, 예상대로 내가 내준 문제와 달랐다. 그래도 혜진이는 △△대학교에서도 논술 성적이 잘 나와 합격했다. 문제를 '콕 찍지'도 못했는데 왜 이런 일이 일어났을까? 우연히, 아주 우연히, 혜진이가 잘 쓸 수 있는 주제가 출제되었을까? 아니다. 혜진이는 어떤 문제가 출제될지 미리 알고 있었기 때문이다.

명태가 나올지, 참치가 나올지, 대구가 나올지 몰랐지만 생선이 나온다는 사실을 알고 있었기 때문이다. 참치가 나오리라 예상하고 참치만 공부했는데, 명태가 나오면 당연히 죽을 쑬 수밖에 없다. 명태가 나오리라 예상하고 명태만 공부했는데, 대구가 나오면 당연히 죽을 쑬 수밖에 없다.

자포   듣고 보니까 맞는 말씀 같은데⋯

선생   맞음 됐지 왜⋯

자포   그래도 좀 구체적으로 얘길 해주셔야지, 범주 1, 2, 3, 4 적어놓고 끝이에요?

혜진   콕 찍어주셔야지 그런 게 어딨어요?
      (이렇게 말하던 애가 나중에는, 상당히 다른 문제였음에도 불구하고 내가 족집게처럼 찍었다고 난리를 친다. 기가 막혀라.)

선생   고기나 과일에서는 안 나오고 생선에서 나온다는 건 가르쳐주잖아. 그게 어딘데 임마!

학생들   에이⋯ (불신의 차가운 시선들)

선생   믿어라! 믿어라! 믿어라!

이렇게 말해도 못 믿는 학생이 있다. 이 학생을 위해서 다음 이야기를 해줘야겠다. 제목은 '쌍피와 보너스피로 한 번에 8점!'이다.

고스톱을 칠 때, 쌍피라는 게 있다. 보통 피는 1점인데 쌍피는 한 장에 2점이다. 그리고 보너스 쌍피라는 것도 있다. 그야말로 보너스로 받는 2점짜리 피다. 고스톱을 칠 때, 쌍피 두 장과 보너스 쌍피 두 장을 동시에 가져올 때가 있다. 그럼 한 번에 8점이다. 쌍피와 보너스피가 없다면, 기껏 많아봐야 4점인데 8점이면 곱이다. 이 얼마나 신나는 일인가. 고스톱 판에서야 이런 일이 운 아니면 사기겠지만, 논술 공부를 할 때는 운도 아니고 사기도 아니다. 실력이다. 큰 줄기를 잡으면 작은 줄기는 저절로 딸려온다. 고구마 줄기를 하나만 잡고 주우욱 잡아당기니까 주먹만한 고구마가 한 번에 여덟 개가 딸려 나오다니! 얼마나 신나는 일인가.

📌 논술 주제의 네 가지 범주

범주의 유형	예시 주제
범주 1 개인의 존재	– 인간의 조건 – 종교와 삶 – 종교와 과학 – 삶의 여러 가지 방식
범주 2 개인과 사회의 관계	– 개인과 가정·조직·국가 사이의 권리와 의무 – 지식인·과학자의 윤리와 역할 – 법과 도덕의 관계 – 개인의 자유와 사회적 책임
범주 3 제반 분야의 기초 개념	– 이미지와 문예 사조 – 시간과 공간 – 근대성 – 국가와 권력
범주 4 사회적 제반 현상	– 자본주의 경제 체제에 대한 이해 – 민주주의에 대한 이해 – 기업 활동의 자유와 기업의 사회적 책임 – 시민운동과 NGO

* [범주 3]과 [범주 4]의 주제들은 [범주 1]과 [범주 2]를 바탕으로 생성된다.

자신 있게 찍지만, 논술 문제는 이 범주 밖에서는 나올 수 없다.
이 네 가지 범주의 주제들을, 이어질 열두 번의 강의에서 확실하게 소화하자.

2

논술 12강

창조적인 사고와 경쟁력

창조적인 사고란 무엇인가?

子曰 君子는 和而不同하고 小人은 同而不和니라.
— 공자, 〈논어〉

[학습목표]

- 비판의 개념을 정리함으로써 논술문의 의미를 확인한다.
- "나는 생각한다. 고로 나는 존재한다"는 명제의 의의를 이해한다.
- 창조적인 사고의 이해와 응용.

🔑 들어가기

드디어 논술 12강의 본격적인 강의를 시작한다.

여태까지 서론이 너무 길었지? 그런 의미에서 간단한 것부터 시작하자.

다음 글은 공자孔子의 〈논어論語〉 '자로子路' 편에 나오는 글이다.

子曰 君子는 和而不同하고 小人은 同而不和니라.

이걸 해석해봐라.

다들 입을 다물고 눈치를 본다. 억지로 시키는 수밖에 없다.

자포   아들이 왈, 군 아들은 화목한데 부동하고 소인은 같은데 불화합니다.

학생   그게 무슨 뜻이야?

자포   화목하게 잘 살자는 뜻입니다.

시작부터 강의가 어째 순조롭지 못하다.

한문 실력이 너무 형편없어 도움말을 줄 수밖에 없다.

> '子曰'할 때 '子'는 공자님이다. 그래서 '子曰'이라는 건, '공자님이 말씀하시길'이라는 뜻이다.
> '君子'는 훌륭한 사람, 지도자, 임금을 의미한다.
> '小人'은 '君子'의 반대말이지. 키 작은 사람이 아니라, 평범한 사람을 뜻한다.
> '和'는 화목하다는 뜻도 되지만 여기서는 '조화를 이룬다'는 뜻이다.
> '而'는 영어로 'but' 우리말로 '~하지만'이라는 뜻이다.

자, 이렇게 해서 위의 한문은 다음과 같은 뜻이 된다.

"군자는 사람들과 조화를 이루며 함께 어울리지만
보통 사람들과 어딘가 다르고,
소인은 보통 사람들과 다를 바 없지만
사람들과 조화를 이루지 못한다."

다르다는 걸 비판정신을 가지고 있다는 말로 해석할 수도 있다.
현상을 곧이곧대로 받아들이지 않고 이면을 파악하는 능력,
현상 속에서 미래의 움직임을 파악하는 능력,
이 능력이야말로 지도자가 갖추어야 할 자질임을 지적한다.
또한 이 비판정신이 사회의 구성원들과 동떨어지지 않아야 한다는 것도 동시에 지적한다. 사람들 속에서 사람의 아픔과 기쁨을 함께 느낄 때 올바르게 이끌어나갈 수 있다는 말이다.

공자
BC 552~BC 479. 중국 고대의 사상가로서 유교儒教를 열었다. 노魯나라에서 출생했으며, 자는 중니仲尼, 이름은 구丘. 공자의 '자子'는 존칭이다. 공자는 온고지신溫故知新(옛것을 바탕으로 새로운 것을 익힘)의 철학, 즉 전통을 바탕으로 하여 새로운 것을 창조하기를 주장했다. 또 후생가외後生可畏(새로운 세대가 무섭다)라 하여, 새로운 세대가 보다 발전할 수 있다고 믿었다. 또한 인간사회를 사랑(仁)을 근본으로 하는 대동세계로 만들기 위해서는 덕으로 교화敎化하는 정치를 해야 한다고 주장했다.

〈논어〉
〈대학大學〉, 〈맹자孟子〉, 〈중용中庸〉과 함께 사서四書의 하나로, 유가儒家의 성전聖典이라고 할 수 있는 책이다. 공자의 발언과 행적을 제자들이 엮은 것이다.

생각하고 토론하기 1

✳ "나는 생각한다. 고로 나는 존재한다."

누구나 한 번은 이 말을 들어본 적이 있을 것이다.
데카르트♥가 한 매우 유명한 말이고, 또 매우 의미가 깊은 말이기도 하다.

데카르트
1596~1650. 프랑스의 철학자·수학자·자연과학자. 근대 합리주의 철학의 시조라 불린다. "나는 생각한다. 고로 나는 존재한다"는 근본 원리를 확립한 〈방법서설〉을 비롯해 〈우주론〉, 〈성찰록〉 등의 저서가 있다.

자포　그 말은 나도 옛날에 한 적이 있는데요? 데카르트한테 배우기 전에…
자뻑　'나도'가 뭐냐, '저도'지. 저도요. "나는 잔다. 고로 나는 존재한다."
선생　그걸 개그라고 하니?
혜진　별 것도 아닌데 왜 중요하죠?

데카르트는 1596년에 태어나서 1650년에 죽었다. 17세기 전반부를 살았다고 할 수 있지. 17세기라고 하면 뭐 생각나는 거 없나?

학생들　… (조용하다)
선생　우리나라, 조선시대.
학생들　(일제히) 영정조!

맞다. 바로 그 시기다. 바야흐로 르네상스♥도 이미 끝이 나, 중세의 어둠이 물러가고 근대가 밝아오던 그 시기였다.

중세가 신이 지배하던 시기라면, 근대는 인간이 지배하는 시기다.

신이 지배하는 세상에서, 사람들은 모든 게 신의 뜻으로 이루어진다고 믿고 살았다. 어느 날 아침, 멀쩡하던 사람이 아침을 먹자마자 팍 고꾸라져 죽었다. 이런 사건이 중세에 일어났을 경우, 사람들은 어떻게 대응했을까?

중세인   신이 데려가셨군. 사별의 아픔이야 크지만, 신의 뜻이니 어쩔 수 없지. 자, 빨리 묻읍시다!

아마 현대에 이런 일이 일어났다면, 당연히 사체를 해부하고 죽음의 원인을 밝힐 것이다. 하지만 당시는 '신의 뜻'이 엄연한 현실이었고, 거스를 수 없는 진리였다.

내가 생각하기 때문에 내가 존재하는 게 아니라, 신이 있기 때문에 내가 존재했던 것이다.

그런 세상이 조금씩 바뀌어가고 있던 지점에 데카르트가 살았다. 그리고 데카르트는 그 '신의 뜻'을 부정했다. 신의 세계는 갔고, 이성과 합리성의 세계가 왔다는 강력한 선언을 했다. 중세인의 눈으로 보자면, 하늘이 뒤집히는 놀라운 폭탄 선언인 셈이다. 이런 생각을 하면서, 데카르트의 다음 글을 읽어보자.

> 나는 이미 수년 전부터 깨달은 바가 있었다. 어릴 적부터 나는 얼마나 많은 허위를 참으로 알고 지냈으며, 또 그 기초 위에 세워진 것이 얼마나 의심스러운 것이며, 그뒤 언젠가 진정한 학문을 위해 어떤 확고부동한 것을 확립하고자 할 때는 일생에 한 번은 종래에 받아들였던 모든 의견을 송두리째 뒤엎고 아예 처음부터 새로운 기초를 쌓지 않으면 안 된다는 사실을…
>
> — 데카르트, 〈성찰 1〉에서

이제, 데카르트의 명제가 왜 중요한지 이해가 되나?

르네상스

중세와 근세 사이인 14~16세기에 서유럽 문명사에 나타난 역사 시기와 그 시대에 일어난 문화운동. 르네상스는 학문 또는 예술의 재생·부활이라는 의미를 가지고 있는데, 고대의 그리스·로마 문화를 이상으로 하여 이들을 부흥시킴으로써 새 문화를 창출하려는 것이 추구하는 바였다. 그 범위는 사상·문학·미술·건축 등 다방면에 걸쳐 있었다. 5세기 로마 제국의 몰락과 함께 중세가 시작되었다고 보고, 그때부터 르네상스에 이르기까지의 시기를 야만시대, 인간성이 말살된 시대로 파악하고, 고대의 부흥을 통해 이 야만시대를 극복하고자 했다.

자, 여기서 정리를 겸해 간단한 문제 하나 풀어보자.

[문제 1]
"절이 싫으면 중이 나가야지"라는 말이 있다. 이 말을 놓고 비판정신이 왜 필요한지 적어보아라.

[문제 2]
비판과 비난은 어떻게 다른지 적어보아라.

생각하고 토론하기 2

 이 세상을 여호아가 7일 만에 창조했다고?

창조적인 사고라는 말 많이 들었을 것이다. 나도 벌써 이 책에서 여러 번 썼으니까. 근데 구체적으로 무슨 뜻일까? 창조적으로 사고하면 뭐가 좋다는 걸까? (각자 30초 동안 생각해보라.)

그리고 다음 글을 읽고, 자기 생각과 비교해보자.

구약성서 〈창세기〉 맨 첫 대목은 여호와가 7일 만에 세상을 창조했다고 기록되어 있다. 광신자와 자연과학자가 일전을 벌이는 대목이다. 도대체 말이 안돼… 어떻게 단 7일 만에. 그러니까, 여호와 하나님이지. 믿지 않으면 아무 소용도 없어요. 말이 돼야 믿지? 그러니까 성경에는 '똑똑한 신자' 보다 '안 보고도 믿는 우직한 자' 를 더 치고 있어. 그러니까 성경이지. 그런데 그 성경을 안 믿으면? 싸움은 도무지 끊일 줄을 모른다. 그런데, 성경을 문학 텍스트로 보면 문제의 차원이 달라진다.

7일간의 천지창조, 그것은 신화이고 문학적 비유인 것이다. 아니, 그것뿐이 아니다. 하나님의 7일은 인간의 몇 년인가? 수천 년 수만 년? 하루살이의 하루는, 인간에게는 '하루' 이지만 하루살이에게는 인간의 평생 못지않은 기간이다. 나무가 수백 년을 살지만 수나무가 암나무를 껴안는 데 드는 시간이 인간이 보기에는 몇십 년, 나무 스스로 느끼기에는 단 몇십 초일 것이다.

문학-예술이 가장 우위의 해결사라는 주장을 펴려는 것이 아니다. 위의 사례처럼 꽉 막힌 광신자도 꽉 막힌 자연과학자도 극히 희귀한 예에 불과하다. 요는, 문학으로 읽을 때 막힌 데가 뚫릴 수 있다는 점뿐 아니라, 문학하는 자는 모든 사회 현상을 '문학적으로' 읽어야 한다는 점이다. 그러면 세상이, (더 정확하게 보이지는 않지만) 더 총체적으로 보인다. 그리고 그 총체성이 다시 자신의 문학에 튼튼한 상상력의 뼈대를 제공하게 된다. 모든 문헌, 모든 현상을 문학 텍스트로 읽어라, 난 그렇게 주장한다.

위대한 소설가는 민완형사보다 추리력이 뛰어나다. 그는 신문기사만을 읽고도, 주변 정황이 정확하고 객관적으로 기록되기만 했다면, 범인의 성性과 성격 및 신분, 그리고 대인관계까지 짐작해낼 수 있다. 명탐정 셜록 홈즈의 그 놀라운 추리력은 사실 소설문학의 관점에서 작가가 갖추어야 할 덕목, 등장인물의 총체성과 일관성을 구축하는 데 필요한 기초적인 덕목 중 하나에 지나지 않는다. 그 덕목 하나만을 강조하고 단련시킨 것이 바로 추리소설이다. 직업적인 연극배우는 지나가는 사람들의 표정을 일상적으로 연구한다. 직업적인 무용가는 일상적인 몸짓 발짓, 그리고 근육의 표정을 일상적으로 연구한다. 즉, 진정한 예술가는 쉬는 시간이 없다. 그렇게, 다시 강조하거니와, 문학하는 사람은 모든 문헌을 문학 텍스트로 읽어라. 단순히 도움을 받는 차원을 넘어, 문학－예술적으로 세상을 보는 것이 가장 총체적이고, 최종적인 시각이라는 자부심을 갖게 될 것이다.

－ 김정환,《창작강의 일곱 장》에서

여기서 그냥 넘어가면 섭섭하니까, 문제 하나 풀고 가자.

[문제]
창조적인 사고가 우월적으로 확보할 수 있는 경쟁력의 요소를 가리키는 단어를 위의 글에서 찾아 써라.

개념 응용·논술

자, 다음과 같은 장면을 목격했다고 치자.

- 때 : 토요일 오후 3시.
- 장소 : 강남역 사거리 뉴욕제과 앞.
- 목격한 내용 : 정장을 한 20대 후반의 여자가 유모차를 끌고 가면서 눈물을 흘리며 운다. 지나가는 사람들 그리고 누군가를 기다리는 사람들은 호기심 어린 눈으로 여자를 바라본다. 여자는 도움이 필요한 듯 보이지만 아무도 도와주려고 나서지 않는다.

그럼 여기서 각자 상상해보자.

상상 1 여자는 지금 어떤 상황에 처해 있을까?
상상 2 사람들은 왜 여자를 도울 생각을 하지 않을까?

[문제]
위에서 상상한 내용을 염두에 두고, 현대사회의 사회문화적 문제와 관련해 여자가 처한 상황을 다음 쪽 글의 밑줄 친 부분의 지시에 따라 나름대로 상정하고, 여기에 입각해 여자를 옹호하거나 비판하는 자신의 주장을 펼쳐보시오. (분량은 마음대로, 반드시 제목을 달 것.)

생 텍쥐페리

1900~1944. 프랑스의 소설가. 옛 귀족 집안에서 태어나 행복한 어린 시절을 보냈으며, 1920년 징병으로 공군에 입대하여 조종사 훈련을 받고 제대했다. 이후 여러 직종을 전전하다가, 평범한 생활에서 벗어나 행동적인 인생을 개척하고자 1926년부터 위험한 우편비행 사업에 가담했다. 제2차 세계대전이 일어나자 군용기 조종사로 종군, 전쟁 말기에 정찰 비행 중 행방불명되었다. 그의 작품 대부분은 역경과 싸우는 인간의 모습을 통해서 삶의 의의를 추구한다. 〈야간비행〉(1931), 〈어린 왕자〉(1943) 등의 작품이 있다.

어떻게 쓰느냐를 배워야 할 것이 아니라 어떻게 보느냐를 배워야 하는 것이지요. 쓴다는 것은 중요한 것이니까요. 에우제비오는 어떤 대상을 선택하여 그것을 미화하려고 온갖 노력을 하고 있었습니다. 하지만 그의 형용사는 그림에 덧칠을 하는 것과 같아요. 중요한 본질을 끌어내지 못하고 자기 멋대로 장식만 붙이는 셈이지요. 산봉우리에 관해 우리가 말할 때 그는 신과 보랏빛 색깔과 독수리를 이야기했습니다. 그래서 듣는 이들은 경건해지고 감동에 사로잡히곤 하였습니다. 하지만 그것은 속임수에 지나지 않습니다.

… 항상 당신이 받은 인상으로부터 시작을 하십시오. 그러면 진부한 표현이란 있을 수 없는 일이지요.

— 생 텍쥐페리♥, 〈사색 노트〉에서

보충학습

서울대학교 2005년 인문계열 논술고사 예시 문제

※ 가상적으로 만든 두 인물의 대화를 읽고 다음 물음에 답하시오.

甲. 그대가 담헌이나 연암과 함께 북학을 주장한다고 들었다. 북학이 도대체 무엇이냐?

乙. 일찍이 맹자는, "나는 중화中華의 문화 덕에 오랑캐가 변화했다는 말은 들었지만 중화가 오랑캐 덕에 변화했다는 이야기는 듣지 못하였다"고 하였사옵니다. 초나라 출신인 진량은 주공과 공자가 가르친 도를 좋아하여 북쪽으로 가서 공부를 하였사옵니다. 그 결과 북방 학자 중에 진량만한 이가 없사옵니다.

甲. 조선도 압록강을 넘어 북쪽으로 가서 공부를 해야 한다 이 말이렷다. 중화와 오랑캐 이야기는 받아들이기 힘들구나. 조선에 작은 중화小中華를 자처하는 이들이 많음을 알렷다? 오랑캐에게 멸망한 명나라를 대신하여 오직 조선만이 중화의 도를 실현할 수 있다는 주장이니라. 혹자는 작은 중화가 명나라를 무조건 따르는 눈먼 충심이라고 하지만, 과인 생각은 다르니라. '소중화'란 세 글자 안에는 조선 문화가 세상 제일이라는 무한한 자긍심이 있도다. 그 자긍심을 바탕으로 더 뛰어난 시문詩文을 만들고 생활 규범들을 가다듬을 수 있느니라. 이런 주장에 반대하는가? 그 이유가 무엇인가?

乙. 그러하옵니다. 조선 문화는 세상 제일이 아니옵니다. 명나라가 멸망하였으니 중원에는 더 이상 제대로 된 문화가 없다는 주장은 눈먼 장님이 내뱉는 농담과 같사옵니다. 신은 작년 여름 연경燕京에 가서 똑똑히 보았나이다. 그곳에는 우리가 전혀 알지 못하는 새로운 지식과 물품들이 산처럼 쌓였나이다. 피부색과 머리 모양, 얼굴 모양이 제각각인 세계 여러 나라 사람들이 자유롭게 거리를 활보했사옵니다. 조선은 그 높은 문화를 진량처럼 배워야 하옵니다. 소중화란 우물 안 개구리들이 내는 자화자찬에 지나지 않사옵니다.

甲. 근래의 사대부들은 습성이 괴이하여 반드시 우리나라 규모를 벗어나고자 하며, 멀리 중국인들이 하는 것을 배우고자 하고 있어. 서책은 물론이고 평소에 쓰는 그릇과 물건 역시 모두 중국산을 사용하여 이로써 높이 올라간 것처럼 자랑스러워하지. 묵·병풍·의자·탁자·솔·술통 등 기교奇巧한 물건을 좌우에 늘어놓고 차를 맛보고 향을 피우며 억지로 고아한 척하는 토양을 이루 다 기록할 수 없어. 내가 깊은 궁궐에 앉아서도 오히려 들은 풍문이 낭자狼藉하여 폐됨은 말하지 않아도 알 수 있다는 게지. 옛사람이 말하기를, "지금 사람은 지금 옷을 입어야 한다"라고 하였으니, 이 말은 절실하여 공경할 만하니라. 이들이 우리 동방에서 태어났으면 마땅히 우리 동방의 본색을 지켜야 할 것인데, 어찌 힘을 다해 중국 사람을 모방하려 하는가? 이 역시 사치 풍조의 일단이며 말류의 폐단으로 장차 말할 수도 없고 고칠 수도 없게 될 것이니 실로 보통 근심이 아니라고 할 것이야.

乙. 옛날 영웅은 반드시 원수를 갚을 뜻이 있으면 호복 입는 것도 부끄러워하지 않았는데, 지금은 중국 법을 "배울 만하다"라고 말하면 떼를 지어 일어나서 비웃나이다. 필부가 원수를 갚고자 할 때 원수가 날카로운 칼을 찬 것을 보면 그 칼을 빼앗을 방법을 고민하는 법이옵니다. 그런데 지금은 당당한 천승千乘의 나라로서 천하에 대의를 펼치려고 하는데도 중국의 법 하나를 배우려고 하지 않사옵니다. 그럼으로써 우리 백성들이 고생만 숱하게 할 뿐 아무 효과도 보지 못하고, 궁핍에 찌들어 굶어 죽고 스스로 쓰러지게 했사옵니다. 그리고 백 배나 이익이 될 것을 버리고 결코 행하지를 않았사옵니다. 신은 중국을 차지한 오랑캐를 물리치기는커녕 우리나라 안에 있는 오랑캐의 풍속도 다 변화시키지 못할 것이 염려되옵니다. 그러므로 오늘날 사람들이 오랑캐를 물리치고자 한다면 차라리 누가 오랑캐인지를 분간해야 하옵니다. 그리고 중국을 높이고자 하면 차라리 저들의 법을 완전히 시행함으로써 더욱 중국을 높일 수가 있을 것이옵니다. 만약 다시 명나라를 위하여 원수를 갚고 우리가 당한 치욕을 씻고자 한다면 이십 년 동안 힘써 중국을 배운 다음에 함께 논의해도 늦지 않을 것이옵니다.

甲. 과인은 어려서부터 효종 할아버지와 임경업 장군, 그리고 이완 대장을 존경하며 흠모해왔느니라. 그분들이 염원한 북벌을 완성한 후 개가를 부르고 싶었지. 과인이 임금이 되면 그분들이 못다 이룬 꿈을 실현하리라 결심했어. 동쪽 바다의 큰 고래와 서쪽 변방의 흉악한 멧돼지를 몰아내는 꿈! 군대는 흉기이고 전쟁은 불행이라지만, 제갈공명이 연거푸 출사표를 짓고 원정을 떠났듯이, 올바름을 위해 반드시 싸워야 하는 일도 있는 법이야. 후대인들이 제갈공명을 떠받드는 것은 탁월한 지혜와 신묘한 병법 때문이기도 하지만 무엇보다도 의리와 명분을 중히 여기며 끝까지 올바름을 추구했기 때문이니라. 그 결과가 고작 오장원의 때 이른 죽음이냐고 힐난하는 이도 있지만, 과인은 그 죽음이 곧 패배를 뜻한다고 보지 않아. 출사표를 올리지 않고 좁은 촉나라에서 호의호식하는 것이 도리어 패배라면 패배이니라. 오늘 여러 선비들의 이야기를 듣고 있자니 북벌은 개 짖는 소리로 취급받고 오직 압록강 북쪽 학문을 배우고 익혀야 한다는 목소리만 높았어. 그럴 바에야 차라리 조선을 떠나 그곳으로 들어가는 것이 좋시 않겠는가?

乙. 효종 임금이나 임 장군, 이 대장은 누구나 다 존경하옵니다. 병자년에 당한 치욕을 씻고 나라다운 나라를 만들겠다는 세 분의 바람은 맑고 숭고한 것이었나이다. 선비들 대부분이 북벌과 북학 중에서 어느 하나는 옳고 어느 하나는 그르다고 하옵니다. 그러나 북벌과 북학은 만날 수 있사옵니다. 조선이 대군을 이끌고 압록강을 건너는 것은 곧 청나라와 정면으로 맞서는 것이옵니다. 과연 지금 조선이 청나라를 망하게 할 만큼 힘을 키웠사옵니까? 일부 사대부들이 중국 물품을 대국에서 몰래 들여와 방 하나를 가득 메우고 자랑하는 이들이 도성에도 꽤 많은 것으로 알고 있사옵니다. 그렇다고 해서 이 나라를 부강하게 하고 백성들 고통을 덜어줄 새로운 학문을 익히는 것을 두려워해서는 아니 될 것이옵니다. 배우되 무조건 옳다고 믿지 않고 가려서 살핀다면 많은 이로움이 있을 것이옵니다. 청나라는 땅이 넓고 오가는 사람들이 많은 탓에 나고 드는 지식과 힘을 일일이 챙길 수 없사옵니다. 우리로서는 좋은 기회이옵니다. 북학을 주창하시는 연암 선생이 젊은 시절 북벌의 뜻을 폈고 지금도 그 둘을 함께 가져가는 까닭이 여기에 있나이다. 조선을 부강하게 하는 길이라면, 우리말을 버리고 중국어를 사용한다

하더라도 받아들일 수 있을 것이옵니다.

甲. [①   ]

乙. 중국어는 문자의 근본이옵니다. '하늘' 같은 것은 바로 '톈[天]'이라 부르고, 다시 겹쳐서 풀이하는 간격이 없으므로 물품 명칭은 더욱 분별하기 쉽사옵니다. 비록 글을 모르는 부녀자나 어린아이라도 보통 쓰는 말이 모두 문구文句로 되며, 경經·사史·자子·집集의 여러 종류도 입에 말하는 대로 나오나이다. 중국은 말로 인해서 글자가 나왔고 글자를 찾아서 말을 풀이하지 않사옵니다. 그러므로 외국에서 비록 문학을 숭상하고 글 읽기를 좋아하는 것이 중국과 비슷하다 할지라도 마침내 간격이 없지 않음은, 이 언어라는 커다란 꺼풀을 벗어날 수 없기 때문이옵니다. 우리나라는 지역적으로 중국과 가깝고 성음聲音이 대략 같으니, 온 나라 사람이 우리말을 버린다 해도 불가할 것이 없사옵니다. 그러한 뒤에라야 오랑캐라는 말을 면할 것이며, 동쪽 수천 리 땅이 스스로 하나의 주周·한漢·당唐·송宋의 풍속으로 될 것이오니 어찌 크게 통쾌한 일이 아니겠사옵니까?

[문제 1]
甲의 대화문 [①] 부분에 '중국어의 공용어화'에 대한 적합한 내용으로 200자 원고지 400자 정도의 문장들을 작성하되, 자신이 甲이 되었다고 가정하고서 자연스러운 대화문이 될 수 있도록 하시오.

[문제 2]
甲이나 乙 가운데 한 인물을 옹호하는 입장에서 현대에서 외래 문물을 수용하는 일에 대하여 논술하는 글을 작성하되, 적절한 제목을 달고 2,000자 내외로 완성된 한 편의 글이 되도록 하시오.

친구냐, 아니냐

중세적 사고 vs 근대적 사고

성균관의 시험 답안지에
조금이라도 패관잡기에 관련되는 답이 있으면
전편이 주옥같을지라도 하고(下考)로 처리하고,
이어 그 사람의 이름을 확인해 과거를 보지 못하도록 하여
조금도 용서가 없어야 할 것이다.
— 정조

🔑 들어가기

1

평생 동안 진정한 친구 세 명만 사귀어도 성공한 인생이라고 한다. 자기 주변에 진정한 친구가 있나? 애인보다 더 소중한 친구가 있나? 혹은, 부모님보다 더 소중한 친구가 있나? 빈칸에 표시를 해보자.

	있다	없다
마음을 털어놓을 친구가 있나?		
애인보다 소중한 친구가 있나?		
부모님보다 소중한 친구가 있나?		

자포는 자빽을 바라보고 히죽 웃으며 세 개 모두 '있다'에 동그라미를 친다.
자빽은 '마음을 털어놓을 친구가 있나?'에만 '있다'에 동그라미를 친다.
자포는 이런 자빽을 째려보지만, 자빽은 어깨를 으쓱하고 만다.
혜진은 세 개 모두 '없다'에 동그라미를 친다.

혜진　저는 현대사회에서 진정한 친구는 없다고 생각해요. 옛날에는 친구를 위해 목숨을 바치기도 했지만, 현대사회는 경쟁사회라서 친구끼리도 기본적으로 경쟁 관계이거든요. 그냥 조금씩 도와줄 순 있어도 옛날처럼 무조건적인 친구는 있을 수 없어요.

여러분의 생각은 어떤가?

2

태어난 시각은 다르지만 죽을 때는 한 날 한 시에 죽자던, 유비와 관우와 장비의 도원결의桃園結義♥를 생각해보자.

그리고, 조자룡이 목숨을 걸고 유비의 갓난아기 선을 구해오자 유비는 아들 때문에 조자룡이 죽을 뻔했다면서 아들 선을 바닥에 내팽개친다. 이건 진심이었을까 아니면 제스처였을까?

도원결의
세 사람은 복숭아밭에서 형제가 되기를 결의하고 난세를 평정하기로 맹세했다. 원나라 때 나관중이 지은 〈삼국지연의〉에 나오는 말이다.

생각하고 토론하기 1

이제 타임머신을 타고 박지원이 살던 18세기 후반의 조선시대로 가보자. 가서, 중세적 사고와 근대적 사고의 충돌 현장을 목격하자.

아내냐, 친구냐

※ 다음 글을 읽고 18·19세기식 우정을 확인해보자.

(가)

만약 한 사람의 知己를 얻게 된다면 나는 마땅히 10년간 뽕나무를 심고, 1년간 누에를 쳐서 손수 오색실로 물을 들이리라. 열흘에 한 빛깔씩 물들인다면, 50일 만에 다섯 가지 빛깔을 이루게 될 것이다. 이를 따뜻한 봄볕에 쬐어 말린 뒤, 여린 아내를 시켜 백 번 단련한 금침金針♥을 가지고서 내 친구의 얼굴을 수놓게 하여 귀한 비단으로 장식하고 고옥古玉으로 축♥을 만들어 까마득히 높은 산과 양양히 흘러가는 강물, 그 사이에다 이를 펼쳐놓고 서로 마주보며 말없이 있다가, 날이 어둑해지면 품에 안고서 돌아오리라.

— 이덕무♥, 《이목구심서》에서

(나)

벗은 제2의 나다. 벗이 없다면 대체 누구와 더불어 보는 것을 함께 하며, 누구와 더불어 듣는 것을 함께 하며, 입이 있더라도 누구와 함께 맛보는 것을 같이 하며, 누구와 더불어 냄새 맡는 것을 함께 하며, 장차 누구와 더불어 지혜와 깨달음을 나눌 수 있겠는가? 아내는 잃어도 다시 구할 수 있지만 벗은

금침
바늘.

축
두루마리의 양 끝에 심을 넣은 것.

이덕무
1741~1793. 조선 후기의 실학자. 정조의 총애를 받으며 규장각에서 여러 서적의 편찬 교감에 참여하였고 북학을 제창했다.

한번 잃으면 결코 다시 구할 수 없는 법, 그것은 존재의 기반이 송두리째 무너지는 절대적 비극인 까닭이다.

— 박지원♥

(다)

디킨스♥와 함께 한 행복한 날들은 빠르게 흘러갔다. 영국을 떠날 마지막 날이 다가왔다. 원래 예정은 덴마크로 돌아가는 거였지만, 독일에서 갑작스런 초대장이 날아와 덴마크 행은 그 다음으로 미루어졌다. 초대장의 발신지는 바이마르였다. 괴테와 실러와 빌란트, 이 세 시인의 동상 제막식이 예정되어 있었던 것이다. 아침 일찍 디킨스는 작은 마차에 자기가 직접 고삐를 잡고 나를 메이드스톤까지 태워주었다. 거기서 포크스톤까지 기차를 타고 갈 계획이었다. 디킨스는 내가 거쳐갈 모든 역을 지도로 그려주었다. 디킨스는 가는 동안 내내 쾌활했지만, 나는 작별의 시간이 점점 가까워지자 말을 잃어버리고 말았다. 역에서 우리는 포옹을 했다. 디킨스의 눈은 고귀한 인간의 감정으로 충만해 있었다. 훌륭한 작가로 존경하던 사람의 얼굴에서 작가가 아닌 한 평범하고도 위대한 인간의 면모를 보았다. 악수를 끝으로 그는 마차를 몰아 멀어져 갔고, 내가 탄 기차는 벌써 영국을 떠나고 있었다. 모든 이야기에 끝이 있듯이, 그렇게 끝이 났다.

드레스덴에서 멀지 않은 막센에서 찰스 디킨스에게 이렇게 편지를 썼다.

가장 사랑하는 친구에게,

이제야 편지를 씁니다. 늦어도 너무 많이 늦었습니다. 하지만 헤어진 이후로 단 한시도 형을 생각하지 않은 적이 없습니다. 형과 함께 한 시간들 그리고 형 가족과 함께 한 시간은 내 영혼의 일부가 되었습니다. 오랜 세월 형의 작품을 통해서 형을 존경하고 사랑했지만, 지금은 작가가 아닌 한 사람의 인간으로서 또 한 사람의 친구로서 형을 존경하고 사랑합니다. 형이 알고 있는 그 어떤 사람보다 내가 더 형을 깊이 생각하리라 믿고 있습니다. 이번의 영국 방문, 아니, 형 댁에 머물렀던 순간은 내 인생의 가장 아름답고 기쁜 순간이었습니다. 그랬기에 더 오래 머물 수밖에 없었고, 차마 작별의 인사를 하기가 힘이 들었습니다. 가즈힐에서 메이드스톤까지 마차를 타고 오는 동안 나는 너무도 우울하고 슬퍼 하마터면 울음을 터트릴 뻔했습니다. 그 생각을 하면서, 내가 떠나온 지 얼마 후에 형의 아들과 칠 년이란 세월 동안이나 만나지 못할 작별을 했을 형의 마음을 헤아리면서 마음이 무척 아팠습니다. 형과 함께 있으면서 내가 얼마나 행복했고 또 내가 얼마나 고마

박지원

1737~1805. 정조 4년인 1780년에 종형從兄 박명원의 수행원으로 청나라 황제 고종의 만수절萬壽節을 축하하기 위해 연경과 열하를 여행했으며, 이때의 기록으로 〈열하일기〉를 남겼다.

찰스 디킨스

1812~1870. 19세기 영국에서 가장 인기가 높았던 인도주의 소설가. 〈데이비드 코포필드〉, 〈위대한 유산〉, 〈올리버 트위스트〉 등으로 가난한 사람들과 학대받는 사람들에 대한 깊은 애정을 보이며, 사회적 악폐를 통렬하게 공격했다. 참고로, 1805년에 태어난 안데르센보다 일곱 살 아래였다.

안데르센의 초상. 덴마크 오덴세의 가난한 집안에서 태어나 동화 작가로서 세상에 이름을 떨쳤다.

워하는지, 덴마크어가 아니어서 제대로 표현할 수가 없습니다. 형이 나의 진정한 친구라는 사실과 내가 곁에 있어 형이 기뻐한다는 사실을 함께 있는 동안 늘 느꼈습니다. (중략) 아침 일찍 일어나 지금 이 편지를 쓰고 있습니다. 내가 이 편지를 직접 들고 가즈힐의 댁에 가 있는 듯한 느낌이 듭니다. 간 첫날 그랬던 것처럼 창문 가에 활짝 핀 장미를 바라보고, 로체스터까지 펼쳐져 있는 들판을 바라보고, 아이들이 크리켓을 하고 노는 마당 뒤로 둘러쳐진, 사과 향기가 나는 들장미 울타리를 바라봅니다. 과연 앞으로 그런 장면들을 상상이 아닌 실제로 볼 수 있을는지 모르겠습니다. 하지만 아무리 많은 세월이 흐른다 해도 내 가장 소중한 친구인 형에 대한 감사의 마음은 영원할 것입니다. 형의 답장을 읽을 즐거운 시간을 기다리겠습니다. 〈죽느냐 사느냐〉를 읽은 소감도 듣고 싶습니다. 혹 있었을지 모르는 내 나쁜 점은 모두 잊어주십시오. 나는 형을 친구이자 형제로 사랑하며 앞으로도 그렇게 살고 싶습니다.

진심을 담아서, 한스 크리스티안 안데르센.

얼마 후에 디킨스의 답장을 받았다. 그의 편지를 통해 모든 사람들이 내게 안부를 물어왔다. 가즈힐의 기념비와 디킨스의 충실한 개까지도…

— 〈안데르센 자서전〉에서

글 (가)와 (나)를 읽고 난 느낌이 어떤가?

"남자들끼리 연애하는 거 같아요!"

그렇다면, 과연 이들은 남자를 사랑한 남자들이었을까?

이덕무는 지독한 가난과 서얼庶孽♥이라는 신분의 굴레를 천명으로 알고 살았다. 그의 어머니와 누이는 영양실조 끝에 폐병을 얻어 세상을 떴고, 그는 추운 겨울밤 홑이불만 덮고 잠을 자다가 책을 병풍 삼고 또 물고기 비늘처럼 잇대어 덮고서야 겨우 얼어죽기를 면했다고 한다. 이런 처절한 가난 속에서 이덕무가 집착한 것은 다름 아닌 책을 읽고 베껴 적는 일이었다. 그는 풍열로 눈병에 걸려 눈을 뜰 수 없는 중에도 어렵사리 실눈을 뜨고서 책을 읽었던 책벌레였다. 그는 자신의 젊은 시절 모습을 적은 〈간서치전看書痴傳〉에서 자신을 이렇게 표현한다.

서얼
서자와 서자의 자손.

목멱산 아래 멍청한 사람이 있는데, 어눌하여 말을 잘 하지 못하고 성품은 게으르고 졸렬한데다, 시무時務도 알지 못하고 바둑이나 장기는 더더욱 알지 못하였다. 남들이 이를 욕해도 따지지 않았고, 이를 기려도 뽐내지 않으며, 오로지 책 보는 것만 즐거움으로 여겨 춥거나 덥거나 주리거나 병들거나 전연 알지 못하였다. 어릴 때부터 21세 나도록 손에서 일찍이 하루도 옛 책을 놓은 적이 없었다. 그 방은 몹시 작았지만 동창과 남창과 서창이 있어, 해의 방향에 따라 빛을 받아 글을 읽었다. 지금까지 보지 못했던 책을 보게 되면 문득 기뻐하며 웃었다. 집안 사람들은 그가 웃는 것을 보고 기이한 책을 얻은 줄을 알았다. 두보의 오언율시를 더욱 좋아하여, 끙끙 앓는 것처럼 골똘하여 읊조렸다. 그러다 심오한 뜻을 얻으면 너무 기뻐서 일어나 이리저리 왔다 갔다 하는데, 그 소리는 마치 갈가마귀가 깍깍대는 것 같았다. 혹 고요히 소리 없이 눈을 동그랗게 뜨고 뚫어지게 바라보기도 하고, 꿈결에서처럼 혼자 중얼거리기도 하였다. 사람들이 그를 가리켜 간서치看書痴, 즉 책만 읽는 멍청이라고 해도 또한 기쁘게 이를 받아들였다. 아무도 그의 전기를 짓는 이가 없으므로 이에 붓을 떨쳐 그 일을 써서 〈간서치전看書痴傳〉을 지었다. 그 이름과 성은 적지 않는다.

― 고미숙, 《열하일기, 웃음과 역설의 유쾌한 시공간》에서 재인용

이런 가난 속에 살면서 아내를 얼마나 고생시켰을까? 정조가 이덕무의 학식을 높이 사서 규장각의 검서관檢書官♥이라는 직책을 주긴 했지만, 이덕무 대신 평생 가난을 짊어지고 살았을 그의 아내 삶이 눈물겹다. 한데 이덕무는 고생하는 아내를 호강시켜줄 생각은 않고 친구를 위해 수놓는 일을 시키겠다고 한다. 뻔뻔하다…

검서관
정조 때 규장각 내에 부설한 실무직. 주로 서얼이 임명되었다. 이덕무와 함께 박제가, 유득공, 이서구 등 네 명을 당시 '4검서관'이라고 불렀다.

혜진 부인한테 그렇게 나쁘게 했으니 평생 고생해도 싸요. 사형시켜버려야
      돼요!

그리고 저 유명한 연암 박지원은 자기 아내를 언제나 바꿔치울 수 있는 파출부 정도로밖에 표현하지 않는다. 친구란 존재를 높이 떠받들기 위한 수사적 표현이라 하더라도 심하다. 지금 관점으로 보자면 이덕무나 박지원은 부인한테 빈털터리로 쫓겨나도 할 말이 없을 정도다.

[질문 1]

글 (가)를, '지기' 대신 '사랑하는 사람'으로 바꾸어서 읽어보자. 느낌이 어떻게 달라지나? 그래도 뜻이 통하나?

[질문 2]

글 (다)에서 디킨스를 그리워하는 안데르센의 심경을 가장 잘 드러내는 문장 하나를 찾아 써라.

[질문 3]

평생 독신으로 살았던 안데르센, 그가 동성애자였다는 설이 있다. 아내보다 친구들을 더 좋아했던 박지원과 이덕무 같은 사람들도 혹 동성애자들이 아니었을까?

친구들과 함께 하자!

> 만점 받기 훈련

논술은 친구들과 함께 할 때 훨씬 재미있고, 실력도 쑥쑥 자란다. 논술 문제의 개요 짜기와 원고지에 최종 정리한 원고를 놓고 토론을 하고 서로 첨삭을 해주자.

혜진 선생님, 그건 도토리 키 재기 아닐까요?
자뻑 네, 똑같은 수준인데 피차 배울 게 있을까요?

배울 게 있다. 엄청나게 많다. 해보면 안다. 똑같아 보이지만 얼마나 생각들이 다르고, 개성이 다양한지 놀랄 것이다. 수학처럼 정답을 찾아야 하는 게 아니라, 각자의 말이나 글에서

논리적으로 잘못된 부분을 추적해서 찾아내는 거니까, 자발적인 의지만 있다면 얼마든지 친구들끼리 할 수 있다. 속 깊은 이야기들을 하게 되니까.

혜진 그건 알지만… 글을 쓰는 기술이나 이런 건 아무래도 선생님이…

그렇다. 물론, 글쓰기에 관해서는 그만그만한 실력의 친구들끼리 하는 게 한계가 있다. 고수가 필요하다. 그러니 선생님을 괴롭히고 또 괴롭히자.

생각하고 토론하기 2

문체가 다르다는 것은 무슨 뜻일까?

문체文體(style)를 사전적으로 정의하면 이렇다.

"필자의 사상이나 개성이 글의 어구 등에 표현된 전체적 특색 또는 글의 체제."

문장은 그 지적 내용知的內容이 동일하더라도 정적 내용情的內容 및 그것이 주는 인상이 다른 경우가 있다. 이러한 차이를 생기게 하는 것은 문체가 다르기 때문이다. 이 문체는 시대에 따라 다를 수도 있고, 민족성에 따라 달라질 수도 있다.

다음은 문체에 관해 정리한 글이다. 어렵다 생각하지 말고 천천히 읽어보자.

> 문체는 한 시대가 지니는 사유체계 및 인식론의 표현양식이다. 그것은 단지
> 내용을 담는 그릇이나 매개가 아니라 내용을 '선규정하는' 표상의 장치이
> 다. 중세 유럽의 대학에서 '수사학修辭學'을 주요 과목으로 설정한 것을 떠올
> 리면 일단 감이 잡힐 것이다. '어떤 어조와 제스처를 쓸 것인가' 혹은 '어떤
> 장식음을 활용할 것인가' 하는 따위는 단순한 테크닉이 아니다. 그런 테크닉
> 을 숙련하는 과정 자체가 앎의 경계를 결정한다.
>
> — 고미숙, 〈열하일기, 웃음과 역설의 유쾌한 시공간〉에서

자, 이제 문체가 뭔지 감이 잡히나?♥

cf. 수사학상의 문체
길이에 따라 간결체·만연체, 글의 느낌剛柔에 따라 강건체·우유체優柔體, 수식의 유무에 따라 화려체·건조체 등으로 분류할 수 있다.

이번 강의에서 배울 내용은 다음과 같다.

시대정신이 달라지면서 조선 후기에 문체가 어떻게 달라지는가?

자뻑   '시대정신'이 뭐예요?

선생   시대에 따라 중요하게 여기는 가치가 다르겠지? 돈일 수도 있고, 의리
일 수도 있고, 아니면 목숨일 수도 있고…

자뻑   거 참… 어렵네…

선생   특정한 시대가 가지고 있는 정신적인 가치 체계 혹은 가치관이다.

자뻑   가치관이 달라지면 문체가 달라진단 말입니까?

선생   그래.

자뻑   거 참…

그래도 이해가 되지 않는다면, 다른 예를 또 들어보자. 요즘은 컴퓨터의 채팅
용어가 학생들 사이에 일상적인 용어로 사용된다. '즐'이니 '아햏햏'이니 하
는 용어가 그렇다. 휴대폰과 인터넷 메신저로 주고받는 이모티콘도 그렇다.
이런 것들은 한 세대 전에는 없었던 것들이다. 하지만 휴대폰과 인터넷이 생
기고, 이들로 인해 사람들의 사고방식이 즉각적이고 소비적이며 이미지 중심
적인 걸로 바뀌면서 이런 것들이 등장한 것이다.

가치관이 변하면서, 말하는 방식 혹은 글을 쓰는 방식,

즉 문체가 바뀐 것이다.

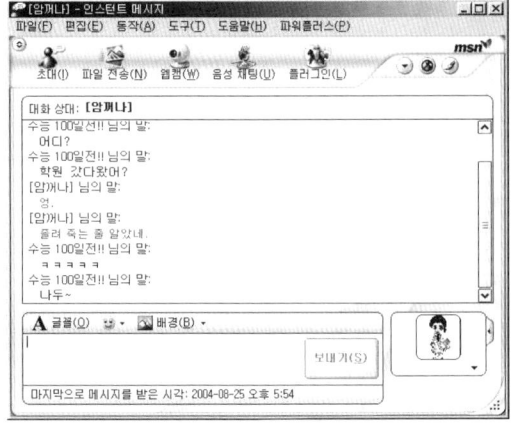

채팅방의 대화

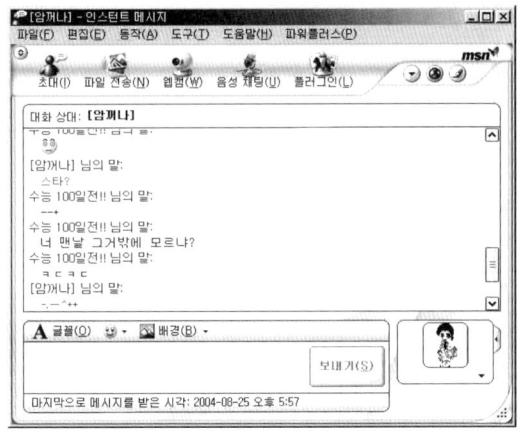

이모티콘의 사례

이런 문체의 변화가 조선 후기에 일어났다. 당시는 다양한 방면에서 기술이 획기적으로 발달해 생산력이 증가하면서 상업이 발달한다. 이런 전반적인 변화는 사람들의 정신적인 가치를 바꾸어놓는다. 사물을 바라보는 관점도 실용적이고 객관적으로 바뀐다. 그래서 다음과 같은 글도 나타나게 되는 것이다.

> 문인이나 시인이 좋은 계절 아름다운 경치를 만나면 시 쓰는 어깨에선 산이 솟구치고, 읊조리는 눈동자엔 물결이 일어난다. 어금니와 뺨 사이에서 향기가 일고, 입과 입술에선 꽃이 피어난다. 그러나 조금이라도 분별하여 따지는 마음을 숨김이 있으면 크게 흠결이 된다.
>
> — 이덕무, 〈이목구심서〉에서

"어금니와 뺨 사이에서 향기가 일고, 입과 입술에선 꽃이 피어난다."
이런 표현 및 발상은, 이전 시대에서는 찾아볼 수 없었던 인간에 대한 새로운 모습이다.

혜진   어머, 진짜 멋있다! 실학자들 다 멋있었죠?
자포   이 사람은 아까 니가 사형시키자고 했던 그 사람이잖아, 간서치 이덕무.
혜진   어…

심사가 불편해진 정조

그런데 이런 변화를 정조는 과연 반겼을까?

자포   반기지 않았다는 말 같네요?
선생   눈치는 빠르군, 맞다.
혜진   이상하네… 정조는 실학을 이끈 왕이잖아요. 그런데 변화를 싫어해요?

자, 여기서 정조의 말을 직접 들어보자.

> "내가 일찍이 소품의 해는 사학邪學보다 심하다 했으나 사람들은 정말 그런 지 몰랐다. 그러다가 얼마 전의 사건이 있게 된 것이다. 사학을 물리쳐야 하 고 그 사람을 죽여야 한다는 것을 사람들은 쉽게 알 수 있다. 하지만 이른바 소품이란 문묵文墨 필연筆硯 사이의 일에 불과하기 때문에, 연소하고 식견이 천박하며 재예가 있는 자들은 일상적인 것을 싫어하고 신기한 것을 좋아하 므로 서로 다투어 모방하여 어느 틈엔가 음성淫聲 사색邪色이 사람의 심술을 고혹시키게 되는 것이다. 그 폐단은 성인을 그릇되이 여기고 경전에 반대하 며 윤리를 무시하고야 말 것이다. 더욱이 소품의 일종은 명물고증학으로 한 번만 변하면 사학에 들어가게 된다. 그러므로 나는 사학을 제거하려면 마땅 히 먼저 소품을 제거해야 한다고 말하는 것이다."
>
> — 고미숙, 〈열하일기, 웃음과 역설의 유쾌한 시공간〉 중에서

열심히 읽었는데 그냥 지나가면 섭섭하겠지? 문제 하나 풀자.

위의 글로 볼 때, 정조가 중요하게 생각하는 것 세 가지를 적어라.

(   ), (   ), (   )

정조는, 성인을 받들어 경전에 의지하며 윤리를 지키는 게 그 어느 때보다 중 요하다고 생각한다. 그럴 만도 했을 것이다. 세상이 변함에 따라서 사람들이 지배 이념인 성리학을 경시하게 되자 화가 난 거지.

선생 중국에서 들어온 연애소설을 읽지 말라고 정조가 엄중하게 지시를 내 렸음에도 관리들은 몰래 화장실에서 숨어서 읽었대. 〈금병매金甁梅〉♥ 이 런 거…

자포 요새로 치면 '야동'이나 마찬가지였겠네요?

선생 읽다가 정조한테 들켜서 징계를 받기도 하고.

자뻑 골때리네.

이러니 왕조의 기반이 흔들린다는 생각에 위기감을 느낄 수밖에 없었을 것이다. 왕조를 지키려면 왕조의 기틀을 다시 튼튼히 다잡아야 했다. 바로, 문체를 옳 은 것으로 되돌려 정신을 바로잡겠다는, '문체반정文體反正'이었다.

〈금병매〉
중국 명나라 때의 장편소 설로 모두 100회로 되어 있다. 〈수호전〉의 서문경과 반금련의 정사情事에 이야 기를 보태어 명대 사회의 상인과 관료, 그리고 무뢰 한의 어둡고 추악한 작태 를 통해 봉건사회의 죄악 상을 대담하게 폭로하나, 비판정신이 희박하고 노골 적인 에로티시즘의 묘사가 많다.

자빡 우리보고 머리카락 짧게 자르라는 거나 마찬가지네요.

선생 그렇지.

자빡 그래서 어떻게 됐습니까? 문체반정 성공했나요?

선생 성공했을 거 같니?

자빡 전혀요.

선생 맞다.

정조는 박지원이 문체를 어지럽히는 배후의 중심인물이란 걸 알고 있었다. 박지원의 학식과 실력을 높이 인정한 정조는 박지원을 끊임없이 달래기도 하고 위협도 했다. 하지만 박지원을 자기편으로 돌려놓는 데는 실패했다.

자, 여기서 박지원의 〈열하일기〉 한 대목을 읽어보자.

> 정진사, 주주부, 변군, 내원, 조주부 학동 등이 더불어 투전판을 열었는데, 소일도 할 겸 술값을 벌자는 심산이다. 그들은 나더러 투전에 솜씨가 서툴다고 한 몫 끼워주지 않고, 그저 가만히 앉아서 술만 마시라고 한다. 속담에 이른바 굿이나 보고 떡이나 먹으라는 셈이니, 슬며시 분하긴 하나 역시 어찌할 수 없는 일이다. 혼자 옆에 앉아서 지고 이기는 구경이나 하고 술은 남보다 먼저 먹게 되었으니, 미상불♥ 해롭잖은 일이다. 벽을 사이에 두고 가끔 여인의 말소리가 들려온다. 하도 가냘픈 목청과 아리따운 하소연이어서 마치 제비와 꾀꼬리가 우짖는 소리인 듯싶다. 나는 마음속으로, '아마 주인집 아가씨겠지. 반드시 절세의 가인♥이리라' 하고, 일부러 담뱃불 댕기기를 핑계하여 부엌에 들어가 보니, 나이 쉰도 넘어 보이는 부인이 문 쪽에 평상을 의지하고 앉았는데, 그 생김생김이 매우 사납고 누추하다. 나를 보고, "아저씨, 평안하세요" 한다. 나는, "주인께서도 많은 복을 받으세요" 하며 답하고는 짐짓 재를 파헤치는 체하면서 그 부인을 곁눈질해 보았다. 머리쪽지에는 온통 꽃을 꽂고, 금비녀 옥귀고리에 분연지를 살짝 바르고, 몸에는 검은빛 긴 통바지에 촘촘히 은단추를 끼었고, 발엔 풀과 꽃과 벌과 나비를 수놓은 한 쌍의 신을 꿰었다.
>
> ― 〈열하일기〉 중 '도강록渡江錄'에서,
> 고미숙 〈열하일기, 웃음과 역설의 유쾌한 시공간〉에서 재인용

미상불
아닌게 아니라 과연.

가인
아름다운 여자.

자, 여기서 문제 나간다.

[문제 1]

앞에서 인용한 정조의 태도에 입각해서 위의 글을 비판하라. (가능한 한 구체적으로 조목조목 비판할 것)

[문제 2]

위의 비판 내용에 대해, 이덕무의 입장에 서서 박지원을 변호하라.

좋은 글을 많이, 깊이 읽자!

만점 받기 훈련

좋은 글을 많이 읽자고 하는데도 학생들 반응이 영 떨떠름하다.

선생　왜? 내 말이 틀렸니?

자포　아뇨. 아니지만…

선생　아니지만 뭐?

자빽　그럴 시간이 어딨습니까? 바쁘잖아요.

혜진　공부할 게 많아서 바쁘지만, 앞으로는 좋은 책을 많이 읽겠습니다.

좋은 책이라고 하지 않았다. 좋은 글이다.

시간을 따로 내서 좋은 책을 읽는 건 인생에 큰 보탬이 된다는 사실은 따로 얘기 않겠다. 하지만 굳이 책이 아니라도 상관없다. 여러분

이 술하게 푸는 수능 영어와 수능 국어의 독해 문도 좋은 글들이다. 교과서는 물론이고 참고서에 나오는 지문들은 당대의 문사·학자들이 쓴 글들이다. 문장이 좋을 뿐 아니라, 내용 또한 당대 혹은 이 시대의 가장 예민한 쟁점이나 보편적인 원칙을 밝히는 글들이다. 그저 문제만 풀 요량으로 후다닥 읽고, 문제를 푼 뒤에는 깨끗하게 잊어버리지 마라. 깊게 읽어라. 그리고 생각해라. 교양이 별거니?

수능 공부하면서 논술 공부한다고 생각해라. 수능 지문을 깊이 그리고 많이 읽어라.

개념 응용·논술

※ 다음 글을 읽고 물음에 답하시오.

(가) 시부모와 동거 강요한 남편에 책임

갓 결혼한 새댁에게 시부모를 모실 것을 강요하고 고부갈등을 해결하도록
노력하지 않은 남편에게 위자료를 지급하라는 판결이 나왔습니다.

서울가정법원은 지난해 12월 시댁과의 갈등과 남편과의 불화로 결혼 7개월
만에 이혼 소송을 낸 김 모씨와 맞소송을 낸 남편 양 모씨에 대해 양씨는 이
혼과 함께 위자료 3천만원을 지급하라는 판결을 내렸습니다.

재판부는 시댁과의 갈등을 극복하기 위해 적극적으로 노력하지 않은 김씨의
책임도 있지만 새댁의 심적 부담을 충분히 헤아리지 않은 채 시부모를 모셔
야 한다는 자신의 생각만 강요한 남편 양씨의 책임이 더 크다고 밝혔습니다.

재판부는 또 남편 양씨는 아내 김씨가 가출한 이후 시댁으로 다시 들어오지
못하도록 열쇠를 바꾸고 김씨의 물건을 내주지 않는 등 적대적인 태도로 일
관해 혼인관계가 파탄난 데 책임이 있다고 덧붙였습니다.

지난 2000년 인터넷 동창회 사이트에서 만나 지난해 4월 결혼한 양씨 부부
는 서울로 함께 근무지를 옮기게 되면서 시부모와 생활하게 되었지만 아내
김씨가 시부모를 모시는 심적 부담으로 시댁은 물론 남편과 갈등이 깊어지
자 이혼 소송을 냈습니다.

(나)

저는 올해 19살 되는 남자입니다. 졸업과 동시에 사고(?)를 쳐서 결혼을 하
게 되었지요. 지금 아기와 사랑하는 아내, 저희 부모님하고 다섯 식구가 한
지붕에 살고 있습니다. 고민이 있습니다. 제 아내와 저희 부모님하고 갈등이
너무 심합니다. 저희 부모님은 제 아내에게 "집안일을 가르쳐준다" "며느리

로 시집왔으니 살림을 해라"시며 아내에게 집안일을 시키십니다.

제 아내는 이것이 싫다고 합니다. 아기를 보면서 집안일 하는 것이 못마땅한 가 봅니다. 저희 아버지 어머니는 맞벌이를 하십니다. 저희 어머니는 일을 마치고 오후 6시쯤에 돌아오시면 힘들어 죽겠다면서 끙끙대십니다. 제 아내 는 자기도 이제 50일 된 아기를 보느라 밤낮이 바뀌고 잠도 부족해서 힘들어 합니다. 그런데도 저희 부모님이 일을 시키시니 하기 싫다고 합니다. 타일러 도 봤지요.

"남들 다 하는 시집살이 20살에 하자니 힘들다는 거 알아. 그래도 참아야지." 이런 말밖에 못해줍니다. 그럼 제 아내는 "빨리 돈 벌어서 분가해서 살자"고 만 합니다. 저도 이제 19살… 가장으로써 능력이 없지요… 정말 아내에게 부 모님에게 미안합니다. 제 아내가 너무 힘들어합니다. 제발 도와주세요.

— 인터넷 포털사이트 게시판에서

[문제 1]
글 (나)에서 표현이 어색한 곳을 찾아 수정하시오.

[문제 2]
글 (가)와 (나)의 내용을 현대사회가 안고 있는 문제의 하나로 일반화하고, 글 (나)의 남자가 어떻게 하면 좋을지 자신의 견해를 논술하시오. (분량은 1000자 내외로 할 것.)

보충학습

※ 다음 글을 읽고, 文體를 反正하려 했던 조선시대의 국왕 正祖가 읽기에 심사가 편하지 못했음직한 부분을 아래에서 몇 군데 지적하고 설명해보시오.

　강물은 두 산 사이에서 흘러나와 돌에 부딪혀, 싸우는 듯 뒤틀린다. 그 성난 물결, 노한 물줄기, 구슬픈 듯 굼실거리는 물갈래와 굽이쳐 돌며 뒤말리며 부르짖으며 고함치는, 원망怨望하는 듯한 여울은, 노상 장성長城을 뒤흔들어 쳐부술 기세氣勢가 있다. 전차戰車 만 승萬乘과 전기戰騎 만 대萬隊, 전포戰砲 만 가萬架와 전고戰鼓 만 좌萬座로써도 그 퉁탕거리며 무너져 쓰러지는 소리를 충분히 형용形容할 수 없을 것이다. 모래 위엔 엄청나게 큰 돌이 우뚝 솟아 있고, 강 언덕엔 버드나무가 어둡고 컴컴한 가운데 서 있어서, 마치 물귀신과 하수河水의 귀신鬼神들이 서로 다투어 사람을 엄포하는 듯한데, 좌우의 이무기들이 솜씨를 시험試驗하여 사람을 붙들고 할퀴려고 애를 쓰는 듯하다.

　어느 누구는 이곳이 전쟁戰爭터였기 때문에 강물이 그렇게 운다고 말한다. 그러나, 이것은 그런 때문이 아니다. 강물 소리란, 사람이 그것을 어떻게 받아들이느냐에 따라 다른 것이다.

　나의 거처居處는 산중山中에 있었는데, 바로 문앞에 큰 시내가 있었다. 해마다 여름철이 되어 큰 비가 한 번 지나가면, 시냇물이 갑자기 불어서 마냥 전차戰車와 기마騎馬, 대포大砲와 북소리를 듣게 되어, 그것이 이미 귀에 젖어버렸다.

　나는 옛날에, 문을 닫고 누운 채 그 소리들을 구분區分해본 적이 있었다. 깊은 소나무에서 나오는 바람 같은 소리, 이것은 듣는 사람이 청아淸雅한 까닭이며, 산

103

이 찢어지고 언덕이 무너져 내리는 듯한 소리, 이것은 듣는 사람이 흥분한 까닭이며, 뭇 개구리들이 다투어 우는 듯한 소리, 이것은 듣는 사람이 교만한 까닭이며, 수많은 축筑의 격한 가락인 듯한 소리, 이것은 듣는 사람이 노한 까닭이다. 그리고, 우르릉쾅쾅 하는 천둥과 벼락 같은 소리는 듣는 사람이 놀란 까닭이고, 찻물이 보글보글 끓는 듯한 소리는 듣는 사람이 운치韻致 있는 성격인 까닭이고, 거문고가 궁우宮羽에 맞는 듯한 소리는 듣는 사람이 슬픈 까닭이고, 종이창에 바람이 우는 듯한 소리는 사람이 의심하고 있기 때문인 것이다. 따라서, 이러한 모든 소리는, 올바른 소리가 아니라 다만 자기 흉중胸中에 품고 있는 뜻대로 귀에 들리는 소리를 받아들인 것에 지나지 않는다.

그런데, 나는 어제 하룻밤 사이에 한 강江을 아홉 번이나 건넜다. 강은 새외塞外로부터 나와서 장성長城을 뚫고 유하榆河, 조하潮河, 황하黃河, 진천鎭川 등의 여러 줄기와 어울려 밀운성密雲城 밑을 지나 백하白河가 되었다. 내가 어제 두 번째로 백하를 건너는데, 이것은 바로 이 강의 하류下流였다.

내가 아직 요동遼東 땅에 들어오지 못했을 무렵, 바야흐로 한여름의 뙤약볕 밑을 지척지척 걸었는데, 홀연忽然히 큰 강이 앞을 가로막아 붉은 물결이 산같이 일어나서 끝을 알 수 없었다. 아마 천 리 밖에서 폭우暴雨로 홍수洪水가 났기 때문일 것이다. 물을 건널 때에는 사람들이 모두들 고개를 쳐들고 하늘을 우러러보고 있기에, 나는 그들이 모두 하늘을 향하여 묵도默禱를 올리고 있으려니 생각했었다.

그러나, 오랜 뒤에야 비로소 알았지만, 그때 내 생각은 틀린 생각이었다. 물을 건너는 사람들이 탕탕蕩蕩히 돌아 흐르는 물을 보면, 굼실거리고 으르렁거리는 물결에 몸이 거슬러 올라가는 것 같아서 갑자기 현기眩氣가 일면서 물에 빠지기 쉽기 때문에, 그 얼굴을 젖힌 것은 하늘에 기도祈禱하는 것이 아니라, 숫제 물을 피하여 보지 않기 위함이었다. 사실, 어느 겨를에 그 잠깐 동안의 목숨을 위하여 기도할 수 있었으랴!

그건 그렇고, 그 위험危險이 이와 같은데도, 이상스럽게 물이 성나 울어대진 않았다. 배에 탄 모든 사람들은 요동의 들이 넓고 평평해서 물이 크게 성나 울어대지 않는다고 말했다. 그러나, 이것은 물을 잘 알지 못하는 까닭에서 나온 오해誤解인 것이다. 요하遼河가 어찌하여 울지 않았을 것인가? 그건 밤에 건너지 않았기 때문이다. 낮에는 눈으로 물을 볼 수 있으므로 그 위험한 곳을 보고 있는 눈에만 온 정신이 팔려 오히려 눈이 있는 것을 걱정해야 할 판에, 무슨 소리가 귀에 들려 온다는 말인가? 그런데, 이젠 전과는 반대로 밤중에 물을 건너니, 눈엔 위험한 광경光景이 보이지 않고, 오직 귀로만 위험한 느낌이 쏠려, 귀로 듣는 것이 무서워서 견딜 수 없는 것이다.

아, 나는 이제야 도道를 깨달았다. 마음을 잠잠하게 하는 자는 귀와 눈이 누累가 되지 않고, 귀와 눈만을 믿는 자는 보고 듣는 것이 더욱 밝아져서 큰 병이 된다는 것을 깨달았다.

이제까지 나를 시중해주던 마부馬夫가 말한테 발을 밟혔기 때문에, 그를 뒷수레에 실어놓고, 이젠 내 손수 고삐를 붙들고 강 위에 떠 안장鞍裝 위에 무릎을 구부리고 발을 모아 앉았는데, 한번 말에서 떨어지면 곧 물인 것이다. 거기로 떨어지는 경우에는 물로 땅을 삼고, 물로 옷을 삼고, 물로 몸을 삼고, 물로 성정性情을 삼을 것이리라. 이러한 마음의 판단判斷이 한번 내려지자, 내 귓속에선 강물 소리가 마침내 그치고 말았다. 그리하여, 무려 아홉 번이나 강을 건넜는데도 두려움이 없고 태연泰然할 수 있어, 마치 방안의 의자 위에서 좌와坐臥하고 기거起居하는 것 같았다.

옛적에 우禹가 강을 건너는데, 누런 용龍이 배를 등으로 져서 지극至極히 위험危險했다 한다. 그러나, 생사生死의 판단判斷이 일단 마음속에 정해지자, 용이거나 지렁이거나, 혹은 그것이 크거나 작거나 간에 아무린 관계關係도 될 바가 없었다 한다. 소리와 빛은 모두 외물外物이다. 이 외물이 항상 사람의 이목耳目에 누累가 되어, 보고 듣는 기능機能을 마비痲痺시켜버린다. 그것이 이와 같은데, 하물며 강물보다 훨씬 더 험하고 위태危殆한 인생의 길을 건너갈 적에 보고 듣는 것이야말로 얼마나 치명적致命的인 병이 될 것인가?

나는 또 나의 산중으로 돌아가 앞내의 물소리를 다시 들으면서 이것을 경험經驗해볼 것이려니와, 몸 가지는 데 교묘巧妙하고, 스스로 총명聰明한 것을 자신自信하는 자에게 이를 경계警戒하고자 하는 것이다.

— 박지원, 〈熱河日記〉 중 '一夜九渡河記'에서

혼자 딴 세상 살기

함정체크

예를 들어서 이런 논술 문제가 있다고 치자.

[문제]
현대사회의 복잡한 사회문제와 범죄를 해결하기 위한 방안에 대해 자기 의견을 논술하시오.

그리고 이 문제를 다음과 같이 풀어나간다고 생각해보자.

> 우리가 살고 있는 사회는 하나님이 다스리는 사회이다. 우리 인간은 하나님의 뜻에 따라 태어났고, 하나님의 뜻에 따라 살아야 한다. 그런데 사람들이 이러한 사실을 깨닫지 못하고, 하나님의 큰 뜻을 알지 못한 채 (이하 생략)

혜진　틀린 말은 아닌데…
자포　좀 이상하네요.

그렇다. 틀린 말은 아닌데 이상하다. 가 핵심이다.
비슷한 예를 하나 더 들어보자. 이명박 서울시장이 어떤 교회 행사에서 '하나님께 서울을 봉헌한다' 는 말을 해서 구설수에 오른 적이 있다. 틀린 말은 아닌데 어쩐지 이상했기 때문에 비난을 받은 것이다. (종교에 관한 어떤 편견을 강요할 생각이 없음을 밝혀둔다. 시비 걸지 마시길.)

기독교가 우리나라의 국교國敎라면 모르겠지만 그렇지 않기 때문에, 이명박 서울시장의 발언이나 위 예시 답안은 교회 안에서만 성립한다. 논술은 사회가 공통적으로 인정하는 가치 관념에 기초해야 한다. 여기에서 벗어나 독자적인 가치 관념에 기초할 경우, 그 순간 그는 '딴 세상 사람' 이 되고 만다.

논술은 대화의 한 형태이다. 대화가 성립하기 위한 기본 조건은 주고받는 언어가 같아야 한다. 논술에서 이 언어는 공통적인 가치 관념이다.

딴 세상에서 혼자 얘기하지 말고, 같은 세상에서 대화를 나누자!

영어를 공용어로?

문화와 경쟁력

말똥구리는 스스로 말똥을 아껴
여룡(驪龍)의 여의주를 부러워하지 않는다.
여룡 또한 여의주를 가지고 스스로 뽐내고 교만하여
저 말똥구리를 비웃지 않는다.
— 이덕무, 〈선귤당농소〉에서

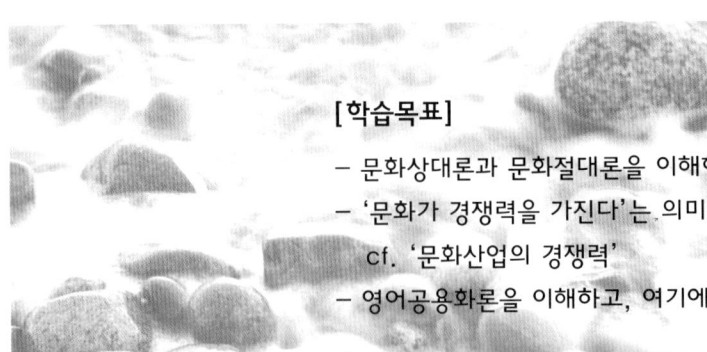

[학습목표]

– 문화상대론과 문화절대론을 이해한다.
– '문화가 경쟁력을 가진다'는 의미를 정확하게 이해한다.
   cf. '문화산업의 경쟁력'
– 영어공용화론을 이해하고, 여기에 대한 자신의 입장을 정리한다.

🔑 들어가기

사람마다 생김새가 다르듯이 생각도 다르다. 그리고 소중하게 여기는 가치도 다르다. 여러분이 생각하는, 세상에서 가장 아름다운 게 무엇인지 세 개만 '엄선해서' 적어보아라. 그리고 그 이유를 말해보자.

(   ), (   ), (   )

참고로, 혜진과 자포와 자빽이 적은 걸 공개하겠다. (혜진이의 동의만 받았다. 자빽은 재수를 하고, 자포는 필리핀으로 유학을 갔는데, 두 사람과는 연락이 되지 않아 동의를 받지 못했다.)

혜진	정의의 심판	사회를 지켜준다.
	가족의 웃음	행복하니까.
	지식	진리를 밝혀주니까.
자포	우정	남자에게 최고의 훈장은 친구다.
	부모님 마음	자식에 대한 무한한 사랑
	히틀러	내가 닮고 싶은 인물, 굵고 짧게 살고 싶다.

자뻑	여자의 입술	난 여자를 볼 때 입술부터 먼저 본다.
	내 눈	눈이 없으면 아름다운 걸 볼 수 없다.
	자유	그냥… 자유롭고 싶다.

사람마다 생각이 다르다는 건 정말 다행스런 일이다.

모든 사람들의 생각이 다 똑같다면 어떻게 될까?

• 싸울 일이 없을 것이다. 갈등이 없을 테니까.

• 뭐든 재미있는 게 하나도 없을 것이다.

• _____

자, 이번에는 여러분만이 가지고 있는 자신만의 경쟁력이 무엇인지 세 가지만
적어보자.

• _____

• _____

• _____

다른 친구와도 비교해보고, 내가 생각하는 경쟁력을 친구가 인정하는지 들어
보자.

생각하고 토론하기 1

☘ 문화상대론과 문화진보론

아래 사진은 한 시대를 풍미했던 프랑스의 여배우 브리짓 바르도가 한창 잘나
갈 때 주연으로 등장한 영화의 포스터다. (얼마나 잘나갔으면 포스터가 이 여배
우의 상반신만 담고 있을까?)

한데, 이 할머니가 지금 우리의 개고기 먹는 풍습을 야만적이라고 줄기차게
욕한다. 이 할머니를 만날 기회가 있다면, 각자 뭐라고 대꾸를 해주고 싶은지,
아래의 답지 가운데서 골라보아라.

브리짓 바르도의 1963년 작품 〈경멸〉.

① "할머니가 몰라서 그렇지, 개고기는 영양가가 무척 높은 음식
이에요. 개는 미래의 식량원이란 말 못 들어보셨어요?"
② "그러는 당신들은 왜 말고기를 먹어요? 개미도 볶아먹는다면
서요? 달팽이도 먹고? 가만 생각하니까 열받네. 당신들의 꼴
같잖은 문화적 우월성을 더 묵과할 수 없어요. 민족적 자존심
을 걸고 한판 붙어요, 전쟁이에요!"
③ "냅둬, 피차 건드리지 말고 신경 끊고 살자구요."
④ "사실은 나도 개고기 먹는 사람이 싫어요, 야만인 같거든요."
⑤ "개고기가 뭐예요? 근데 할머니는 누구세요?"

다른 문화를 바라보는 태도에는 두 가지가 있다.
문화상대론과 문화진보론이다.

문화상대론

어느 사회에서 특징적으로 나타나는 문화 특성이 다른 사회의 기준에 의해 평가될 수는 없다. 우리가 다른 사회의 문화를 올바르게 이해하려면, 문화의 상대성을 인정하고 그 사회 자체의 맥락에서 그 문화를 평가하고 이해하려는 태도를 가져야 한다. 왜냐하면, 어떤 사회의 문화라도 그것은 그 사회 나름대로의 특수한 환경과 상황에 적응해온 역사적 과정의 결과이며, 그것은 그 사회의 구성원들에게는 매우 가치 있고 의미 있는 것이기 때문이다.

문화진보론

모든 사회는 단순한 상태에서 복잡하고 분화된 상태로 변화하며, 이러한 문화의 변화 과정은 또한 '진보'로 이해될 수 있다. 실로 모든 문화는 야만, 미개, 문명의 단계를 거쳐 진화하고, 문명의 단계는 미개의 단계보다, 미개의 단계는 야만의 단계보다 더 나은 문화 또는 더 발달된 문화로 파악된다. 가령, 오늘날 선진 사회의 문화는 이미 문명의 단계에 도달한 것인 데에 비하여, 아직도 많은 사회의 문화는 문명의 단계에 이르지 못하고 있다.

자, 여기서 문제 나간다.

[문제]
앞에서 본 다섯 개 답지가 문화상대론과 문화진보론 각각 어디에 속하는지 표시하라.

	문화상대론	문화진보론
1		
2		
3		
4		
5		

그렇다면 여러분의 입장은 무엇인가? 증거를 남기기 위해 분명하게 써놓자.

"나는 문화(   )론이 옳다고 생각한다."

문화진보론, 진화론 그리고 제국주의

제국주의
자국의 정치경제적 지배권을 다른 민족·국가의 영토로 확대시키려는 국가의 충동이나 정책. 이 용어는 침략으로써 영토를 확장한다는 점에서 팽창주의 또는 식민주의와 거의 동일한 의미로 사용되어왔다.

적자생존
survival of the fittest. 생존 경쟁의 세계에서 외계의 상태나 변화에 적합하거나 잘 적응하는 것만이 살아남는 일. 생물 진화에 관한 자연선택설에서 특히 중요한 개념으로, H. 스펜서가 만든 말이다. 찰스 다윈은 〈종種의 기원〉 제5판(1869)에서 이것을 채용했다. 원어를 직역하면 '최적자 생존'이지만, 생존하는 것이 최적자이냐, 비교적 적자이냐, 혹은 그저 적자이냐에 관한 것은 다윈 시대에도 논쟁의 대상이었다.

일본 제국주의♥가 조선을 합병할 때의 논리는 이랬다.

"가만둬도 어차피 중국이나 러시아 혹은 미국의 식민지가 될 텐데, 차라리 우리가 조선을 합병해서 조선 영토와 백성을 보호해주겠다."

제국주의 시대의 열강들은 이 논리에 입각해서 전세계의 '열등한' 문화권을 식민지로 지배하고, 또 식민지 확장을 위해서 서로 잡아먹으려고 전쟁을 일으켰다. 그리고 이 제국주의적 식민지 쟁탈전의 이론적 토대는 적자생존♥을 핵심으로 한 진화론이었다.

자, 여기서 다시 한번 묻는다. 여러분은 문화상대론이 옳다고 생각하는가, 아니면 문화진보론이 옳다고 생각하는가?

"나는 문화(   )론이 옳다고 생각한다."

어느 쪽의 손을 들기가 쉽지 않을 것이다. 아울러 자기가 생각하는 게 어느 쪽인지도 헷갈릴 것이다. 자, 여기서 생각할 문제 하나 던지겠다. 두고두고, 곰곰이 생각해보길 바란다.

[생각할 문제]
진화론을 인정한다는 것은, 무한경쟁과 적자생존을 당연한 현실로 인정한다는 뜻일까?

생각하고 토론하기 2

�֎ 문화와 경쟁력

오늘날 한 나라의 문화는 한 나라의 경쟁력이라고 한다.
이 말을 제대로 이해하는지 확인하기 위해 예를 들어보자.

자포　에이, 너무 쉽잖아요. 어려운 걸 시키셔야지.

선생　쉽지 않은 문젠데⋯ 맞히면 피자 쏜다.

자포　아아싸! 최민식이 주인공으로 나온 〈올드보이〉! 이거 외국에서 상 받고
　　　전 세계로 팔려나갔습니다. 〈태극기 휘날리며〉, 〈실미도〉, 〈공동경비구
　　　역 JSA〉, 〈쉬리〉, 이런 거 다 문화 아닙니까? 이 문화를 세계로 수출해
　　　서 떼돈을 벌어들인다. 영화 한 편 만들면 자동차 몇만 대 만들어 파는
　　　효과가 있습니다. 이게 바로 문화의 경쟁력⋯

선생　땡!

틀렸다. 문화의 경쟁력과 문화 산업의 경쟁력을 혼동하지 마라.
이걸 혼동할 때 어떤 논리적 결과가 발생하느냐 하면,

문화의 경쟁력을 높여야 한다

→ 그러기 위해서 문화 산업을 육성해야 한다.

→ 그러기 위해서 외자(혹은 재벌의 자본)를 문화 산업에 유치한다.

➡ 자, 과연 우리 문화의 경쟁력이 높아졌나? 우리 문화란 게 뭐지? 헛갈리네?

이런 거 아니다. 우리 문화가 가지고 있는 경쟁력을 청자와 백자의 예를 들어 설명하겠다.

자포　아, 뭔지 알겠습니다.

선생　뭔데?

자포　맞히면 피자 쏘실 거죠?

선생　대신, 못 맞히면 벽에 헤딩, 시속 80킬로미터.

자포　네, 갑니다?

선생　나와.

자포　청자와 백자를 옛날처럼 똑같이 재현해서 해외에 팝니다!

선생　땡!

자포　현대적 감각에 맞게 창조적으로 재현해서 해외에 팝니다.

선생　땡! 벽에 헤딩! 시속 80킬로미터!

퍼어억! 벽에 금이 갔다. 그리고 이마에 흐르는 피…

✦ 청자와 백자 가운데 꽃병이 드문 이유가 무얼까?

우리의 청자와 백자에는 꽃병이 드물다고 한다. 그 이유가 무얼까?

① 옛날 우리나라에는 꽃이 드물었다.

② 우리 조상들은 꽃을 싫어했다.

③ 우리 조상들은 꽃병을 만들 줄 몰랐다.

④ 우리 조상들은 꽃을 꺾는 걸 귀찮아했다.

⑤ 우리 조상들은 꽃을 꺾는 걸 즐겨하지 않았다.

정답 : ⑤번

우리 조상들은 꽃을 꺾는 걸 즐겨하지 않았기 때문에 꽃병이 필요 없었다. 꽃을 꺾어 인공적으로 배치하는 건 우리 미의식에 맞지 않았다. 우리의 미의식은 자연을 인간에 복속시키는 게 아니라 자연과 함께하는 것이었다. 집을 짓고 마을을 일굴 때도 주변의 산세와 강과 조화를 이루려고 노력했다. 우리는 자연을 최대한 있는 그대로 두고 거기에 맞추었다. 이게 우리의 미의식이었다. 일본의 정원이 인공적인 미를 자랑한다면, 우리의 정원은 자연미를 자랑했다.

"근데 그게 무슨 경쟁력이에요? 피자 쏘세요!"

그게 우리가 가지고 있는 경쟁력이다. 우리의 문화는 우리의 심성과 생활 태도, 사고 방식에 녹아 있다. 이런 친환경적인 미의식은 세계 어느 나라에서도 쉽게 찾아보기 힘들다. 이런 미의식, 이런 생활 태도, 이런 사고 방식으로 세계를 상대로 경쟁할 때 제품 개발이나 영업이란 측면에서 다른 어떤 나라보다 높은 경쟁력을 발휘할 수 있을 것이다. 문화의 경쟁력이란 바로 이런 것이다.

고려시대 청자사자향로와 조선시대 백자청화난초문각병.

아직도 떨떠름하게 못 믿겠다는 얼굴을 하는 사람들에게 다른 예를 하나 들겠다. 일본의 상품을 생각해보자. 일본인의 '축소 지향 미의식' 이 작고 오밀조밀한 상품으로 세계를 휩쓸지 않았나? 강함을 숭배하는 사무라이 정신의 표상인 일본도日本刀 디자인이, 온갖 상품의 경쟁력 있는 기본 디자인으로 채택되어 전세계로 팔리고 있지 않은가?

자, 그럼 정리를 겸해서 문제 하나 풀어보자.

일본도를 연상시키는 일본 미인도.

[문제]
우리 문화의 경쟁력 있는 요소는 이것 말고도 많을 것이다. 어떤 것들이 있을지 생각하고 정리해보자. (적어도 두 가지 이상 대지 못하면, 다음 쪽으로 넘어가지 마라.)

개념 응용·논술

※ 다음 지문을 읽고 문제에 답하라.

(가)

문화상대주의란 세계 문화의 다양성을 인정하고 각 문화는 문화의 독특한 환경과 역사적·사회적 상황에서 이해해야 한다는 견해다. 사회의 환경과 맥락을 고려하여 문화를 판단하는 것으로, (a) 어떤 문화 요인도 나름대로 존재 이유가 있다는 것이다.

인류가 살고 있는 사회는 사회마다 특수한 문화를 가지고 있으며, 다양한 문화를 올바르게 이해하기 위해서는 그 사회의 입장에서 이해하려는 태도가 필요하다. 문화의 상대성을 부정하는 극단적 태도는 자민족 중심주의로 자기 민족의 모든 것이 타민족의 문화보다 우월하다고 믿고 타민족의 문화를 배척하는 태도를 말한다.

문화인류학자 루스 F. 베네딕트(Ruth Fulton Benedict)는 〈문화의 유형〉에서 인간 행위를 지배하는 윤리가 사회의 관습에 따라 얼마나 다양한가를 보여준다. 만약 어떤 원주민 부족은 협동을 매우 가치 있는 것으로 강조하는가 하면, 다른 부족은 경쟁을 가치 있는 것으로 보아 개인의 우월성을 성취하는 데 노력을 집중한다.

베네딕트에 따르면 각 사회의 문화는 서로 상대적인 단면들을 가지고 있으며, 문화적 가치들은 그 사회관계적 조건에 따라 각각의 고유한 의미를 지니고 그에 따라 각기 다른 사회적 관계 맺음의 원리, 즉 (b) 윤리를 형성한다. 이는 도덕 판단의 정당화 방식 또는 근거가 결국 문화적 환경의 표현이나 합리화 이상의 것이 아님을 보여준다.

(나)

사람이 언제부터 지구에서 살았는지는 정확하게 알 수 없지만 인류학자들의 연구 결과로는 대략 300만 년 전이라고 한다. 사람들은 이 긴 세월의 대부분을 원시적인 생활을 하다가 약 5천 년 전에 문명의 길로 접어들 수 있는 도구를 만들어 썼는데, 그것은 다름 아닌 글자 발명이었다. 글자는 시간과 공간의 한계를 극복하고 지식의 축적과 전달을 가능하게 함으로써 오늘날 인간을 달에 보내는 수준까지 문명을 발달시켰다.

올해는 세종임금이 훈민정음을 만들어 편 지 557돌이 되는 해다. 세종임금이 한글을 만들기 이전에는 한자를 빌려 문자 생활을 했으나 한자는 글자 수가 많고 배우기 어려워 일반 백성은 거의 쓸 수 없었다. 세종은 백성들이 말대로 적는 글자를 몰라 당하는 어려움을 풀어주기 위해 자음은 소리내는 입·혀·목구멍 모양을 본뜨고, 모음은 하늘·땅·사람(천지인)을 기본으로 하여 음양오행의 동양철학 원리를 바탕으로 정음 28자를 만들어 1446년 9월 상순에 발표하였다.

세종이 한글을 창제할 당시 대부분의 지배계층은 이를 반대하였다. 한글을 오랑캐 글로 깎아내리면서 문명국의 문자인 한자를 버리는 것은 중국에 대한 예의가 아니라는 논리였다. 그러나 그 뒷면에는 정보를 독점하고 있는 지배계층의 기득권을 유지하기 위한 이기주의적 발상이 바탕에 깔려 있었던 것으로 보인다. 한글은 이렇게 탄생 때부터 어려움을 겪었고 일본 강점기에는 사용이 금지되는 어려움까지 있었지만 끈질긴 생명력으로 우리 문화의 정체성을 지켜온 버팀목이 되었다.

한글 창제 557돌을 맞는 오늘, 그리도 많은 고난을 헤쳐온 우리말글이 처한 현실을 본다면 세종의 심기는 어떠할까. 두말할 것 없이 불편하고 서글플 것이다. 임금한테 올라오는 상소문은 온통 한자로 되어 있고, 500년이 지난 지금도 한글 창제를 반대한 학자들의 망령이 되살아나 한글 전용에 발목을 잡고 있으니 어찌 심기가 편하겠는가. 그뿐만 아니다. 최근에는 영어 공용 주장까지 나오고 있으니 무려 500년 전에 오늘의 컴퓨터 사용까지 내다봐 불편 없는 글자를 만든 세종의 마음이 편할 수 있겠는가. 문화시대를 맞아 거대 자본이나 바깥 세력에 의한 문화 종속을 막기 위해 나라마다 문화 유산을 보존·발전시키는 데 안간힘을 쓰고 있다. 문화적 주체성이 나라 경쟁력의 잣대가 된 시대를 사는 우리가 가장 먼저 이뤄나가야 할 과제는 겨레 정신과 예술혼을 정확하고 효과적으로 담아낼 수 있는 말과 글을 소중하게 다듬고 보급해나가는 일이다.

아무리 외국어에 능통한 사람도 모국어인 한국어보다는 잘 부려 쓰지 못한다. 우리나라 사람들은 우리말로 말하고 글을 써야 편하고 의미 전달이 정확하다. 외래어인 '허브', '로드맵' 보다는 '중심', '추진 일정, 이정표' 등으로 바꿔 쓰면 훨씬 이해하기 쉽지 않은가. 언제부터인가 다방은 커피숍으로, 예식장은 웨딩홀로 바뀌었다. 외래어는 고상하고 우리말은 천박한 것으로 생각하는 외국어 선호 성향이 생겼다. 이런 성향이 한글 창제를 반대했던 학자들의 생각 바탕과 무엇이 다르랴! 민족문화의 보루이며 민본정신까지 지닌 자랑스런 한글을 만들어 반포한 날을 국경일로 만들자! 지금 4대 국경일을 포함하여 법정 공휴일을 살펴보면 공휴일로 지정한 사유가 퇴색되었거나 일부 국민에게만 해당되는 것이 적지 않다. 그에 반하여 한글은 모든 국민이 단 하루도 쓰지 않고는 살아갈 수 없을 뿐만 아니라 대대손손 물려주어야 할 고귀한 문화 유산이고 생활 수단 아닌가. 정부는 주5일 근무제 시행에 앞서 공휴일을 조정한다고 한다. 국경일은 국가의 경사스런 날이다. 한글날보다 국경일이 되어야 할 마땅한 조건을 갖춘 경사스러운 날은 없다고 본다. 이 참에 한글날을 국경일로 높이는 값진 결단을 기대한다.

— 김수연(문화관광부 감사관)

(다)

민족주의와 민족어에 관한 내 생각은 지금 인류 사회들이 느슨하게나마 하나의 제국을 이루고 있다는 사실에 바탕을 두었다. 이제 이 세상에서 국경 안에서 끝나는 일은 드물다. 정치든, 경제든, 문화든, 또는 환경 문제 등. 이번 외환 위기가 우리에게 아프게 일러준 것이 바로 그것이다. 그리고 그런 사정을 반영해서, 영어가 실질적 국제어로 자리잡았다.

놀랍지 않게도, 이제 민족주의는 점점 현실에서 유리되고 비적응적으로 되어간다. 특히 다른 민족들과 민족국가들의 권리를 존중하고 함께 살기를 거부하는 '닫힌 민족주의'를 지닌 사람들은 둘레에 괴로움을 끼칠 뿐 아니라 스스로에게도 해를 입힌다. (중략)

국제어와 민족어에 관한 내 주장을 "민족어를 버리고 영어를 모국어로 삼자"로 요약한 것은 지나친 단순화다. 국제어로 자리잡은 영어를 모국어로 배우지 않은 사람들이 입는 손해가 이미 너무 크고 앞으로는 더욱 커질 터이므로, 경제 논리는 사람들이 영어를 모국어로 삼도록 만든다는 것이 내 주장의 바탕이다. 우리 사회에서도 이미 많은 사람들에게 영어는 생존에 결정적인 기술이 되었고, 모두 영어를 배우는 데 큰 투자를 하고 있다. 아직 모국어도 배우지 못한 아이를 영어 학원에 보내는 부모들부터 이어폰을 끼고 영어 회화를 배우는 중년들에 이르기까지. 안타깝게도, 그런 투자는 효율이 아주 낮다. 그래서 나는 일단 영어를 우리말과 함께 공용어로 삼을 것을 제안한 것이다. 나는 독자들에게 물었다. 만일 막 태어난 당신의 자식에게 영어와 조선어 가운데 하나를 모국어로 고를 기회가 주어진다면, 당신은 어느 것을 권하겠는가? 한쪽엔 영어를 자연스럽게 써서 세상 사람들과 쉽게 어울리고 일상과 직장에서 아무런 불이익을 보지 않고 영어로 구체화된 많은 문화적 유산들과 첨단 정보들을 쉽게 얻는 삶이 있다. 다른 쪽엔 조상들이 써온 조선어를 계속 쓰는 즐거움을 누리지만, 영어를 쓰는 것이 힘들어서 다른 나라 사람들과 어울리는 것을 피하고 평생 갖가지 불이익을 보고 분초를 다투는 정보들을 뒤늦게 오역이 많은 번역으로 얻어서, 그것도 이용 가능한 정보들의 몇십만 분의 일이나 몇백만 분의 일만 얻어서, 세상 사람들과 경쟁해야 하는 삶이 있다. (c) 당신은 과연 어떤 삶을 자식에게 권하겠는가? 아예 그에게서 선택권을 앗겠는가?

— 복거일(소설가)

[문제 1]

글 (가)의 밑줄 친 (a)에서 '어떤 문화 요인도 존재 이유가 있다'고 했는데, 그렇다면 글 (다)의 주장이 나오게 된 배경은 무엇인가? 본문 중에서 한 단어를 찾아서 쓰시오.

[문제 2]

글 (가)의 밑줄 친 (b)와 관련해서 글 (나)와 (다)에서 가장 중요시하는 덕목은 각각 무엇인가?

　　(나) — (　　　　　　　)　　　　(다) — (　　　　　　　)

이 문제를 풀면서 한 녀석이 태클을 날렸다. 수능 언어 영역도 아닌데 독해력 문제를 왜 내냐고? 이 한심한 태클에 동조하는 사람은 다음 쪽을 읽어보도록.

[문제 3]

글 (다)의 밑줄 친 (c)의 질문에 대한 자신의 견해를 논술하시오. 단, 근거를 세 가지 이상 댈 것. (분량은 띄어쓰기를 포함하여 1000자 안팎(±100자)으로 할 것.)

독해력을 나의 최대 무기로 삼자!

독해는 모든 문제 풀이의 기본이다. 수능 언어 만점 받으려면 독해력이 기본이 되어야 한다. 문학은 잘하는데 비문학 독해는 못한다는 말은 거짓말이다. 비문학 독해보다 더 어려운 게 문학이다.

문학에서, 인물과 사건이 어떻게 구성되어 있으며 주제가 무언지 따지거나 형식과 이미지 속에서 주제를 찾는 건 궁극적으로 독해의 문제다. 비문학보다 한 차원 높은 독해이다. 독해를 잘하면 언어 영역뿐만 아니라 외국어 영역과 사탐·과탐도 잘할 수밖에 없다. 독해를 못하면 논술도 잘할 수 없다.

예시문이 아주 간결하면 몰라도, 그렇지 않은 경우가 더 많다. 서너 장씩 넘겨야 하는 예시문의 내용을 정확하게 파악하고, 각 예시문을 선택한 의도까지 파악하는 건 고도로 훈련된 독해력이 아니면 불가능하다.

꾸준히 독해력을 연마하라. 이것이 수능 언어 점수를 올리는 길이고, 논술을 잘하는 길이고, 공부를 잘하는 길이다.

돈이냐, 명예냐?

합리주의와 동양 철학의 이해

부귀(富貴)를 뜬구름처럼 여기는 마음이 있을지라도
반드시 굴 속에 살 필요는 없으며,
자연을 사랑하는 마음이 고질(痼疾)이 되어서는 안 되나
항상 스스로 술에 취하고 시를 읊는 풍류(風流)는 즐겨야 한다.
— 홍자성, 〈채근담〉에서

[학습목표]
- 합리주의가 무엇인지 이해한다.
- 합리주의가 봉착했던 문제를 이해한다.
- 합리주의가 봉착한 문제를 극복할 수 있는 동양적 사고 체계를 찾아본다.

 들어가기 | 1895년, 동서양의 두 풍경

〈태극기 휘날리며〉라는 영화를 보았을 것이다. 장동건과 원빈이 한국전쟁을 배경으로 진한 형제애를 보여준 영화였다. 이 영화가 묘사하는 1950년의 사회상을 머리에 떠올려보자. 전차, 시장통의 국수집, 아이스케키…
지금으로부터 불과 55년 전의 모습이다. 아버지가 아니라면 적어도 할아버지는 원빈 또래의 청년으로 당시를 살았다. 그러고 보면 그다지 먼 과거도 아니다. 팔만 길게 쭉 뻗으면 손으로도 잡을 수 있는 과거다.

자뻑   에이, 오버하시네…

자, 그럼 1950년에서 다시 55년 전으로 거슬러 가보자. 〈태극기 휘날리며〉의 원빈과 장동건 같은 1950년 당시 청년들의 할아버지 세대의, 거기서 다시 손으로 잡을 수 있는 머지않은 과거이다. 지금으로부터 110년 전,
1895년으로 시간 여행을 떠나보자.

1895년 조선의 한 풍경

"상투를 잘라라! 위생에 이롭고 작업을 편리하게 하기 위함이다!"
온건 친일 내각인 김홍집 내각이 '단발령'을 포고한다. 그러나 조선사회 전역
에서 반대의 역풍이 거세게 불었다. 이 반대 운동의 선두에 당대 유림의 거두
최익현♥이 서 있었다. 내무대신이던 유길준♥은 최익현을 포천에서 잡아들여
상투를 자르려고 했다. 그러자 최익현은 이렇게 말했다.

"吾頭可斷 髮不斷" (오두가단 발부단)

내 머리는 자를 수 있을지언정 머리털은 자를 수 없다는 뜻이다. 머리카락에
목숨을 건 사람은 최익현뿐만이 아니었다. 서울에 머물던 지방 사람들 가운데
강제로 상투를 잘린 사람들은 상투를 주머니에 넣고 통곡을 하면서 서울을 떠
났다.

채용신이 그린 최익현의 초상.

최익현
1833~1906. 조선 말기의
문신·학자. 단발령에 반대
했다가 투옥되었다. 1905
년 을사조약이 체결되자
63세의 나이에 의병을 모
아 일본군에 대항하다 붙
잡혀 쓰시마로 유배되었
다. 그곳에서 단식으로 절
개를 굽히지 않다가 1906
년 굶어 죽었다.

유길준
1856~1914. 조선 말기의
정치가. 1885년 유럽을 둘
러보고 〈서유견문〉을 썼다.

뢴트겐
1845~1923. 독일의 물리
학자. 엑스선을 발견한 업
적으로 1901년 최초의 노
벨 물리학상 수상자가 되
었다.

1895년 독일의 한 풍경

1895년 11월의 어느 금요일 오후였다. 뢴트겐♥은 레나르드의 유리관으로
바륨 화합물을 칠한 형광 물질의 스크린에 음극 광선이 어떻게 반응하는지
그 효과를 실험하고 있었다. 레나르드가 했던 방식 그대로 판지와 주석 박막
으로 유리관을 감쌌다. 정전기가 발생하는 걸 막고 또한 빛을 유리관 안에
가두기 위해서였다. 앞서 행한 실험에서는 형광 물질이 음극 광선을 아주 조
금 이동시키는 걸 확인했었다. 뢴트겐은, 크룩스의 유리관도 판지와 주석 박
막으로 감싸면 동일한 효과를 나타낼지 모른다고 생각했다. 뢴트겐은 실험
에 쓸 크룩스의 유리관을 개선했다. 유리관 안의 압력은 더 낮추고 유리관
안으로 통과시킬 전압은 더 높인 것이다.
음극관을 판지와 주석 박막으로 덮어씌우는 동안 바륨 스크린은 몇 미터 떨
어진 탁자 위에 놓여 있었다. 실험을 시작할 때 그걸 가까이 붙여놓을 생각이
었다. 이제 한 단계만 남았다. 그는 유리관을 감싼 판지가 딱 맞게 씌워지지
않은 게 거슬렸다. 유리관이 둥글게 생겼기 때문에 어쩔 수가 없었다. 실험실

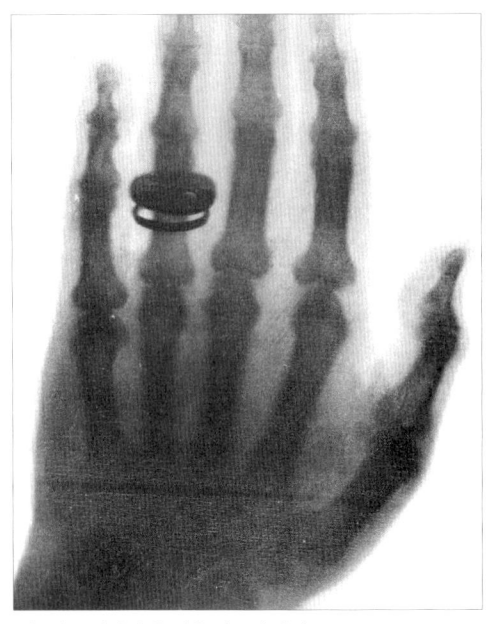

뢴트겐 부인의 손을 찍은 엑스선 사진.

의 불을 끄고 코일에 전류를 흘려보내 덮개가 제대로 역할을 하는지 시험했다. 그만하면 괜찮을 것 같았다. 이때 그는 유리관에서 빛이 나오는 걸 전혀 보지 못했다. 하지만 전류 스위치를 내리고 바룸 스크린을 가까이 끌어당겨 본 실험을 하려는 순간, 테이블 끝에 초록색 얼룩이 생긴 게 눈에 띄었다.

— 줄리 M. 펜스터, 〈의학사의 이단자들〉에서

지구 반대편에서는 엑스선을 발견해서 의학계에 일대 혁명을 일으키고 있던 바로 그 시기에 조선의 선비들이 머리카락을 목숨보다 중요하게 여겼던 이유가 무엇일까? 그 해답은 다음에 있다.

"身體髮膚 受之父母 不敢毀傷 孝之始也
　(신체발부 수지부모 불감훼상 효지시야)

立身行道 揚名於後世 以顯父母 孝之終也"
　(입신행도 양명어후세 이현부모 효지종야)

신체와 터럭과 살갗은 부모에게서 받은 것이므로 훼상하지 않는 게 효의 시작이고, 출세해 도리를 실천함으로써 이름을 떨치고 부모님을 빛나게 하는 게 효의 끝이다.

— 〈**효경**孝經〉♥

〈효경〉
유교 경전의 하나. 공자가 제자인 증자曾子에게 전한 효도에 관한 논설 내용을 훗날 제자들이 편집한 것이다.

'효' 야말로 사회를 지탱하는 근본 원리이자 실천 지침이었다. 이걸 무너뜨리려고 하니, 유학자들은 세상이 뒤집어지는 듯한 충격을 받았다. 그러니 목숨을 거는 게 당연했다. (요즘으로 치면, 인터넷과 휴대폰 사용을 금지하는 거나 마찬가지 아닐까? 기업은 기업대로, 그리고 개인은 개인대로 들고일어나 난리가 날 것이다. 광화문은 또다시 촛불 시위 인파로 인산인해人山人海를 이룰 것이다.)

이 대조적인 두 풍경에 대해 각자의 느낌을 이야기해보자.

생각하고 토론하기 1.

뢴트겐과 최익현의 논쟁

앞에서 보았던 1895년의 두 풍경을 놓고 계속 이야기해보자.

자, 여기서 서술 및 토론 문제 하나 나간다.

[문제]

이런 풍경을 만일, 당시의 뢴트겐이 CNN뉴스를 통해서 보고 논평을 했다면 뭐라고 했을까? 그리고 뢴트겐의 논평을 옥중에 있던 최익현이 신문을 통해 읽었다면, 최익현은 또 뭐라고 대꾸했을까?

이때 태클이 들어온다.

혜진   선생님 질문이 비논리적인 거 아니에요?

선생   그게 무슨 말이니?

혜진   1895년에 어떻게 CNN이 있으며, 최익현이 감옥에서 뢴트겐이 한 말을 들을 수 있나요? 문제가 성립하지 않는 거 아니에요? 저는 논리적으로 모순이라고 봐요.

선생   … (할 말을 잃어버려 말이 없다. 이런 걸 한자로 아연啞然이라고 한다.)

혜진   문제 자체가 성립할 수 없다고 봐요.

        (빙긋 웃는다. 논리로써 선생을 이겼다는 만족감이 얼굴에 가득하다.)

자포   상당히 예리한 태클인데요, 선생님?

전혀 그렇지 않다. 헛다리 짚는다는 게 이런 걸 두고 하는 말이다. 혜진이는 논리적 전제는 무엇이든 가능하다는 사실을 모르고 있다. 출제자가 제시한 논리적 전제에 입각해서 출제자의 질문 의도를 파악해야 하는데, 출제자의 논리적 전제를 부정함으로써 대답이 존재할 근거를 없애버린다. 대답할 게 없는 것이다. 예를 들면 이런 거다.

엄마　저녁을 빵으로 먹을래, 밥으로 먹을래?

아들　꼭 먹어야 돼요?

➡ 엄마는 당연히 먹는 걸로 전제하고 있는데, 꼭 먹어야 되느냐고 물어보면 엄마는 화가 날 것이다. 엄마 화나게 해서 좋을 일 있나? 용돈과 간식 등 많은 것들이 달려 있는데?

자, 더 이상 시간 끄는 작전 쓰지 말고, 위의 질문에 답해보아라.

[단발령 풍경에 대한 뢴트겐의 논평]

_____

_____

_____

_____

[뢴트겐의 논평에 대한 최익현의 대꾸]

_____

_____

_____

_____

 **생각하고 토론하기 2**

먼저, 합리주의에 대한 설명을 들어보자.

합리주의合理主義(rationalism)

비합리적·우연적인 것을 배척하고, 이성적理性的·논리적·필연적인 것을 중시하는 태도. 합리론·이성론·이성주의라고도 한다. 실천의 기준으로서 이성적인 원리만을 구하는 생활 태도를 가리킬 경우도 있다. 형이상학적으로는, 이성이나 논리가 세계를 지배하고 있어 이 세상에는 존재이유存在理由를 가지고 있지 않은 것은 하나도 없다고 주장한다. 신학적으로는, 신앙의 진리를 은총恩寵의 빛에 비추어 계시적으로 이해할 뿐만 아니라, 가능한 한 자연이성自然理性에 의해 인식하려는 입장을 말하며 계몽시대의 종교 비판에서 그 대표적 사상을 찾아볼 수 있다. 인식론적 견지에서는, 경험론과 대립하여 모든 인식은 생득적生得的이고 명증적明證的인 원리에서 유래한다고 하는 입장으로, R. 데카르트, B. 스피노자가 그 전형이라고 할 수 있다. 감각적 경험론을 혼란된 것이라 경시輕視하고 수학적 인식을 원형으로 하는 것과 같은 논증적論證的 지식을 중시한다.

― 네이버 백과사전에서

자, 여기서 단도직입적으로 물어보자. 합리주의는 이상적인 태도인가?

한때 이런 믿음이 널리 퍼졌다.

"합리주의는 가장 이상적인 태도이다. 모든 걸 이성과 과학으로 설명할 수 있으며, 언제나 최선의 길을 보장해주는 가장 믿을 수 있는 철학적 방법이다."

이런 믿음 아래 과학 기술은 보다 발전했다. 하지만 이런 믿음에 심각한 회의를 불러일으킨 비극적 사건이 발생했다. 바로 1차대전과 2차대전이다.

합리주의의 전성기라고 할 만큼 눈부신 속도로 과학 기술이 발전하던 바로 그 시기에, 인류 최대의 야만적인 전쟁이 일어난 것이다.♥ 이런데도 합리주의를 이상적인 태도로 볼 수 있는가?

♥
합리주의로 해결할 수 없는 이런 상황을 설명하고자, 칼 포퍼는 '열린 사회'라는 새로운 개념을 제안한다. 이 강의에 보충 자료로 첨부한 '칼 포퍼의 비판적 합리주의'를 꼭 읽을 것.

자, 아주 웃기는 예를 하나 들어보겠다. 우리나라 사람들은 물건의 수나 양을 지칭할 때 정확하게 지칭하지 않는다. '두세 개', '서너 개', '네댓 개'라는 표현을 일상적으로 쓴다. 예를 들면 이렇다.

"소주 두세 병만 주세요."

만일, 합리적이기로 소문난 독일 사람이 종업원이라면, 두 병인지 세 병인지 정확하게 말해달라고 요구할 것이다. 하지만 우리나라 종업원은 그렇지 않다. 손님들을 척 보고 두 병을 줄 건지 세 병을 줄 건지 판단한다.

"적당하게 몇 병 주세요."

이렇게 말해도 종업원은 정말 '적당하게' 가져온다. 여기서 태클이 들어온다.

"그러니까 우리나라 사람들 발전이 없죠. 두 병이면 두 병, 세 병이면 세 병, 딱 정해야지. 매사에 그런 식이니까 나중에 가서, 두 병을 시켰는데 세 병 줬으니 한 병 값은 줄 수 없다고 우기고…"

태클을 무시하고, 계속 이야기하겠다. 두 병이니 세 병이니 하는 건 디지털적인 개념이다. 합리주의는 디지털적인 개념에 기초한다. 하지만 만일, 소주를 주문하는 손님이 두 병도 아니고 세 병도 아닌, 2.6병을 마시고 싶다면? 반올림해서 세 병? 아니면, 소수 이하를 버리고 두 병? 어떻게 해야 하지? 우리가 얘기하는 '두세 병' 혹은 '적당히'는 아날로그적인 개념이다.

디지털과 아날로그라는 이 두 가지 접근 방법을 비교하면 다음과 같다.

디지털	아날로그
단속적斷續的 흐름	연속적連續的 흐름
정지 상태를 중시	움직임을 중시
분석적	직관적
기계적 세계관	유기적 세계관
폐쇄적	개방적
서양	동양

자 그럼, 디지털 세상이 우월할까, 아니면 아날로그 세상이 우월할까?

혜진 　어려워요.

자뻑 　우리가 동양이니까 당연히 아날로그지.

자포 　내 생각도 그래.

일동 　아날로그 세상!

성급하게 결론을 내리려고 하지 마라. 결론을 내리는 게 중요한 게 아니라, 거기까지 도달하는 과정이 중요하다. 자, 여기서 문제 하나 나간다.

[문제]
다음 이야기가 동양적 혹은 아날로그적 이야기 구조라고 할 때, 이를 서양적 혹은 디지털적 이야기 구조로 바꾸어보아라. (굳이 쓰지 않아도 된다. 말로 해라.)

검객 A가 검객 B의 명성을 듣고 진검 승부로 그를 꺾은 뒤 일인자의 자리에 오르리라 결심했다. 하지만 먼 길을 걸어 검객 B의 집을 찾아갔지만 그는 집에 없었다. 화단에 물을 주던, 허리가 구부러진 노인이 하는 말이, 언제 올지 모른다고 했다. 다음에 다시 찾았지만 노인에게서 똑같은 대답을 들었다. 다시 한번 찾아갔지만 허탕을 치자 검객 A는 화가 났다. ○월 ○일에 다시 올 터인즉 그때도 자기를 맞지 않는다면 자기를 피한 것이라 생각하겠다고 했다. 한데 약속한 날 하루 전에 젊은 하인 하나가 검객 A가 묵고 있는 주막으로 와 그를 찾았다. 검객 A가 나가보니, 국화꽃 한 송이를 내미는 게 아닌가? 검객 B가 전해주라고 했단다. 받아본즉, 줄기가 예리하게 잘려나가 있었다. 보통 솜씨가 아니었다. 검객 A는 국화꽃이 피어 있는 마당으로 내려서서 칼을 뽑아들고 국화꽃을 향해 칼을 휘둘렀다. 하지만 그가 잘라낸 국화꽃의 줄기는 검객 B가 보낸 줄기에 비해 잘린 단면이 매끄럽지 못하였다. 여러 번 시도를 해보았지만 마찬가지였다. 검객 A는 그제야 자신의 오만함을 뉘우쳤다. 알고 보니 검객 B는 바로 그 허리 구부러진 노인이었다.

다시, 아까 했던 질문! 디지털 세상이 우월할까, 아니면 아날로그 세상이 우월할까? 그리고 다시 한번 보다 근본적인 질문이 제기된다.
디지털 세상이 아날로그 세상보다 인간적이라고 할 수 있을까?

이 질문에 대해 각자 '예', '아니오'로 대답하고, 그 이유를 정리해보자.
(정리가 잘 되지 않아도 괜찮다. 심오하고 어려운 문제이기 때문이다.)

_____

_____

_____

_____

_____

_____

[보충문제]
무슨 공부를 해야 할지 몰라 우왕좌왕하느라 시간이 남는 사람은, 무협지와 서부극의 차이를 생각해보도록.

개념 응용·논술

[문제]

한자는 상형문자다. 쓰기도 불편할 뿐 아니라 읽기도 쉽지 않다. 그렇게 어려운 걸 배워야 하고 써야 한다는 생각을 하면 중국 사람들이 불쌍하다. 한자를 워드 프로세서로는 어떻게 쓸까? 중국 사람들도 인터넷 채팅을 할 수나 있을까? 그럼에도 불구하고 좋은 점이 있다면 어떤 것들을 들 수 있을지 논술하시오. 단, 아래 글의 밑줄 친 부분에 대한 언급을 반드시 포함할 것.♥ (분량은 띄어쓰기를 포함하여 1000자 안팎(±100자)으로 할 것.)

현대 물리학은 자연 과학의 기반을 이루고 있으며, 자연 과학과 기술 공학의 결합은 행불행 간에 지상의 생존 조건을 근본적으로 변화시켰다. 오늘날 원자 물리학의 성과를 이용하지 않는 산업은 거의 없으며, 이것이 원자 무기에 이용됨으로써 세계 정치 구조에 끼친 영향력은 막대하다. 그러나 현대 물리학의 영향은 단순한 기술의 차원을 넘어, 사상과 문화의 영역에까지 확장되어서 우주에 대한, 우주와 인간의 관계에 대한 우리의 관념에 일대 수정을 가하게 했다. 20세기의 원자原子와 아원자亞原子 세계에 대한 탐구는 의심할 여지가 없었던 고전적 이념의 한계를 드러나게 해주었으며, 우리가 종래 지녀왔던 기본 관념의 대부분을 근본적으로 수정하게 해주었다.

20세기 물리학의 두 기반인 양자 이론과 상대성 이론이 힌두교도나 불교도, 도가道家들과 같은 방식으로 이 세계를 보도록 우리에게 강요하는 이유와 미시微視 세계의 현상, 즉 모든 물질을 생성하고 있는 아원자亞原子들의 속성과 그 상호 작용을 기술하기 위하여 두 이론을 결합하려는 최근의 시도를 살펴보면 이 유사성이 얼마나 더 뚜렷해지고 있는가를 알게 될 것이다. 바로 이 점에서 현대 물리학과 동양적 신비주의의 유사성이 가장 두드러지게 나타나며, 이것이 물리학자들과 동양의 신비주의자 가운데 어느 쪽에서 한 말인지

♥
상형문자라는 말은 글자 자체가 이미지라는 뜻이다. 이미지가 발휘할 수 있는 힘에 초점을 맞추어서 생각하라.

모를 지경까지 종종 이르게 될 것이다. 내가 '동양적 신비주의'라고 지칭할 때 그것은 힌두교와 불교와 도교의 종교적 철학을 뜻한다.

모든 서양 철학이 다 그런 것처럼 물리학도 그 근원은 기원전 6세기의 초기 그리스 철학, 곧 과학과 종교가 나누어지지 않았던 문화에서 찾아야 할 것이다. 이오니아의 밀레토스 학파 현인賢人들은 이러한 구분에는 별 관심이 없었다. 그들의 목적은 자신들이 '피지스(physis)'라고 불렀던 사물의 본질, 곧 진정한 구조를 밝히는 것이었다. '물리학(physis)'이란 용어도 이 그리스어에서 유래한 것으로, 그것은 원래 모든 사물의 본질을 보고자 하는 노력을 뜻했던 것이다.

정신, 물질이라는 이원론적이고 극단적인 공식화를 초래한 철학 사상의 발전이 근대 과학의 탄생을 선행하고 동반했다. 이 공식화는 17세기 데카르트의 철학에 그 모습을 나타내었는데, 그는 자연을 근본적으로 '마음'과 '물질'이란 두 개의 독립적 영역으로 분할하였다. 이 '데카르트'적인 분할은 물질을 죽은 것으로, 자신들과는 완전히 분리된 것으로 취급할 수 있게 하고, 물질 세계를 하나의 거대한 기계로 조립된, 제각기 다른 개체의 군집群集으로 보도록 하였다. 뉴턴은 이 기계론적 역학을 구축함으로써 고전 물리학의 기반을 다졌다. 뉴턴의 이 기계론적 우주 모형은 17세기 후반부터 19세기 말까지 모든 과학 사상을 지배했다.

기계적인 서양의 관점과는 대조적으로 동양의 세계관은 '유기적인' 것이다. 동양의 신비론에 있어서는 감각에 비치는 모든 사상事象은 상호 관련되어 있으며 다 같은 궁극적인 실재의 다른 양상 내지 현시顯示에 불과한 것이다. 우리가 인식하는 세계를 개별적이고 분리된 것으로 구분하고 이 세계 내에서 고립된 자아로서 우리 스스로를 체험해보려는 경향은 우리들을 측정하고 분류하려는 심성에서 연유되는 환각이라고 보는 것이다. 그것은 불교 철학에서는 아비댜(avidya), 즉 무지無知라고도 불리며 극복해야 할 마음의 불안 상태로 간주되는 것이다.

— 프리초프 카프라, 〈현대 물리학과 동양 사상〉에서

보충학습 | 칼 포퍼의 '비판적 합리주의'

※ 다음 글은 양갑현의 〈칼 포퍼의 비판적 합리주의〉에서 일부를 발췌한 것이다. 반드시 읽고 이해할 것!

포퍼 자신이 '비판적 합리주의' 라고 이름 붙인 앎과 과학에 대한 이런 조심스러운 태도는 그의 사회철학에서 전체주의적 유토피아에 대한 전면적 불신으로 드러나고 있음을 우리는 본다.

무엇보다도 포퍼의 비판적 합리주의에는 독특한 인간관이 스며 있는데, 그것은 인간이 불완전한 존재이기 때문에 누구나 잘못을 범할 수 있다는 너무도 명백한 사실이다. 그러나 우리는 우리들 자신이 저지른 잘못을 통하여 배울 수 있고 이러한 배움을 바탕으로 해서 점차 그리고 끊임없이 삶을 개선해갈 수 있다고 그는 확신한다. 그러므로 가장 바람직한 삶의 자세는 인간의 완전성을 전제로 하는 독선과 자기과신이 아니라 남의 비판에 귀를 기울이고 잘못을 고쳐나갈 줄 아는 겸허한 태도이다. 이러한 자세가 보편화될 때 합리적 비판이 가능하고, 그러한 비판을 정당한 것으로 받아들일 때 진정한 의미의 토론이 성립될 수 있다. 포퍼는 이처럼 비판과 토론이 가능한 사회를 '열린 사회(open society)' 라고 부르며, 그 전형적인 예를 앞서 언급한 의미의 과학자들의 사회에서 찾는다. 과학자들이야말로 마음을 열고 반증의 결과를 진지하게 받아들일 줄 아는 사람들이기 때문이다. 그러나 우리는 이러한 이념을 자유민주주의 사회에서도 찾아볼 수 있다. 적어도 이념적으로 이러한 사회에서는 언론의 자유가 보장되고 선거에 의해 지도자를 선출할 수 있으며 약자가 보호받을 수 있는 제도적 장치가 마련되어 있다. 그러므로 포퍼는 자유로운 토론이 허용되어 그것이 정치에 영향을 주고 자유와 약자를 위해 모든 제도가 존재하는 개방 사회의 가능성을 여기서 찾아내고자 하는 것이다.

물론 지금 존재하고 있는 자본주의적 자유민주주의의 제도가 있을 수 있는 최상의 사회 형태라고 볼 수는 없을 것이다. 그러나 그것은 점진적 개선의 여지를 항상 열어두고 있다는 점에서 열린 사회이며, 바로 그렇기 때문에 혁명을 시도하는 어떠한 이상주의보다도 우월한 제도가 되는 것이다.

포퍼는 급진적이고 독단적인 이상주의를 항상 경계하였다. 그 전형적인 예로 마르크스주의를 들 수 있다. 기본적으로 사회민주주의에 우호적이었고 국가의 제한적 간섭주의를 옹호했던 포퍼가 마르크스주의의 모든 면에 대해서 적대적이었던 것은 아니지만(실제로 그는 합리주의에 대한 거부가 마르크스주의 안에 있다는 것을 인정하였고, 바로 그 점에서 그는 비판적 합리주의와 마르크스주의는 공유하는 바가 있다고 생각했다.) 어쨌든 그는 그것이 결국은 역사적 예언을 빙자하여 맹목적인 폐쇄사회를 낳았다고 주장한다. 그가 이것을 '역사주의'로 규정하고 항상 경계하는 이유도 바로 여기에 있다. 그가 말하는 것은 역사가 상대적으로 발전한다는 뜻이 아니라 "역사적 예측이 여러 사회과학의 주요 목적인 것처럼 여기고 이 목적은 역사 진행의 밑바닥에 있는 경향성, 법칙, 유형, 리듬 등을 발견함으로써 도달될 수 있다고 가정하는 사회과학에의 접근 방법"을 의미한다. 말하자면 구약성서에서 선택된 사람의 사명에 대한 신념, 로마는 세계를 지배할 운명을 가지고 있다는 로마인들이 지녔던 신념, 진보의 불가피성과 인간은 완전해질 수 있다는 계몽시대의 자유 사상가의 신념, 천년 왕국을 수립한다는 히틀러의 신념 등이 바로 역사주의자의 신념의 예로 거론될 수 있을 것이다. 이러한 역사 법칙주의의 입장은 '유토피아 사회공학(utopian social engineering)'을 내세운다. 말하자면 먼저 모든 것을 일거에 쓸어버려야 한다. 이 세상에 무엇인가 그럴듯한 것을 실현하려면 저주받은 문명을 모두 없애버려야 한다고 주장한다. 이러한 과업을 성공적으로 수행하려면 강력한 권위와 권력을 지닌 정부가 필요하며 그러한 정부는 반드시 권위를 과시하고 폭력을 휘두르기 마련이다. 포퍼가 역사주의를 반대하는 이유가 여기서 더욱 분명해진다. 그는 〈열린 사회와 그 적들(The Open Society and Its Enemies)〉에서 역사주의적 사회공학을 비판하고 과학에서의 비판적·합리주의를 민주적 사회 개조의 원리에 적용한 '점진적 사회공학'을 내놓는다.

점진적 사회공학은 인간에 관한 객관적인 사실을 받아들임으로써, 즉 인간이

완전하지 못하므로 독단적으로 이상적인 선을 추구하기보다는 먼저 구체적인 악을 제거함으로써 우리가 당당할 수 있고 또 해야 할 일을 하나씩 해나가자는 입장이다. 말하자면, 인간은 항해중에 있는 선원과 같아서 자기가 타고 있는 배를 자기가 원하는 대로 고치고자 할 때는 한 부분에서 다른 부분으로 조금씩 개조해 갈 수는 있어도 단번에 통째로 뜯어치우고 새로이 만들 수는 없다는 입장이다. 이것은 아리스토텔레스의 중용의 덕을 추구하는 방법과 매우 흡사한 점이 있는데, 행위의 중용점을 정확하게 파악하기가 어려우므로 좀더 쉽게 가늠할 수 있는 극단을 피하도록 노력하라는 가르침으로 이해할 수 있기 때문이다. 그가 공리주의자의 '행복을 극대화하라' 는 주장을 '불행을 극소화하라' 는 권고로 대체해야 한다고 역설하는 이유를 우리는 비로소 이해하게 된다. 이것은, 부모에게 적극적으로 효도하기보다는 불효하지 않으려고 애쓰는 것이 훨씬 쉽다는 사실을 경험한 사람에게는 별로 어려운 입장이 아니다. 아무튼 그의 인식론에서의 객관적 지식의 형성과 동일한 피드백 과정을 거쳐서, 곧 경험적 시험과 비판적 토론을 거쳐 오류를 제거해가며 자유의 신장과 고통의 극소화에 기여하는 점진적 사회공학이 그의 사회철학의 핵심을 이룬다고 하겠다.

— 양갑현, 〈칼 포퍼의 비판적 합리주의〉에서

채점 기준을 머리에 새기자!

1. 주장이 문제에 적절한가?
   - 질문의 내용과 동떨어진 주장을 펼치면, 다시 말해 동문서답을 할 경우, 어떤 채점관이 좋은 점수를 줄까?
   - 문제의 의도를 정확하게 파악해야 한다.

2. 주장이 얼마나 분명하고 독창적인가?
   - 논술문은 어떤 행위나 현상에 대해 자기 주장을 밝히는 글이다.
   - 쓴 내용은 많은데 무얼 주장하는지 애매하면 감점 대상이다.
   - 주장이 옳으냐 그르냐는 채점의 기준이 되지 않는다.
   - 하지만 상식적인 가치관의 범위를 크게 벗어나는 주장은 좋은 인상을 주지 못한다.

3. 서론에서 본론을 거쳐 결론에 이르는 과정이 얼마나 논리적이고 창의적인가?
   - 전제를 하거나 주장을 하면서 근거를 제시하지 못하거나 근거 제시가 논리적이지 않으면 감점 대상이다.
   - 논리를 치밀하게 전개하기 위해서는 적절한 단어를 선택하는 것이 필수적이다.
   - 주관적인 감상이나 느낌은 철저하게 배제해야 한다.
   - 각 부분의 분량 안배가 적절해야 한다.

4. 글이 얼마나 매끄러운가?
   - 문장에서는 주어와 술어가 일치해야 한다.
   - 긴 문장은 감점 대상이다. 짧은 단문을 구사해야 한다.
   - 읽기 어려운 문장은 그 자체로 감점 대상이기도 하지만, 문장이 잘못되었거나 논리적으로 오류가 있는 문장일 가능성이 높다. 다시 고쳐 써야 한다.
   - 불필요한 접속어나 '~것이다' 등의 표현을 삼가야 한다.

5. 배경 지식을 얼마나 많이 알고 있으며 또 이걸 어떻게 활용하고 있나?

– 인문·사회·역사·철학·과학 등의 풍부한 배경 지식을 글에 담아라.

– 하지만 잘 알지도 못하는 걸 아는 척해서는 오히려 감점 대상이다. 채점관들은 여러분이 아는 것보다 훨씬 더 깊고 넓게 알고 있다.

– 배경 지식을 단순히 열거하는 건 아무 의미가 없다. 논지 속에 그 지식을 적절하게 녹여내는 게 중요하다.

6. 명확한 필체와 깨끗한 답안지

– 글자를 잘 쓰고 답안지가 깨끗하다는 사실만으로 점수를 후하게 주진 않겠지만, 적어도 다른 항목의 평가에는 영향을 준다. 동일한 조건이라면 알아보기 힘든 글씨에 더러운 답안지보다는 채점관의 관심을 더 끌 것이다. 채점관도 사람이니까.

– 평소에 글자를 조금 크게 쓰는 습관을 가질 것.

성인이 된 나귀

나스레딘♥이 배움을 끝냈을 때 스승은 그에게 나귀 한 마리를 선물로 주었다. 나스레딘은 성자의 무덤가에 있던 사원을 떠나 아나톨리아의 고원 지대를 향해 길을 떠났다. 가던 길에 동냥이 너무 적어서 나귀에게 적게 먹고 버티는 법을 가르쳐야겠다고 생각했다. 그래서 나귀에게 주는 먹이를 매일 조금씩 줄였다. 마침내 나귀가 하루에 먹는 먹이는 한 줌밖에 되지 않을 정도로 줄어들었다. 그리고 바로 그날, 나귀는 굶어죽고 말았다. 나스레딘은 몹시 슬퍼했다. 그는 나귀를 묻고, 그 곁에서 슬퍼하며 여러 날을 보냈다. 지나가는 사람들이 나스레딘에게 왜 그렇게 슬퍼 우느냐고 묻자, 나스레딘은 무덤을 가리키며 이렇게 말했다.

"가장 소중한 친구가 죽었답니다."

그가 그토록 슬퍼하는 걸 보고 사람들은 죽어서 무덤에 묻힌 친구가 성자임에 틀림없다고 생각했다. 사람들은 그를 위로하며 돈과 물건을 내놓았다. 얼마 지나지 않아 커다란 무덤을 만들고도 남을 만큼 많은 돈이 모였다. 나스레딘은 좋은 무덤을 만들고, 색색의 타일로 무덤을 장식했다. 가까운 데서뿐만 아니라 멀리서도 순례자들이 찾아와 성인에게 경의를 표했다. 나스레딘은 이들이 낸 헌금을 모아서 무덤 곁에 사원을 세웠다.

어느 날 그의 스승이 그 곁을 지나가다가 제자가 큰 사원을 지었다는 이야기를 들었다. 스승은 분수들로 가득한 정원을 지나 발을 씻은 뒤 사원으로 들어갔다. 오랜만에 만난 스승과 제자는 반갑게 서로를 안았다. 그리고 함께 외쳤다.

"알라는 위대하다!"

이윽고 스승이 물었다.

"이 사원에 묻힌 성인은 어떤 분이시냐?"

그러자 나스레딘이 대답했다.

"제가 길을 떠날 때 스승님이 선물하신 나귀입니다. 그런데 저도 궁금한 게 있는데, 제가 가르침을 받던 사원에는 어떤 분이 묻혀 있습니까?"

그러자 스승이 말했다.

"여기에 묻힌 나귀의 어머니라."

— 마티어스 반 복셀, 〈어리석음에 대한 백과사전〉에서

호자 나스레딘(Khoja Nasreddin) 1208~1285. 지금의 터키인 아나톨리아 출신의 기인.

원정 출산과 이기주의

개인과 사회, 그 영원한 긴장 관계

여기 죽어서 누운 병사들의 죽음을
결코 헛되이 하지 않겠다고 맹세하며,
이 나라가 신의 가호로
자유의 이름으로 새로 태어날 수 있기를 희망합니다.
국민의, 국민에 의한, 국민을 위한 정부는
이 땅에서 결코 사라지지 않을 것입니다.
― 링컨, 남북전쟁의 격전지 게티스버그에서 행한 연설에서

들어가기

닭이 먼저냐, 달걀이 먼저냐

사람은 혼자 살 수 없다. 집단을 이루며 사회 속에서 사는 게 인간이다. 그래서 사람을 사회적 동물이라고 한다. 사람을 뜻하는 한자 '人'도 두 사람이 서로에게 의지하고 있는 모양을 형상화하고 있다. 사회는 사람들이 모여서 구성된다.

사회의 종류 가정, 학교, 직장, 지역 사회, 국가, 국제 사회 등

구성원 각자의 이익과 행복을 최대치로 하는 게 사회 구성의 목표이자 원칙이다. 이 목표와 원칙에 따라 각각의 사회는 규범을 마련하고 있다. 이 규범에는 도덕, 규칙, 법률 등이 있다.

사회는 이 규범을 통해서 전체 구성원의 이익과 행복을 보장하고자 한다. 하지만 개인과 사회 사이에는 끊임없이 갈등이 생긴다. 각 구성원의 이익과

주5일제를 요구하며 시위를 벌이는
노동자. ⓒ 연합뉴스

행복을 보장하기 위해서, 사회는 규범을 통해 개인의 자유를 제한하고 의무를
부과할 수밖에 없기 때문이다.

• 가족의 생계를 꾸려야 할 가장家長의 도덕적인 의무
• 각종 지방세와 국세를 납부해야 할 국민의 의무♥
• 국제 협약을 준수해야 할 회원국의 의무

국민의 5대 의무
국방의 의무, 납세의 의무,
교육의 의무, 근로의 의무,
환경 보전의 의무.

의무를 부과하는 사회와 의무를 이행해야 하는 개인 사이에는 갈등이 빚어지
게 마련이다. 이는 궁극적으로 개인의 자유 범위를 어디까지 허용할 것인가
하는 문제로 귀결된다.

개인과 사회 사이의 갈등
개인 ↔ 가정
개인 ↔ 직장
개인 ↔ 지역 사회
개인 ↔ 국가
국가 ↔ 국제 사회

생각하고 토론하기 1

 아파트 단지 앞에 대규모 변전소가 들어설 예정이라는데…

자, 다음 글을 읽고, 어떤 상황인지 파악해보자.

> 어떤 신축 아파트 단지 앞에 대규모 변전소가 들어설 예정이다. 한전 측에서는 이미 토지를 확보해두고 있다. 아파트 입주 예정자들은 변전소가 들어서면 변전소에서 발생하는 전자파 때문에 주민의 건강이 위협받을 것이라 두려워하며 절대로 변전소가 들어서면 안 된다는 입장을 분명히 하고 있다. 사실은, 변전소라는 혐오 시설이 들어섬에 따라 아파트 가격이 떨어질지 모른다는 불안 심리도 무시할 수 없을 만큼 작용하고 있는 것도 부정할 수 없다. 하지만 한전은 전자파가 위험하지 않은 수준이며 게다가 다른 데 새로 부지를 마련할 수 없으며 공사에 차질을 빚을 경우, 신축 아파트뿐만 아니라 주변에 들어설 오피스텔 건물 및 각 상가에도 전력을 공급할 수 없게 되며, 나아가 구청 전체의 전력 사정이 매우 불안하다며 꼭 거기에서 예정대로 서둘러 착공해야 한다는 입장을 굽히지 않는다. 한전 측에서는 구청을 상대로 빨리 건축 허가를 내주지 않으면 모든 책임은 전적으로 구청의 건축 허가 담당 공무원의 책임이라는 내용 증명을 담당자 앞으로 발송했고, 아파트 입주 예정자들은 날마다 몰려와 건축 허가를 내주지 말라며 시위를 하고 있다. 구청의 담당자는 양쪽의 눈치를 보며 이러지도 저러지도 못한 채 책임을 피할 생각만 하고 있다.

이 사태와 관련된 당사자들의 입장과 논리를 정리해보자.

관련자	입장	논리	속셈
입주 예정자	변전소 건설 반대	주민 건강을 위협한다.	아파트 가격이 하락할까봐 걱정된다.
한 전	변전소 건설 강행	• 위험하지 않다. • 대안이 없다.	계획 변경으로 손실을 볼 수 없다.
담당 공무원	이러지도 못하고 저러지도 못한다.	이해 당사자들의 권리를 존중해야 한다.	가능하면 책임을 회피하고 싶다.

꼬이고 꼬인 문제다. 꼬여서 복잡하고 어려운 문제라고 해서 안 풀고 내버려둘 수는 없는 노릇이다. 누군가는 풀어야 한다. 누군가 풀지 않으면 다같이 망하기 때문이다. 사회의 한 구성원으로서 책임 의식을 가지고 덤벼들어 해결하자.

내가 만일 담당 공무원이라면

어떤 태도와 입장을 가지고 이해 당사자들을 설득할 것이며, 또 어떤 순서로 일을 처리하겠는가?

이 질문에 대해 학생들은 조금도 주저하지 않고 자기 의견을 발표했다. 고무적인 태도에 마음이 흡족했다.

(혜진)
"공무원은 책임과 소신이 있어야 합니다. 아파트 가격이 떨어질까봐 다른 사람들의 이익을 침해하는 얌체들은 철저하게 응징해야 합니다. 원칙대로, 원래 계획했던 대로 변전소를 설치해야 합니다. 님비 현상은 사회 발전의 장애물입니다."

(자빽)
"이 사람 목적이 원래 책임을 회피하는 거니까, 튀어야죠. 휴가를 받거나 자리를 피하는 겁니다."

"그 사람이 아니라, 네가 그 공무원이면 어떡하겠냐구."

"아, 그런 얘깁니까? 튀는 건 비겁하고… 아, 생각났다! 다른 데서는 어떻게 했는지 비슷한 사례를 알아봅니다. 국내뿐만 아니라 해외에서도…"

"만일 그런 사례가 없으면?"

"에이, 없을 리가 없죠."

(자포)

"내가 공무원이라면 정말 갑갑하겠습니다. 이러지도 못하고 저러지는 못하고… 어쨌거나 한전과 입주 예정자들이 대화를 통해서 해결하도록 자리를 만들어야 합니다. 솔직히, 입주하는 사람들 입장에서는 황당하잖아요. 한전은 돈이 많은 회사니까 양보해야 한다고 봅니다."

"그러니까 공무원으로서 네 입장은 한전이 양보하도록 유도한다는 거야?"

"그렇죠, 공무원은 국가를 위해 존재하니까요."

누구의 생각이 가장 올바를까?♥

♥
이와 관련해 논술에서 흔히 빠지기 쉬운 함정 하나를 짚고 넘어가자. 148쪽을 보라.

2004년 2월 원전센터 건설을 반대하는 전북 부안군민들의 집회.
ⓒ 연합뉴스

생각하고 토론하기 2

여러분에게 원정 출산의 기회가 주어진다면?

미국은 국민의 자격 취득 원칙으로 속지주의屬地主義를 채택하고 있다. 미국 영토에서 태어나면, 무조건 미국인이라는 것이다.

(참고로 우리나라는 속인주의屬人主義를 채택하고 있어, 한국인 부부 사이에 태어난 사람만이 한국인의 국적을 가질 수 있다.)♥

그래서 한국인 가운데는 태어날 자녀가 미국 시민권을 가질 수 있도록, 미국에 가서 출산을 하는 사람들이 있다. 이런 행위를 일컬어 '원정 출산' 이라고 한다. 이들이 노리는 효과는 크게 다음 두 가지이다.

- 미국 국적 취득 : 나중에 자녀가 군복무를 피할 수 있다.
- 교육 기회의 확대 : 나중에 자녀가 미국에서 쉽게 양질의 교육을 받을 수 있다.

하지만, 원정 출산 중개업체에 대해 특정 병원의 소개·알선을 금지한 의료법 (무면허 의료행위 등 금지) 위반 혐의로 조사를 벌일 수 있으나 외국 병원의 경우 이에 해당하지 않는다. 결국, 원정 출산은 법률적으로 볼 때 위법은 아니란 얘기다.

다음은 2003년에 집계한 원정 출산 관련 통계 자료이다.

- 현황 : 원정 출산에 나서는 임산부가 한 해에 7천여 명.
- 비용 : 1인당 2~5천만 달러.

♥
이 때문에 고통을 받는 사람들이 있다. 외국인 노동자와 결혼한 한국 여성이 자식을 낳았을 때, 그 자식은 대한민국 국적을 취득하지 못한다. 그래서 이 아이들은 대한민국 국민이 누려야 할 혜택을 받을 수도 없다. 국민으로서 누릴 수 있는 혜택이 뭐냐구? 중학교까지의 의무 교육이 있잖아. 이것 말고도 조금만 생각해보면 많이 찾아낼 수 있을 거야.

참고로, 한 대학교의 학생을 대상으로 한 원정 출산 관련 설문조사 결과는 다음과 같다.

○○대학교 재학생 244명을 상대로 "한국과 미국 국적을 가진 이중 국적자라면 어떤 국적을 선택하겠는가"라는 설문조사를 실시한 결과 44.5%가 "미국 국적을 선택하겠다"고 응답한 것으로 나타났다. 한국 국적을 선택하겠다고 응답한 학생은 55.5%였다. 이번 설문조사에서 "미국 국적을 선택하겠다"고 응답한 법학과 3학년 김모(여·23)씨는 "조지 부시만 보면 밥맛이 떨어질 정도로 미국이 싫다"면서도 졸업 후 계획은 미국 로스쿨 진학이라고 말했다. 같은 설문조사에서 "원정 출산을 어떻게 생각하느냐"는 질문에 대해서는 60.2%가 부정적이라고 응답했고, 17.2%는 긍정적이라고 대답했다. "이중 국적을 허용할 경우 국가적 손실이 있을 것으로 보는가"라는 질문에는 55.7%가 "국가적 손실이 많을 것", 27%가 "지금과 같을 것"이라고 답했으나 '이중 국적을 법적으로 허용해야 하나'라는 질문에서는 응답자의 46.7%가 "융통성을 가지고 법적으로 허용해야 한다", 20.7%는 "(전면)허용해야 한다"고 답했다.

[문제]

위 기사가 언급하는 법학과 3학년 김모(여·23세)의 이중적인 태도를 어떻게 봐야 할까?

자, 당신에게 원정 출산의 기회가 주어진다면 어떤 선택을 하겠는가?

자포 저는 원정 출산을 반대하지만, 나더러 선택하라고 하면 원정 출산 할 겁니다. 내 자식은 이런 입시 지옥에서 벗어나게 할 것입니다.

자뼉 나도… 난 이민 갈 거야.
(혜진이에게) 너도 같이 가자.

혜진 말도 안 돼, 그건 국가와 민족을 배신하는 행위잖아. 선생님, 애네들 모두 사형시켜야 합니다.

자, 이 세 학생의 입장을 참고해서 여러분은 각자 자기 의견을 밝혀라.

(한 가지 일러둘 것은, 이 세 학생의 수준이 평균보다 결코 높지 않다는 사실이다.)

[난 이렇게 할 것이다]

_____

_____

[그 이유]

_____

_____

_____

_____

_____

예시문 대충 읽기

앞의 예시문에서, 변전소가 위험하다는 사실이 실증적으로 검증되었나? 아니다. 위험한지 위험하지 않은지는 확인되지 않았다. 그렇기 때문에, 먼저 전문 기관에 의뢰해서 변전소의 위험성 여부를 확인해야 한다. 확인해서 위험하지 않으면, 그 사실을 들어 입주 예정자들을 설득하면 된다. 확인한 결과, 실제로 위험하다면 설계를 변경하거나 혹은 장소 이전을 고려할 수 있다.

어느 경우든 쉽지야 않겠지만, 어쨌거나 문제 해결의 첫 단추는 끼울 수 있다. 일을 처리하는 순서가 그렇다는 것이다. 이런 거 없이 밤낮 논의하고 싸워봐야 해결이 되지 않는다.

예시문을 꼼꼼히 읽지 않을 때 이런 함정에 빠진다. 감점 대상이다.
이때 들어오는 태클.

"에이, 사기다! 그게 뭐 대단한 거라고!"

천만에. 대단한 일이다. 문제는, 발생한 문제를 어떻게 해결하느냐 하는 방식과 순서다. 논술에서 어떤 해결점을 찾아나가거나, 주장의 근거를 쌓는 과정은 수학 문제를 푸는 과정과 마찬가지다. 변수의 범위를 음수와 양수로 나누어 접근해야 풀리는 문제가 있는데, 무턱대고 아무 숫자나 대입한다고 그 문제가 풀릴까?

"언젠가는 풀리죠, 시간이 많이 걸려서 그렇지."

그럼 그렇게 풀고, 그렇게 살아라. 이렇게 야박하게 얘기할 수는 없다, 선생이니까. 그래서 예를 하나 더 들어준다.

'케이스 스터디(case study)' 라는 게 있다. 한마디로, 과거의 사례를 연구해서 현재의 문제를 해결하고자 하는 접근 방식이다. 경영학에서 이런 방법을 많이 사용한다. IBM이 어떻게 하다 위기에 빠졌으며, 또 어떻게 그 위기에서 탈출했는지를 분석한다고 하자. 당시 IBM이 처한 환경과 IBM의 정책을 세밀하게 검토해야 할 것이다. 결과에 미친 영향이 큰 것부터 작은 것까지 차례로 밝혀내고, 그 변수의 가중치까지 고려해야 할 것이다.

하지만 만일 중요한 사실, 다시 말해 중요한 변수 하나를 누락시키거나 가중치를 잘못 설정했다고 생각해보자. 결과는 완전히 달라질 것이다. 그리고, 이 결과 도출되는 해결책은 헛다리를 짚을 게 뻔하다. 논술로 치자면, 예시문을 꼼꼼하게 읽지 않았기 때문이다.

구태여 하지 않아도 될 공부를 괜히 수험생 괴롭히느라고
논술을 시키는 게 아니다.

학문을 탐구하고, 나아가 현실의 문제를 해결하는 능력을 키우는 데 보탬이 되고자 하는 것이다. 경쟁력이 있는 공부를 시키기 위해서다.
잔소리는 여기서 끝, 아는 사람은 알고 모르는 사람은 모르겠지.

그럼, 앞에서 의견을 밝힌 세 사람의 해결책을 평가해보자.

혜진　위험성 여부를 확인하는 작업이 선행先行되었다면 좋을 뻔했다.
자포　국가와 공무원은 국민의 이익과 행복을 보호해야 할 의무가 있을 뿐
　　　아니라, 기업의 이익과 활동을 보호할 의무가 있다는 사실을 놓치고
　　　있다.
자뻑　다른 지역 혹은 다른 나라의 사례를 살펴본다는 건 아주 좋은 생각이
　　　다. 타산지석.

개념 응용·논술

※ 다음을 읽고 물음에 답하시오.

(가) 대한민국 헌법 전문前文

유구한 역사와 전통에 빛나는 우리 대한국민은 3·1운동으로 건립된 대한민국 임시정부의 법통과 불의에 항거한 4·19민주이념을 계승하고, 조국의 민주개혁과 평화적 통일의 사명에 입각하여 정의·인도와 동포애로써 민족의 단결을 공고히 하고, 모든 사회적 폐습과 불의를 타파하며, 자율과 조화를 바탕으로 자유민주적 기본 질서를 더욱 확고히 하여 정치·경제·사회·문화의 모든 영역에 있어서 각인의 기회를 균등히 하고, 능력을 최고도로 발휘하게 하며, 자유와 권리에 따르는 책임과 의무를 완수하게 하여, 안으로는 국민생활의 균등한 향상을 기하고 밖으로는 항구적인 세계평화와 인류공영에 이바지함으로써 우리들과 우리들의 자손의 안전과 자유와 행복을 영원히 확보할 것을 다짐하면서 1948년 7월 12일에 제정되고 8차에 걸쳐 개정된 헌법을 이제 국회의 의결을 거쳐 국민투표에 의하여 개정한다.

(나) 대한민국 헌법 제34조

① 모든 국민은 인간다운 생활을 할 권리를 가진다.

② 국가는 사회보장·사회복지의 증진에 노력할 의무를 진다.

③ 국가는 여자의 복지와 권익의 향상을 위하여 노력하여야 한다.

④ 국가는 노인과 청소년의 복지향상을 위한 정책을 실시할 의무를 진다.

⑤ 신체장애자 및 질병·노령 기타의 사유로 생활능력이 없는 국민은 법률이 정하는 바에 의하여 국가의 보호를 받는다.

⑥ 국가는 재해를 예방하고 그 위험으로부터 국민을 보호하기 위하여 노력하여야 한다.

(다) 일간지 기사

2003년 10월 19일 생활고에 시달리다, 전신마비로 누워 있는 딸의 산소호흡기를 떼어내 숨지게 한 ○○○씨가 구속되었다. 희귀병에 걸린 딸의 치료비 때문에 집까지 팔았으나 빚이 5천만 원대에 이르렀다는 이 아버지는 "집까지 팔았지만 병원비를 감당하기 어려웠다. 남은 가족들 생각에 해서는 안 될 일을 했다"고 동기를 밝혔다.

[문제]

(가)와 (나)에 근거하고 (다)의 사례를 반드시 활용하여, 사회적 약자에 대해 국가가 어디까지 책임을 져야 할지 자신의 의견을 논술하시오.

(주의사항)　1. 제목은 쓰지 말 것.

　　　　　　2. 신원을 나타내는 표현은 쓰지 말 것.

　　　　　　3. 분량은 띄어쓰기를 포함하여 1000자 안팎(±100자)으로 할 것.

잘 쓴 글을 베껴 쓰자!

만점 받기 훈련

신춘문예라는 거 아는 사람? 아는 사람은 알고 모르는 사람은 모르는구나. 해마다 1월 1일이면 각 신문마다 시와 소설을 비롯한 여러 문학 장르의 글들이 한꺼번에 실린다. 신춘문예 당선작들이다. 문학 지망생들이 1년 동안 갈고 닦은 실력을 남김없이 발휘해서 응모를 하고, 그 결과를 1월 1일 새해 벽두에 신문지상을 통해 발표한다. 수천 대 일의 경쟁률을 뚫어야 뽑힐 수 있다. 비로소 문인이 되는 것이다. 하지만 당선이 없는 입선으로 뽑히면 다시 다음 기회를 노려야 한다. 그만큼 어려운 관문이다.

한데, 누가 이 어려운 관문을 쉽게 통과하는 비법을 터득했다. 그건 바로, 잘 쓴 문장을 베껴 쓰는 것이었다. 훌륭한 문장으로 검증이 된 작가의 글을 일일이 한 자씩 베껴 쓰다 보면, 글쓰기가 어느새 그 작가의 수준에 도달하더라는 것이다.

논술도 마찬가지다. 글쓰기 솜씨를 높이려면 잘 쓴 논술문을 베껴 써라. 천천히 베껴 쓰는 과정에 어느새 그 사람의 수준으로 올라서 있을 것이다.

자포   지겹게 어떻게 그걸 해요?

선생   너 또 맞을래?

자포   그렇잖아요, 이 바쁜 세상에 언제 그러고 있어요?

선생   내 말을 못 믿겠다는 거니?

자포   못 믿는 게 아니고…

자뻑   시간이 없다잖아요.

작당을 해서 달려드는군.

선생   좋다. 그럼, 이렇게 하자. 니들이 내 말대로 좋은 논술문 열 개만 천천히 베껴 써서 너희들 글쓰기 실력이 눈에 띄게 늘지 않으면, 내가 너희들한테 받은 강의료 다 물어줄게.

화가 나서 한 얘기였지만 너무 과격했다. 학생들은 내 말대로 따라했고, 실력은 눈에 띄게 늘었다. 하지만 다행히 아무도 강의료 물어내란 소리는 하지 않았다.

햄릿과 돈키호테

문학 속 두가지 인간 유형

To be, or not to be: that is the question:
Whether 'tis nobler in the mind to suffer
The slings and arrows of outrageous fortune,
Or to take arms against a sea of troubles,
And by opposing end them?

사느냐 죽느냐 그것이 문제로다.
포악한 운명의 화살이 꽂혀도
죽은 듯 참는 것이 장한 일인가.
아니면 노도처럼 밀려드는 재앙에
창칼을 들고 맞서는 것이 옳은 일인가?
— 셰익스피어, 〈햄릿〉에서

🔑 들어가기

사물을 쉽게 이해하는 데는 여러 가지 방식이 있다. 그 가운데 '분류' 라는 방식이 있다. 파악하려는 대상을 기준에 따라 몇 개의 부류로 나누는 것이 분류이다. 분류를 함으로써 전체 대상을 보다 효과적이고 정확하게 파악할 수 있다.

> 한의학에서는 체질에 따라서 사람을 분류한다.
> 네 가지 체질로 나누기도 하고 여덟 가지 체질로 나누기도 한다.
> 체질을 나눔으로써 질병을 보다 효과적이고도 정확하게 예방하고 치료할
> 수 있기 때문이다.

효율성과 정확성은 반비례한다. 정확성을 높이자면 효율성이 떨어지고, 효율성을 높이자면 정확성이 떨어진다. 이 효율성과 정확성의 전체 값이 최대치가 되는 지점에서 분류의 기준이 결정된다.

만일, 사람의 체질을 360가지로 나눈다면 의미가 있을까?
없다.

지구상에 살고 있는 생물을 공부한다고 치자. 이 생물을 동물과 식물로 나누고, 다시 동물은 포유류와 조류·파충류·양서류 등으로 나누며, 식물도 목본식물과 초본식물, 혹은 유용한 식물과 무용한 식물 등으로 나누어놓고 각각을 공부할 때 이해하기가 보다 쉬워진다. (분류 방식은 목적에 따라 얼마든지 달라질 수 있다.) 각각의 개별적인 특성을 전체의 위상 속에서 파악할 수 있기 때문이다.

인간에 대한 탐구도 마찬가지다. 인간의 특성을 보다 쉽게 파악하기 위해서는 인간의 유형을 나누어보면 된다.

- 황인종, 흑인종, 백인종, 홍인종
- O형, A형, B형, AB형
- 유아, 청소년, 성인
- 문명인, 야만인
- 지배자, 피지배자
- 부자, 빈자

(논술에서는 생물학적인 분류보다 사회학적·문화적 분류에 관심의 초점을 둔다. 그 이유는 알겠지?)

이것 말고 또 어떤 방식이 있을지 각자 분류해보자.

✳ 1602년과 1605년의 두 풍경·삶의 태도

문학을 통해 널리 알려진 인간 유형의 대표적인 예가 햄릿과 돈키호테다.
햄릿은 우물쭈물 고민하는 유형이고,
돈키호테는 저돌적인 돌격형 유형이다.

자뻑   그 정도는 알죠.
자포   그럼요.

혜진   저도 알아요.

선생   안다고 뻐길 거 없다. 모르는 사람 없으니까.

혜진   〈돈키호테〉도 읽었는데요?

선생   교과서나 참고서에서 읽은 거?

학생들   … (말이 없다)

다른 사람과 차별성을 가지려면 〈돈키호테〉 1부와 2부를 다 읽어야겠지만, 이 건 권하고 싶지 않다. 하지만 〈햄릿〉은 강력하게 권한다. 분량이 많지도 않다. 햄릿과 인간의 고뇌를 함께할 때, 진정한 성인으로 쑥쑥 자란다는 사실을 느 낄 수 있을 것이다.

자, 먼저 〈햄릿〉이다. 다 알겠지만, 〈햄릿〉은 희곡이다. 아버지를 독살한 삼촌 과 어머니에게 복수를 할 것인가 말 것인가 고민하는 햄릿의 다음 독백을 배 우처럼 큰 소리로 연기해보자. 또 모르지, 자기에게 배우의 재능이 있을지…

(가)

사느냐 죽느냐 그것이 문제로다. 포악한 운명의 화살이 꽂혀도 죽은 듯 참는 것이 장한 일인가. 아니면 노도처럼 밀려드는 재앙에 창칼을 들고 맞서는 것 이 옳은 일인가? 죽는 건 잠자는 것, 그뿐 아닌가. 잠들면 마음의 고통과 육 체에 끊임없이 따라붙는 무수한 고통이 사라진다. 죽음이야말로 우리가 열 렬히 바라는 결말이 아닌가. 죽는 건 잠자는 것! 잠들면 어쩌면 꿈을 꾸겠지. 아, 그게 괴로운 일이겠지. 이 세상의 번뇌를 벗어나 죽음 속에 잠든 때에 어 떤 악몽이 나타나지 않을까 하는 생각을 하면 망설이지 않을 수가 없구나. 그 때문에 결국 괴로운 생애를 그대로 이끌고 가는 것이 아닌가. 그렇지 않 으면 누가 세상의 채찍과 모욕을 참겠는가. 폭군의 횡포와 권력자의 오만함 을, 좌절한 사랑의 고통을, 지루한 재판과 안하무인의 관리 근성을, 덕망 있 는 사람에게 가하는 소인배들의 불손을 참을 수 있겠는가. 한 자루의 칼이면 깨끗이 끝장을 낼 수 있는 것을 말이다. 죽은 뒤에 밀어닥칠 두려움과 이 세 상을 한번 떠나면 다시는 못 돌아오는 미지의 나라가 사람의 결심을 망설이 게 하는 것 아닌가. 알지도 못하는 저세상으로 뛰어드느니 차라리 익숙한 이 승의 번뇌를 감내하려는 마음이 없다면 그 누가 무거운 짐을 걸머지고 괴로운 인생을 신음하며 진땀을 뺄 건가? 이래서 분별심은 우리들을 모두 겁쟁이로 만들고 만다. 그리하여 결심이 갖는 천연天然의 혈색 위에 사색死色의 창백蒼白한 병색이 그늘져 이글이글 타오르던 웅지雄志도 잡념에 사로잡혀 길을 잘못 가고, 결국 실천과는 멀어지고 마는 게 아닌가… 가만 있자, 사랑스런 오필리어구나… 숲의 여신이여, 기도하시려거든 내 죄도 모두 빌어주오.

— 〈햄릿〉(1602년)

이때 학생과 나눈 대화 한 토막.

자포   이거 마지막에 햄릿이 죽죠?

선생   햄릿도 죽고, 햄릿의 어머니도 죽고, 오필리어도 죽고, 오필리어의 아버지도 죽고, 오필리어의 오빠도 죽고, 햄릿의 아버지는 진작에 죽었고, 햄릿의 삼촌도 죽고…

자포   중요한 사람은 다 죽잖아요.

선생   그렇지.

자포   난 그런 게 싫어요. 중2 때 펄 벅의 〈대지〉를 읽은 적 있는데… 다 망하고 죽더라구요. 얼마나 허무하고 짜증이 나던지… 그 충격으로 일주일 동안 미치는 줄 알았습니다. 다시는 그런 거 안 읽는다고 맹세했는데, 중3 겨울방학 때 누가 또 〈토지〉를 읽으라고 권하더라구요.

선생   어머니지?

자포   어떻게 알았어요?

선생   뻔하지 임마.

자포   어… 슬슬 짜증이 밀려오려고 하는데…

선생   알았어 알았어, 그래서?

자포   좋은 책이라고 해서 1권을 읽었는데, 또 짜증이 팍 나잖아요.

선생   재미없디?

자포   재미는 있는데, 잘되는 사람들이 없더라구요. 바람나서 도망가고, 망하고, 울고… 가슴이 답답해서 미치겠대요. 너무 허무해서.

선생   유식한 사람들은 그걸 문학적 충격, 문학적 감동이라고 하지. 그래서?

자포   1권 딱 읽고 덮어버렸죠.

선생 뭐어? (충격으로 잠시 말을 못하다가) 문학을 통해서 삶의 간접적인 경험을 하는 거야. 인생이란 게 원래 미치겠고 허무하거든.

자포 그건 저도 동감을 해요.

선생 허무한 것만 아니라 째질 만큼 즐겁기도 해. 잔잔한 행복으로 출렁거릴 때도 있고… 그런 걸 문학을 통해서 간접적으로 경험하는 거지.

자포 문학이 나하고 잘 안 맞는 거 같아요.

선생 그래? 그럼 넌 사회적인 인간이 아닌가 보구나.

자포 자아, 논술 공부 합시다아-!

선생 넌 홍명희의 〈임꺽정〉부터 읽는 게 좋겠다.

다음은 〈돈키호테〉다. 영화의 한 장면이라 생각하고, 머릿속에 상황을 그리며 읽어보자.

(나)

저쪽에서 낙타를 탄 두 명의 성 베네딕트 수도사들이 나타났다. 그 낙타들은 이쪽에서 타고 가는 두 노새들과 크기가 엇비슷했다. 그들은 먼지와 햇빛을 가리는 안경을 썼고 또 양산을 받치고 있었다. 그 뒤에는 마차 한 대와 네댓 명의 말 탄 사나이들과 노새를 끌면서 걸어오는 두 명의 하인이 보였다. 나중에 안 일이지만, 마차에는 세비야로 가는 바스크야의 부인이 타고 있었는데, 그녀는 인도로 부임하러 가는 고급 관리인 남편을 만나러 가는 중이었다. 비록 방향은 같았지만 앞서 말한 두 명의 수도사들은 이 부인과는 같은 일행이 아니었다. 그러나 돈키호테는 그들을 보자 산초에게 대뜸 이렇게 말하였다.

"내가 잘못 판단하지 않았다면 이것이야말로 일찍이 보지 못한 가장 큰 모험이 될 게 분명하다. 왜냐하면, 저기 저 시꺼멓게 생긴 자들은 저 마차에 어느 공주님을 납치해 가는 마법사들일 거야, 아마… 아니야, 틀림없어. 저 나쁜 놈들을 가만둘 수 없구나."

산초는 기가 막혔다.

"나리, 소인의 말씀 좀 들으십시오. 저 사람들은 성 베네딕트 수도사들이고, 마차는 그냥 지나가는 사람들 것일 거예요. 제발 똑똑히 좀 보시고 말씀하세요."

"산초, 아까도 말했지만 너는 정말 모험이 무언지 모르는구나. 내 말이 사실이란 걸 곧 알게 될 거야."

돈키호테는 이렇게 대꾸하면서 앞으로 나아가 수도사들이 오고 있는 길 가운데에 말을 세웠다. 자기의 말소리가 들리겠다고 생각되는 지점까지 그들이 가까이 다가오자 큰 소리로 외쳤다.

"악마같이 무도한 무리들아! 당장 귀하신 공주마마들을 썩 풀어놓지 못할까? 만약에 내 말을 듣지 않으면 죽음을 면치 못하리라."

수도사들은 말고삐를 늦추었다. 돈키호테의 말하는 품이라든지 또 그의 모습에 그저 대경실색할 따름이었다.

"기사님, 우리들은 악마도 아니고 무도한 자들도 아닙니다. 그저 길을 지나는 성 베네딕트 수도사들일 따름이옵니다. 더욱이 우리는 이 마차에 납치당한 공주님들이 타고 있는지 어떤지도 모르고 있사옵니다."

돈키호테는 발끈 성을 내었다.

"이 앙큼한 거짓말쟁이들 같으니! 네놈들이 누구라는 것쯤은 내가 다 알고 있다!"

돈키호테는 로시난테에게 박차를 가하면서 창을 아래로 겨눈 채 첫 번째 수도사에게 달려들었다. 그 기세가 어찌나 사납고 맹렬했던지, 수도사가 노새에서 뛰어내리지 않았다면 아마 땅바닥에 곤두박질 쳤을 것이고, 또 떨어져서 죽지 않았다 하더라도 최소한 크게 부상을 당했을 것이다. 다른 수도사는 동료가 그렇게 당하는 것을 보더니 자기가 타고 있는 기운 좋은 노새에다가 발길질을 하면서 들판을 그야말로 바람보다도 더 가볍게 달아나는 것이었다. 산초 판자는 땅에 떨어진 수도사를 보고 당나귀에서 잽싸게 뛰어내려 그에게 달려들어 옷을 벗기기 시작했다. 이때 그 수도사의 두 하인이 다가와서 왜 옷을 벗기느냐고 물었다. 산초가 대답하기를, 자기 주인 돈키호테가 이긴 싸움의 전리품으로서 이 옷은 합법적으로 자기에게 속한다고 말하였다.

— 〈돈키호테〉(1605년)

근데 가만, 〈돈키호테〉가 진짜 재미있나?

〈돈키호테〉란 소설이 왜 유명하고, 왜 교과서나 참고서에 나오는 걸까?

뒤에서 계속 얘기해보자.

생각하고 토론하기 1

〈돈키호테〉가 왜 유명할까?

대답 하나, 재미있어서.

➡ 아니다, 재미로 치자면 더 재미있는 게 얼마나 많은데.

대답 둘, 골동품 같은 문화재라서.

➡ 비슷하다.

임진왜란이 1592년에서 1598년까지다. 그렇다고 보면, 우리나라에서 임진왜란이 끝나고 난 직후에 서양에서는 〈햄릿〉과 〈돈키호테〉가 나타났다는 말이다. 이 시기가 어떤 시기인가? 서양에서는 중세와 근대를 연결하는 르네상스 시대도 이미 끝나가는 시기였다. 다시 말해, 중세적 사고방식이 영원히 과거 속으로 묻히는 시기였던 것이다. 그 모습을 웅변적으로 형상화한 작품이 바로 〈돈키호테〉이다.

세상이 바뀌어, 이제 기사는 존경과 선망의 대상이 아니다. 기사를 존경과 선망의 대상으로 여길 때 그건 한낱 웃음거리에 지나지 않는다. 남을 웃기려면 자기는 웃지 말아야 한다고 했다. 과연 돈키호테의 모습이 그렇다.

톰 크루즈가 주연한 〈라스트 사무라이〉란 영화 본 사람 있나? 총에 맞서 칼로 대항하던 마지막 사무라이들이 일본의 '돈키호테' 가 아닐까?

그럼 우리나라에는 '돈키호테'가 없었을까?

단발령이 내려지자, 최익현은 "내 목을 자를지언정 머리카락은 자를 수 없다"고 외쳤다.♥ 이 최익현이 바로 조선의 돈키호테가 아니었을까? 여기에 대해서 자기 생각을 얘기해보자.

♥
최익현에 대해선 앞에서도 나온 적이 있다. 123쪽 참조할 것.

최익현 말고 우리나라의 돈키호테로 꼽을 수 있는 사람 또 없을까?

돈키호테는 저돌적 인간 유형의 상징이다.
사진은 세르반테스의 원작을 바탕으로 만든 영화 〈돈키호테〉(2000년)의 한 장면.

질문 속에 숨은 보이지 않는 질문을 찾자!

누군가 당신에게 질문을 던진다.

"당신은 장차 어떤 사람이 되고 싶은가?"

"멋있는 사람이 되고 싶습니다." (자뽀)

"자유로운 사람이 되고 싶습니다." (자뼉)

"우리나라를 세계 최강의 선진국으로 만드는 지도자가 되고 싶습니다." (혜진)

선생   그게 다야?

학생들   (이구동성으로) 예.

선생   논술 공부하니까, 논술적으로 대답해봐.

학생들은 무슨 소린가 하고 눈만 끔벅거린다. 이때는 책상을 세게 쾅 내려치고 고함을 질러야 한다. 근거를 대라구, 근거를! 그제야 나오는 '조금' 제대로 된 대답들.

"멋있는 사람이 되고 싶습니다. 폼생폼사, 이게 제 모토입니다." (자뽀)

"자유로운 사람이 되고 싶습니다. 인간의 가치 중 가장 소중한 게 자유입니다." (자뼉)

"우리에게는 새로운 지도자가 필요합니다. 우리나라를 세계 최강의 선진국으로 만드는 지도자가 되고 싶습니다." (혜진)

이걸로는 부족하다. 논술을 배웠으면 논술답게 접근해야 한다. 질문 속에는 보이지 않는 다른 질문이 숨어 있다. "당신은 장차 어떤 사람이 되고 싶은가?"라는 질문 속에는 다음 질문들이 숨어 있다.

이 숨어 있는 질문에 대한 답을 찾아서 해결해야 한다. 이게 바로 유치원생이나 초등학생과 다른 고등학생의 해결 방식이다. 그래야 대학생으로서 전공 공부를 할 수 있는 능력이 있다는 걸 보여줄 수 있다.

숨어 있는 질문	거기에 대한 답
• 당신은, 미래 사회를 어떻게 규정하고 있나?	• 현재와 다르지 않은 사회 • 현재의 문제가 해결된 사회 • 현재의 문제가 더욱 심화된 사회
• 당신은, 미래로 이어질 현대의 문제가 무엇이라 생각하는가?	
• 당신은, 이런 현대의 문제가 당신의 현재 혹은 미래와 관련이 있으리라 생각하나?	
• 만일 관련이 있다면, 그 문제에 어떻게 대처할 것인가?	• 정면 돌파 • 우회迂廻♥ • 기다렸다가 남이 열어놓은 길을 따라가기 • 그때 가봐서…

우회
오른쪽으로 돈다는 뜻이 아니고, 멀리 돌아간다는 뜻이다.

문제 속에 숨은 보이지 않는 질문 찾기 연습

※ 다음 각 질문에 숨어 있는 보이지 않는 질문은 무엇일까?

[문제 1]
〈권태〉(이상)의 '나'와 〈감자〉(김동인)의 '복녀', 이 두 인물의 삶의 태도를 현대 사회의 관점에서 비교·평가하시오.

① _____

② _____

③ _____

④ _____

[문제 2]

21세기 한국 사회의 바람직한 지도자상에 대해 논술하시오.

① _____

② _____

③ _____

④ _____

논술 문제를 받으면 숨어 있는 질문이 무엇인지 항상 먼저 생각하라. 거기에 출제 의도가 담겨 있다.

생각하고 토론하기 2

 다시, 당신은 장차 어떤 사람이 되고 싶은가?

장차 어떤 사람이 될 거냐구? 그래, 대답하기 쉽지 않은 질문이다. 하지만 다
행히도, 과거의 수많은 인간상이 우리에게 좋은 모델이 되어준다. 다음 여러
글 속에 등장하는 인간 유형의 특성 혹은 인간관을 살펴보자.

(가)
이런들 어떠하며 저런들 어떠하리
만수산萬壽山 드렁칡이 얽어진들 그 어떠하리
우리도 이같이 얽어져 백년百年까지 누리리라.

— 이방원♥

(나)
내 집에 좋은 물건이라곤 단지 〈맹자〉 일곱 편뿐인데, 오랜 굶주림을 견딜 길 없
어 2백 전에 팔아 밥을 지어 배불리 먹었소. 희희낙락하며 영재 유득공柳得恭♥에
게 달려가 크게 뽐내었구려. 영재의 굶주림 또한 하마 오래였던지라, 내 말
을 듣더니 그 자리에서 〈좌씨전〉을 팔아서는 남은 돈으로 술을 받아 나를 마
시게 하지 뭐요. 이 어찌 맹자가 몸소 밥을 지어 나를 먹여주고, 좌씨가 손수
술을 따라 내게 권하는 것과 무에 다르겠소. 이에 맹자와 좌씨를 한없이 칭
송하였더라오. 그렇지만 우리들이 만약 해를 마치도록 이 두 책을 읽기만 했
더라면 어찌 일찍이 조금의 굶주림인들 구할 수 있었겠소. 그래서 나는 겨우
알았소. 책 읽어 부귀를 구한다는 것은 모두 요행의 꾀일 뿐이니, 곧장 팔아
치워 한 번 거나하게 취하고 배불리 먹기를 도모하는 것이 박실樸實함이 될

이방원
1367~1422. 조선 제3대 왕
인 태종. 이성계의 5남으로
아버지를 도와 신진 정객
을 포섭하고 고려의 구세
력 제거에 앞장섰다.

유득공
1749~1807. 조선 정조 때
의 북학파 학자. 서얼 출신
으로 〈발해고〉, 〈사군지〉
등을 저술하여 한국사학사
에 뚜렷한 족적을 남겼다.
그는 〈발해고〉 머리말에서
고려가 발해 역사까지 포
함된 '남북국사南北國史'를
썼어야 했는데 그러지 않
았다고 비판한 뒤에, 발해
를 세운 대씨大氏가 고구려
인이었고 발해도 고구려
땅이었다고 하여 발해가
고구려를 계승한 나라임을
주장했다. 이런 역사 인식
은 나중에 정약용, 한치윤
등의 연구 업적이 나올 수
있는 토대를 마련했다.

뿐 거짓 꾸미는 것이 아니라는 것을 말이오. 아아! 그대의 생각은 어떻소?

— 이덕무가 이서구에게 보낸 편지에서

(다)

내 생각으로는 만약 케플러나 뉴턴의 발견이 어느 과정을 거치지 않고서는 도저히 그 발견을 이룩하지 못할 때, 이런 경우 뉴턴의 자기 발견을 인류에게 보급시키기 위해서 그 방해자들을 해치울 권리가 있다는 것입니다. 아니, 그렇게 해야만 할 의무를 걸머지고 있다고 봅니다. 물론 그렇다고 해서 뉴턴이 마음대로 사람을 죽이거나 시장을 찾아다니며 도둑질할 권리를 가졌다는 것은 아닙니다. 내가 기억하기에는 그 논문을 이렇게 전개한 것 같습니다. 즉, 온 인류의 예를 들어 건설자나 입법자를 보더라도 태고 적부터 오늘날까지 리쿠르고스, 솔로몬, 모하메드, 나폴레옹 같은 사람들은 모두 하나같이 새 법률을 반포하고 그 법률에 의해 종래 사회가 신봉해오던 구법을 파괴한 그 하나만으로도 범죄자인 것입니다. 그들은 자기를 위해서 피를 흘리지 않으면 안 될 경우에 처하면—무고한 피도 있고 옛 질서를 위해 흘린 비장한 피도 있지만—조금도 주저하지 않고 피를 흘리게 했습니다.

— 〈죄와 벌〉♥의 라스콜리니코프

<죄와 벌>
러시아의 작가 도스토예프스키가 1866년에 발표한 장편소설. 가난한 학생 라스콜리니코프는 병적인 사색 속에서, 나폴레옹과 같은 선택된 강자는 인류를 위하여 사회의 도덕률을 딛고 넘어설 권리가 있다는 결론에 도달하고, 기생충 같은 고리대금업자 노파를 죽임으로써 이 사상을 실천에 옮긴다. 하지만 그는 죄의식과 '인류와의 단절감'에 괴로워한다. 판사의 추궁에 논리적으로 저항하면서도 죄의식에 몸부림치던 그는 '거룩한 창녀' 소냐를 찾아 자기의 죄를 고백하고, 마침내 자수하여 시베리아로 유형의 길을 떠난다.

(라)

이게 무슨 인민의 공화국입니까? 이게 무슨 인민의 소비에트입니까? 이게 무슨 인민의 나랍니까? 제가 남조선을 탈출한 건, 이런 사회로 오려던 게 아닙니다. 솔직히 말씀드리면 아버지가 못 견디게 그리웠던 것도 아닙니다. 무지한 형사의 고문이 두려워서도 아닙니다. 제 나이에 아버지 없어서 못 살건 아니잖아요? 또 제가 아무리 미워도 아버지가 여기서 활약하신다고 그들이 저를 죽이기야 했겠습니까? 저는 살고 싶었습니다. 보람 있게 청춘을 불태우고 싶었습니다. 정말 삶다운 삶을 살고 싶었습니다. 남녘에 있을 땐, 아무리 둘러봐도, 제가 보람을 느끼면서 살 수 있는 광장은 아무 데도 없었어요. 아니, 있긴 해도 그건 너무나 더럽고 처참한 광장이었습니다. 아버지, 아버지가 거기서 탈출하신 건 옳았습니다. 거기까지는 옳았습니다. 제가 월북해서 본 건 대체 뭡니까? 이 무거운 공기. 어디서 이 공기가 이토록 무겁게 짓눌려 나옵니까? 인민이라구요? 인민이 어디 있습니까? 자기 정권을 세운 기쁨으로 넘치는 웃음을 얼굴에 지닌 그런 인민이 어디 있습니까? 바스티유를 부수던 날의 프랑스 인민처럼 셔츠를 찢어서 공화국 만세를 부르던 인민이 어디 있습니까? 저는 프랑스 혁명 해설 기사를 썼다가 편집장에게 욕을 먹고, 직장 세포에서 자아비판을 했습니다. 프랑스 혁명은 부르주아 혁명이라구, 인민의 혁명이 아니라구요. 저도 압니다. 그러나 제가 말하고 싶었던 건 그게 아니었습니다. 그때 프랑스 인민들의 가슴에서 끓던 피, 그 붉은 심장의 얘기를 하고 싶었던 겁니다. 시라구요? 오, 아닙니다. 아버지, 아닙니다. 그 붉은 심장의 설레임, 그것이야말로 모든 것입니다. 그것이야말로 우리와 자본주의자들을 가르는 단 하나의 것입니다. 퍼센티지가 문제인 게 아닙니다. 생산지수가 문제인 게 아닙니다. 인민 경제 계획의 초과 달성이 문젠게 아닙니다. 우리 가슴속에서 불타야 할 자랑스러운 정열, 그것만이 문젭니다. 이남에는 그런 정열이 없었습니다. 있는 것은, 비루한 욕망과, 탈을 쓴 권세욕과, 그리고 섹스뿐이었습니다. 서양에 가서 소위 민주주의를 배웠다는 놈들이 돌아와서는, 자기 몇 대조가 무슨 판서 무슨 참판을 지냈다는 자랑을 늘어놓으면서, 인민의 등에 올라앉아 외국에서 맞춘 아른거리는 구둣발로 그들의 배를 걷어차고 있었습니다. 도시 어떻게 된 영문인지, 일본 놈들 밑에서 벼슬을 지내고 아버지 같은 애국자를 잡아 죽이던 놈들이 무슨 국장, 무슨 처장, 무슨 청장 자리에 앉아서 인민들을 호령하고 있습니다. 남조선 사회는 백귀야행百鬼夜行하는 도시 알 수 없는 난장판이었습니다. 청년들은, 섹스와 재즈와 그림 속의 미국 여배우의 젖가슴에서 허덕이지 않으면, 재빨리 외국인을 친지로 삼아서 외국으로 내빼고 있었습니다. 유학이라는 이름으로 그들은 그 험한 사회의 혼탁에서 잠시 몸을 빼고, 아름다운 아내와 쪼들리지 않을 만큼 한 살림을 꾸릴 수 있는 간판과 기술을 얻기 위해서, 외국으로 간 것입니다. 부르주아 사회의 가장 실팍한 뼈대를 이루는, 약삭빠른 수재들 말입니다. 이도 저도 못하는 우리 같은 것은, 철학이니 예술이니 하는, 19세기 구라파의 찬란한 옛날 얘기책을 뒤적이면서, 자기 자신을 속이려고 했습니다. 지금도 그러고 있는 사람이 남조선에는 얼마든지 있습니다. 그들이야말로 가장 아름다운 심장의 소유자들입니다. 젊은 사람 치고, 이상주의적인 사회 개량의 정열이 없는 사람이 어디 있겠습니까? 다만 그들은, 남조선이라는 이상한, 참으로 이상한 풍토 속에서는 움직일 자리를 가지지 못했다는 것뿐입니다. 저는 그런 풍토 속에서 성격적인 약점이 점점 커지더군요. 저는 새로운 풍토로 탈출하기로 결정했습니다. 월북했습니다. 어리광을 피우려는 저의 손길을, 위대한 인민공화국은 매정스레 뿌리치더군요. 편집장은 저한테 이런 말을 했습니다. "이명준 동무는, 혼자서 공화국을 생각하는 것처럼 말하는군. 당이 명령하는 대로 하면 그것이 곧 공화국을 위한 거요. 개인주의적인 정신을 버리시오"라구요. 아하, 당은 저더러는 생활하지 말라는 겁니다. 일이면 일마다 저는 느꼈습니다. 제가 주인공이 아니고 '당'이 주인공이란 걸. '당'만이 흥분하고 도취합니다. 우리는 복창만 하라는 겁니다. '당'이 생각하고 판단하고 느끼고 한숨지을 테니, 너희들은 복창만 하라는 겁니다. (중략) 저는 월북한 이래 일반 소시민이나 노동자 농민들까지도 어떤 생활 감정을 가지고 살고 있는 줄 알았습니다. 그들은 무관심할 뿐입니다. 그들은 굿만 보고 있습니다. 그들은 끌려 다닙니다. 그들은 앵무새처럼 구호를 외칠 뿐입니다. 그렇습니다. 인민이란 그들에겐 양떼들입니다. 그들은 인민의 그러한 부분만을 써먹습니다. 인민을 타락시킨 것은 그들입니다. 양들과 개들을 데리고 위대한 김일성 동무는 인민공화국의 수상이라? 하하하!

— 〈광장〉의 이명준

(마)

우리는 땅의 한 부분이고, 땅은 우리의 한 부분입니다. 향기로운 꽃들은 우리의 형제이고 사슴, 말, 커다란 독수리까지 모두 우리의 형제입니다. 그리고 거친 바위산과 초원의 푸르름, 포니의 따스함, 그리고 사람은 모두 한 가족입니다. 산과 들판을 반짝이며 흐르는 물은 우리에게 있어 그저 물이 아닙니다. 물 속에는 훨씬 깊은 의미가 담겨 있습니다. 그것은 우리 조상들의 피입니다. 깊고 해맑은 호수는 우리 민족의 역사와 기억들을 되새겨줍니다. 강은 우리의 형제로서, 우리의 목을 적셔줍니다. 강은 우리들의 카누를 받쳐주고, 우리의 자식들을 먹여줍니다. 우리가 만약 당신들에게 우리의 땅을 판다면, 당신들은 당신들의 자손들에게 가르쳐야 합니다. 강은 우리들의 가족이라고. 그리고 당신들은 우리가 사랑한 만큼 강을 사랑해야 할 것입니다. 우리는 백인들이 우리들의 풍습을 이해하지 못한다는 것을 알고 있습니다. 당신들은 어머니인 땅과, 형제인 하늘을 마치 보석이나 가죽처럼 사고 파는 것으로 여기고 있습니다. 하지만 그 욕심은 땅을 모두 삼켜버릴 것이고, 우리에게는 결국 사막만이 남을 것입니다.

— 두와미시 부족 추장이 백인에게 보낸 편지에서

[문제 1]

(가)~(마)의 각 글의 화자가 바람직하게 생각하는 인간 유형, 즉 그의 인간관을 각각 간단하게 정리해보시오.

(가)

(나)

(다)

(라)

(마)

[문제 2]

자기가 감명 깊게 기억하고 있는 소설이나 영화의 주인공 이름을 제목과 함께 열 명만 적어보시오.

	제 목	주인공 이름
1		
2		
3		
4		
5		
6		
7		
8		
9		
10		

개념 응용·논술

[문제]

앞에서 읽은 인용문들을 참조해서, 오늘날 우리가 가져야 할 바람직한 인간관에 대하여 논술하시오.

<blockquote>

(주의사항)   1. 제목은 쓰지 말 것.

2. 신원을 나타내는 표현은 쓰지 말 것.

3. 분량은 띄어쓰기를 포함하여 1000자 안팎(±100자)으로 할 것.

</blockquote>

각 인용문들이 서로 연관성이 없다고 투덜거리지 말자. 출제자들은, 연관성이 없어 보이는 것에서 연관성을 얼마나 잘 찾아내느냐 하는 능력을 보고 싶어한다.

cf. 이외에도, 다음과 같은 문제들이 적절한 예시문과 함께 제시될 수 있다.

1. 라스콜리니코프(《죄와 벌》)의 무신론적 발언에 대한 자신의 입장을 사회 정의의 실현이라는 관점에서 비판적으로 논술하시오.

2. 성선설과 성악설을 둘러싼 순자와 맹자의 논쟁을 위의 라스콜리니코프 입장에서 정리하시오.

3. 물질적 가난은 인간에게 어떤 영향을 줄지 자신의 의견을 논술하시오.

4. 21세기 한국의 바람직한 지도자상에 대한 자신의 의견을 논술하시오.

보충학습

다음은 <u>마키아벨리</u>♥의 〈군주론〉(1513년) 제17장 '잔인함과 인자함에 대하여. 그리고 사랑받는 것과 경외받는 것 중 어느 편이 나은가?' 이다. 이 글을 읽고 마키아벨리의 인간관을 살펴보자.

마키아벨리
1469~1527. 르네상스 시기의 이탈리아 역사학자이자 정치이론가. 대표적인 저술인 〈군주론〉을 통해서 정치는 도덕으로부터 구별된 고유의 영역임을 주장하며, 프랑스와 에스파냐 등 강대국과 대항해 이탈리아가 통일 국가를 형성하려면 강력한 군주가 필요하다고 호소했다. 〈군주론〉은 근대 정치사상의 기원이라는 평가를 받는다.

앞에서 말한 여러 가지 기질들을 계속 검토해가노라면, 모든 군주들이 잔인하다기보다는 인자하다는 평판을 받으려 한다는 점을 간과할 수 없다. 그러나 인자함 역시 서투르게 발휘하면 못쓴다. 예컨대 체라레 보르지아는 잔인한 인간으로 통했었다. 그러나 그의 이 잔인함은 로마냐의 질서를 회복하고 이 지방을 통일하여 평화를 지키고 충성을 다하도록 하였다.

그렇다면 다시 한번 생각해볼 때, 피렌체 시민들이 냉혹 무도하다는 악평을 듣지 않으려고 피스트니아의 붕괴를 막지 않았던 것에 비하면 보르지아가 훨씬 더 자애로웠다는 이야기가 된다. 따라서 군주는 자기의 백성을 결속시키고 이들이 충성을 다하도록 하기 위해서는 잔인하다는 악평쯤은 개의하지 말아야 한다. 그것이 너무도 자애심이 깊어 오히려 혼란 상태를 초래하고 급기야는 살육이나 약탈이 횡행하도록 만드는 군주에 비하면, 약간의 엄격한 시범을 보이는 군주 쪽이 결과적으로 훨씬 더 자애롭기 때문이다. 후자의 경우 군주가 내리는 엄격한 재판은 개인을 다치게 하는 데 그치지만, 전자의 경우는 사회 전체에 상처를 입히기 때문이다. 그런데 모든 군주 중에서도 특히 신생 군주는 나라가 새롭기 때문에 위험도 많아 잔인하다는 평판을 면하기가 어렵다. 그래서 베르길리우스도 디도의 입을 빌려 다음과 같이 말하고 있다.

"곤란한 사태와 신생국이란 점이 나에게 이 같은 조치를 취하게 하였고, 국경을 구석구석 감시하지 않을 수 없게 하였노라."

그러나 군주는 경솔하게 남을 믿거나 경거망동해서는 안 된다. 또 스스로 의혹에 사로잡혀서도 못쓴다. 다시 말해 상대방을 지나치게 믿어 분별을 잃는다든가, 반대로 불신에 사로잡혀 편협함에 빠지지 않도록 사려와 인간미를 갖추어 침착하게 일을 해나가야만 한다.

그런데 여기서 또 하나의 문제가 생기게 마련이다. 즉, 사랑을 받는 것과 외경을 받는 것 중 어느 쪽이 좋은가 하는 점이다. 누구를 막론하고 양쪽을 다 갖추었으면 하고 바랄 것이다. 그러나 실제로 이 둘을 겸비하기란 지극히 어렵다. 따라서 만약 그중 어느 한쪽을 택해야 한다면, 사랑받는 것보다는 오히려 외경받는 편이 더 안전하다. 인간이란 원래 은혜를 모르고 변덕이 심하며, 위선자요 염치를 모르는데다가 몸을 아끼고 물욕에 눈에 어두운 속물이기 때문이다.

그래서 당신이 은혜를 베푸는 동안은 모두가 당신 뜻대로 이루어지며, 피도 재산도 생명도 아들마저도 당신에게 바친다. 그러나 이미 내가 앞에서 지적한 바와 같이 이런 모든 헌신은 아직 위험이 먼 곳에 있을 때 가능할 뿐이다. 그러다가 정작 위험이 닥치게 되면 그들은 금방 등을 돌린다. 따라서 이들의 약속만 전적으로 믿고 있던 군주는 다른 준비를 소홀히 하기 때문에 결국 멸망하고 만다. 숭고하고 위대한 정신이 담보되지 않고 보수라는 미끼만으로 얻어진 우정은 그만큼의 가치밖에 지니지 못한다. 그래서 정작 우정이 필요할 때는 힘이 되지 못하는 것이다.

게다가 인간은 두려워하는 자보다 애정을 느끼는 자를 더욱 쉽게 배반한다. 그 이유는 원래 인간이 사악하여 단순히 의리라는 끈에 매인 정 같은 것은 자기의 이해가 얽히는 기회 앞에서는 언제나 서슴없이 끊어버리기 때문이다. 그러나 두려워하는 자와는 처형의 공포로 꽉 얽매여 있기 때문에 결코 모르는 체할 수가 없다.

하여간 군주는 사랑은 못 받더라도 남으로부터 일정한 한도 내에서 외경받는 존재가 되어야 한다. 즉, 외경받는 것과 원한을 사지 않는 것은 얼마든지 양립될 수 있다. 이것이 군주가 자기 백성의 재산이나 부녀자에 손을 대지 않는다면 반드시 성취될 수 있는 것들이다. 또 누군가를 죽여야 할 경우에는 반드시 명백한 이유가 따라야만 그 행위가 정당화된다.

그러나 무엇보다도 남의 재산을 억지로 빼앗는 일은 삼가야 된다. 인간이란 어버이의 죽음은 쉬 잊을 수 있어도 자기 재산의 손실은 여간해서 잊기 어려운 법이다. 백성의 재산을 빼앗는 기회는 사실 빈번히 있는 것이며, 그 구실과 방법도 항상 구할 수 있다. 거기에 비하면 피를 흘리는 일의 구실은 그리 손쉽게 구할 수 있는 것이 못 된다. 군주가 바야흐로 군대를 이끌고 많은 병사들을 지휘할 때에는 잔인하다는 악평 같은 것을 꺼려할 필요가 없다. 왜냐하면 이런 평판 없이는 군대의 결속을 이루고 군사 행동을 취한다는 것이 매우 어려운 일이기 때문이다.

한니발의 그 혁혁한 활약의 이면에는 이런 점들이 있었다. 그는 수많은 인종으로 조직된 대단히 방대한 군대를 이끌고 이국땅에서 전쟁을 일으켰지만, 전세가 유리할 때나 불리할 때나 한결같이 그의 군단에서는 병사끼리의 내분도 지휘관에 대한 모반도 볼 수가 없었다. 이것은 바로 한니발의 비인도적인 잔인성 덕택이었다. 부하 병사들의 눈에는 몇 가지 다른 덕성과 아울러 극도의 잔인성을 갖춘 이 지휘관이 항상 숭고하고 두려운 인물로 비쳤다. 이런 기질 없이 덕성만 있었다면 그는 그처럼 성과를 올릴 수 없었을 것이다. 그런데 이 점을 깨닫지 못한 저술가들은 한편으로는 그의 위업에 경탄하면서도, 그 성공의 기본 동기였던 그의 잔인성에 대해서만은 비난을 퍼붓는다.

다른 덕성들만으로는 한니발이 성공하지 못했으리라는 것은 스키피오의 경우를 보면 알 수 있다. 스키피오는 오늘날에 있어서뿐만 아니라 모름지기 역사의 전 기간을 통하여 실로 걸출한 인물이었다. 그런데 그의 부하 병사들은 에스파냐에서 반란을 일으켰다. 이 사태는 군사 훈련에는 불필요한 온정주의를 병사들에게 지나치게 허용한 데 기인한다. 그 때문에 그는 원로원에서 파비우스 막시무스로부터 군대를 부패시키는 장본인이라는 탄핵을 받았다.

또 로크리스의 주심들이 스키피오가 파견한 장관으로 인해 시달림을 받고 파란을 겪은 일이 있었다. 스키피오는 그후 이 주민들의 원망을 보상하려고 하지 않았으며, 그 장관의 횡포를 규탄하려 하지도 않았다. 이것은 그의 온정주의적 기질에서 비롯된 일이다. 그래서 어떤 이는 원로원에서 스키피오의 변호에 나서, 그는 남의 과실을 나무라기보다는 스스로가 과실을 저지르지 않으려고 노력하는 그런 형의 사람이라고 설명하였던 것이다. 스키피오가 만약 이런 기질을 가진 채 계속 최고 권한을 누렸더라면 그의 영광과 명성은 흐려졌을 것이다. 다행히 그는 원로원의 명령에 스스로 복종함으로써 이 유해한 기질이 표면에 나타나지 않았을 뿐 아니라 오히려 자신을 영광의 자리에 앉혀놓았던 것이다.

이제 결론을 맺는다면, 군주를 사랑함은 신민들의 뜻이다. 그리고 그들이 두려워하는 것은 군주의 뜻이다. 요컨대 현명한 군주는 자기의 방침에 따라야지, 남의 생각에 의존하여서는 안 된다. 다만 앞에서도 말한 바와 같이 미움을 받는 일만은 피하도록 해야 한다.

김빠지는 결론

콜라는 톡 쏘는 맛이 있어야 한다. 트림도 나와줘야 한다. 김이 빠지지 않은 콜라라야 이게 가능하다. 김빠진 콜라는 아무 맛이 없다. 마시나마나다. (뚜껑을 딴 콜라의 김이 빠지는 걸 막는 방법이 있다. 뚜껑을 잘 닫은 다음 거꾸로 세워서 보관하면 더 이상 김이 빠지지 않는다. 과학적 원리는 혼자 생각해보시길.)

자뻑   제 친구 중에는 콜라를 끓여서 먹는 애가 있는데요?

자포   맛있대요.

선생   너도 그러니?

자포   아뇨.

선생   너는?

자뻑   아뇨.

선생   걔는 돌연변이야. 돌연변이를 일반화하면 안 되지. 그런 걸 오류의 유형 가운데서 '성급한 일반화의 오류' 라고 하지.

김빠진 콜라를 마시고 나면 짜증이 난다. 논술도 마찬가지다. 기대를 하고 읽었는데 톡 쏘는 맛이 없고, 시원한 트림도 나오지 않는다면, 짜증이 솟구친다. (짜증을 내게 하려면 말로 하거나 행동으로 하지, 굳이 논술로 할 필요 있나?)

논술에 김이 빠졌다는 걸 결정적으로 확인하는 건 결론에서이다. 김빠진 결론의 사례는 이런 것들이다.

• 이것도 아니고 저것도 아니다.
  ➡ "글쎄, 네 생각이 뭐냐고 물었는데 그러면 내가 답답하지."
• 이것도 옳고 저것도 옳다.
  ➡ "글쎄, 네 생각이 뭐냐고 물었는데 그러면 내가 화가 나지."
• 희망을 가지고 다 같이 노력해서 잘 해보자.
  ➡ "글쎄 노력하는 건 좋은데, 무얼 어떻게 노력하느냐고 물었잖아 내가."
• 깊이 생각해서 가장 좋은 방안을 찾아야 한다.
  ➡ "글쎄 그 좋은 방안이 뭐냐니까 진짜야?"
• 이런 식의 접근 방식은 아무 소용이 없다.
  ➡ "실컷 얘기해놓고 마지막에 가서 아무 소용없는 거라구? 너 죽을래?"

김빠진 결론으로 여러 사람 화나게 하지 말자!

박정희, 민족의 영웅인가 독재의 표상인가

보수와 진보는 무엇일까?

새벽종이 울렸네 새아침이 밝았네
너도나도 일어나 새마을을 가꾸세
살기 좋은 내 마을 우리 힘으로 만드세

초가집도 없애고 마을 길도 넓히고
푸른 동산 만들어 알뜰살뜰 다듬세
살기 좋은 내 마을 우리 힘으로 만드세

서로서로 도와서 땀 흘려서 일하고
소득증대 힘써서 부자마을 만드세
살기 좋은 내 마을 우리 힘으로 만드세

우리 모두 굳세게 싸우면서 일하고
일하면서 싸워서 새 조국을 만드세.
살기 좋은 내 마을 우리 힘으로 만드세.

― 박정희 작사·작곡, 〈새마을 노래〉

들어가기

1692년 미국에 마녀가 나타났다!

뻥이 아니라 진짜였다. 진짜로 마녀가 나타났고, 수많은 사람들이 마녀 재판을 받고 죽었다. 믿지 못하겠다고? 그럼 다음 글을 읽어보자. 이 글은 내가 지어낸 게 아니고, 미국 국무부가 발행한 〈미국의 역사〉란 책에서 발췌한 것이다.

1692년 미국의 매사추세츠 세일럼 마을에 나타난 마녀들

1692년, 매사추세츠 세일럼 마을의 처녀들이 서인도 제도의 노예가 해준 이야기를 듣고는 집단으로 이상한 증세를 보였다. 이 처녀들은 자기들 가운데 몇몇 처녀들을 지목하며 그들이 자신들을 괴롭히는 마녀라고 했다. 마을 사람들은 소름이 끼치긴 했지만 그다지 놀라지는 않았다. 마녀에 대한 관념은 17세기 미국과 유럽에 널리 퍼져 있었기 때문이다.

마을에서는 즉각 재판이 열렸고, 선술집 주인인 브리젯 비숍에게 사형을 선고하고 집행했다. 그리고 한 달도 지나지 않아 다섯 명의 여자가 또 교수형

을 선고받고 사형 집행을 받았다.

그럼에도 불구하고 집단 히스테리는 커져만 갔다. 재판 과정에서 목격자들로 하여금 피의자들이 환상 혹은 망령으로 보였다는 사실을 증언하게 했기 때문이다. 이러한 '망령 증거'는 대단히 위험했다. 객관적으로 증명하거나 시험할 수 있는 게 아니었기 때문이었다. 1692년 가을까지 남자 여러 명을 포함해서 스무 명 이상이 사형 집행을 당했고, 백 명 이상이 투옥됐다. 투옥된 사람들 가운데는 마을에서 존경을 받던 시민들도 다수 포함되어 있었다. 그리고 이제 이 히스테리는 세일럼 마을을 넘어 다른 곳으로 번져갈 조짐을 보였고, 매사추세츠 전체의 목사들이 나서서 마녀 재판을 중지하라고 요구하기에 이르렀다.

이성이 죽어 있던 암흑기의 중세도 아닌 18세기 말 혹은 19세기 초에 어째서 이런 일이 일어날 수 있었을까?

자포　진짜 마녀가 있었던 거 아닐까?

혜진　힌트 좀 주세요.

선생　좋다, 힌트. '역사 지식을 최대한 동원해서 그 사회의 특성을 파악할 것.'

자포　에이 그게 무슨 힌트예요, 당연한 걸 가지고.

선생　그래, 당연한데도 문제를 풀 때는 그 생각을 못 해요.

> **[힌트]** 유럽의 극단적인 청교도 분파의 일원이 메이플라워호를 타고 미국에 도착한 게 1620년이었다. 그리고 이들의 청교도 정신은 이후 미국의 정신적인 토대가 된다.

힌트를 주었음에도 불구하고, 아무도 입을 열지 않았다. 결국 내가 설명을 하고 만다.

1620년 이후로 수많은 유럽인들이 미국으로 이주했고, 이들은 마을을 일구며 정착했다. 메이플라워호 이주 이후 약 80년이 지난 뒤의 세일럼 마을은, 당시 이주민들이 정착했던 뉴잉글랜드의 다른 마을들처럼, 농업에 기반한

'청교도 사회'에서 정치적으로나 사회적으로 '세속적인 사회'로 이전해가던 과정이었다.

그런데, 마녀라고 고발한 사람들 다수는 농업과 교회에 얽매인 전통적인 생활 방식을 고수하던 사람들이었고, 반면에 마녀라고 고발을 당한 사람들은 대부분 소규모 가게를 운영하거나 교역에 종사하던, 말하자면 새로이 떠오르던 상업 계층이었다. 전통적인 가치를 고수하던 집단과 새로운 상업 계층이 정치와 사회의 권력을 놓고 벌인 투쟁이 마녀 재판의 형태로 드러난 것이다.

당시를 배경으로 한 아래 그림에서도 이런 불화를 엿볼 수 있다.

※ 미국의 보수주의와 진보주의

청교도적인 집단과 세속적인 집단은 미국이라는 국가가 형성되는 과정에서 양대 정치 세력의 중심 집단으로 자리를 잡았고, 이들은 미국의 역사 속에서 끊임없이 대립해왔다.

(이 대립의 뿌리에 놓여 있는 갈등은, 사회에 대한 개인의 자유와 의무 사이의 갈등이란 점을 제5강에서 확인한 적 있다. 참조할 것.)

독실한 청교도 노인이 선술집 앞에서 맥주를 마시는 사람들을 못마땅하게 쳐다보는 그림이다. 종교적으로 엄격한 태도를 취했던 청교도와, 새로운 상업 계층 사이에 조성되었던 긴장감은 뉴잉글랜드 식민지 시대의 전형적인 모습이었다.

	보수주의	진보주의
뿌리 및 형성	시민혁명 당시의 귀족층	시민혁명 당시의 시민층
	시민층의 분화, 1차산업에 대한 2차산업의 상대적 발전	
정책의 원칙	자유방임주의	정부의 적극적 개입과 통제
중심적인 가치	개인의 소극적 자유♥	개인의 적극적 자유♥
정부의 기능	최소화	최대화
경제적 기반	상공업자·자본가	농업종사자·노동자
정치적 기반	사회적 기득권자	사회적 약자
미국의 정당	공화당	민주당
미국의 노예제도	철폐를 주장	존속을 주장(물론, 異見 有)

개인의 소극적 자유
'~을 당하지 않을 자유'를 의미한다. 간섭받지 않을 자유, 방해받지 않을 자유 등이 여기에 속한다. 한마디로, "나 좀 건드리지 말고 내버려둬"이다.

개인의 적극적 자유
'~을 할 자유'를 의미한다. 언론의 자유, 표현의 자유 등이 여기에 속한다. "나 이거 하게 해줘"이다.

현재 이라크를 두고서도, 한쪽에서는 마녀라 하고 다른 한쪽에서는 마녀사냥을 그만두라 하고 있다.

혜진   이라크전을 어떻게 보느냐고 물으실 거죠?
선생   아니, 지금은 아니야.

이 개념은 익혀두자.

▶ 미국 신보수주의(네오콘)의 성격

1980년대 레이건 대통령 시절부터 새로이 정치 세력화한 집단의 하나로, 현재 조지 부시 미국 대통령의 정치 노선이기도 하다.

• **자유 지상주의** : 거대 정부의 비능률을 들어, 개인과 재산 등 사적私的 영역에 대한 정부의 간섭을 최대한 배제하려고 하지만 개인과 재산, 그리고 이를 바탕으로 하는 도덕적 가치의 침해에 대해서는 정부의 강력한 권력 행사를 요구함. 이것이 한편으로는 감세減稅, 정부 규모의 축소, 통제 철폐로, 다른 한편으로는 시민의 권리 신장보다 충성과 의무의 중시 및 범죄·파괴·외세에 대한 국가의 자유재량권 강화로 나타남.
  ➜ 외국을 상대로 통상 압력을 강화하는 철학적 배경이라고 할 수 있겠지.

- 미국 제일주의 : 미국은 군사력에 있어 언제나 '제일'이어야 한다. 미국과 동맹국의 국익을 위해서는 세계 어느 곳에서나 간섭할 태세가 갖추어져 있어야 하며, 필요하다면 핵무기에 의한 '선제공격先制攻擊' 전술도 추구해야 한다고 주장.

  ➜ 주한 미군을 철수해 다른 지역에 재배치하려는 것도 이런 관점에 따른 것이다.

- 평등화의 거부 : 평등화는 전통적 가치의 혼란, 범죄의 증가 등 역효과만 가져왔으므로 복지정책·사회개혁·소수민족 지위 향상 등은 정치적·사회적 안정과 미국의 현 정치·경제체제를 증진하는 수단으로서만 고려되어야 하며, 마찬가지로 약소국의 경제원조와 인권향상도 미국의 외교정책 전략 및 힘의 도구로 활용되어야 한다고 주장.

  ➜ 미 대사관의 비자 발급 강화로 미국 가기가 더욱 힘들어진 것도 이 때문이다.

- 그리스도교 부흥 : 그리스도교 신앙을 강화하여 평등화의 진전으로 절도를 잃은 사회에 전통적 가치와 규율을 부활하려고 한다. (임신 중절 금지, 동성애 반대 등)

  ➜ 유대교의 이스라엘과 그 어느 때보다 정치적으로 가까운 이유도 바로 이 때문이다.

자 그럼, 이라크 전쟁을 네오콘의 관점에서 각자 정리해보자.

생각하고 토론하기

박정희, 민족의 영웅인가 독재의 표상인가?

박정희에 대한 평가는 아직도 진행중이다. 그가 이룬 업적은 적지 않지만, 이 업적을 이루기 위해서 너무나 많은 희생을 강요했다. 그가 일군 경제의 달콤한 열매를 지금 우리가 누리고 있지만, 정신적 피폐와 문화적 황폐화의 깊은 상처가 아직도 남아 있다.

가난하지만 점잖던 사람이 돈을 많이 벌어 풍족하게 살게 됐지만, 인간성이 더럽게 변했다고나 할까…

그렇다면, 여러분에게는 돈이 소중한 가치인가 아니면 인간성이 소중한 가치인가? 입장이 정반대인 다음 두 글을 읽고 생각해보자.

(가) 박정희 대통령 기념사업회 설립 취지문

새 천년의 문턱에서 뒤돌아본 우리의 20세기는 밝음과 어둠이 극명하게 교차한다. 세기의 전반은 일제 압제, 동족상잔 등 비극의 연속이었고, 후반은 근대화가 뿌리내리면서 민족 웅비의 바탕을 구축한 영광의 역사였다. 그 영광의 한가운데 대통령 박정희가 있다.

박 대통령은 '조국 근대화' 역사 그 자체다. 역사는 시대의 숲을 보는 일일진대, 조국 근대화는 이 땅에 세 가지 '숲'을 추구했고 또 그것에 성공한 역사였다. 라인강의 기적을 선망한 끝에 박 대통령은 수천 년 동안 절대 가난에 시달려온 민초를 구하는 길이 '공장 굴뚝의 숲'과 '안테나의 숲'을 가꾸는 데 있고, 한편 가난한 국민만큼이나 헐벗은 국토를 가꾸는 길이 '나무의 숲'

실현에 있다고 확신한다.

공업 입국 정책은 이 땅에 공장 굴뚝의 숲을 이룩했고, 그 효과로 다수 국민들이 가난을 벗어나 중산층을 자처하게 되니 그 상징이 바로 안테나의 숲이다. 우리 자신을 볼 수 있는 좋은 거울인 외지外紙의 논평대로 마침내 "단 한 세대 안에 넝마주이에서 신흥 부자로 비약한 나라"가 되었다.

더해서 박 대통령의 신앙과 같았던 녹화綠化 집념으로 산하山河는 푸르름을 되찾는다. 이로 말미암은 치산치수 성공과 자연재해 해방의 역사 역시 동서고금에서 유례를 찾기 어려운 역사役事였다. 치산치수는 새마을운동으로 이어져 주곡主穀 자급과 농공農工 병진의 가능성을 정착시킨다.

'은둔의 소국'이던 이 나라가 세기말에 불어닥친 지구적 바람인 세계화 전략을 경영할 만한 토대를 얻은 것도 조국 근대화 과업의 일환인 수출 입국 정책의 공덕이다. 미국 백악관 앞에 세워진 한국전 참전기념비 후면에 "우리(참전 16개국)의 젊은이들은 한 번도 이름을 들어본 적 없는 땅에서 한 번도 만난 적 없는 사람들을 위해 싸웠다"는 비문이 말해주듯, 불과 반 세기 전은 세계 속의 절해고도에 다름 아닌 우리였음에 견주어 오늘의 처지는 세계 무역 10대국의 반열에 들었으니 환골탈태換骨奪胎♥의 극치가 이 아니겠는가.

박 대통령은 국부 증대가 이 나라 국체國體를 지키고 한민족의 정통성을 제고하는 지름길이라 믿었다. 헐벗고 굶주리는 국민에게서 애국심을 기대할 수 없을 터인즉 이념이 양극화된 한반도 상황에서 국민 경제의 고도 성장은 가까이는 대한민국 안보 증대책으로, 장차는 통일 대비책으로도 이어질 수 있었다.

돌이켜보면 조국 근대화의 핵심 치적은 보릿고개가 연례 행사였던 우리 사회에 '가난으로부터의 자유'를 안겨다준 일이었다. 산업화를 이루려는 경제 제일주의가 '개발 독재'였다는 일각의 비판은 역사가 오늘의 시점에서 내리는 과거 평가이기도 한 점에서 그 입지立地를 부정할 수 없겠지만, 마찬가지로 한국전 참전비 전면에 새긴 "자유는 공짜가 아니다"는 경구警句대로 민주화 유보는 가난으로부터의 자유를 얻기 위한 불가피한 대가였다는 시각도 정당하게 성립할 수 있을 것이다.

반면, 국민 경제 성장과 함께 널리 고양된 "우리도 할 수 있다", "하면 된다"는 국민의식은 어느새 민주의식으로도 자라나 민주제도의 본격화를 요구하고 있었음에도 불구하고 그걸 적절히 수용해야 할 시점을 놓친 아쉬움은 남는다. 도시·산업화가 배태胚胎♥하고 있던 민주화의 요구를 제대로 수용하지 못해 프랑스 혁명이 발생한 전례를 거울 삼아, 역사로부터의 배움은 현실을

환골탈태
얼굴이나 모습, 실력이 이전과 비교도 되지 않을 만큼 좋아짐.

배태
아이나 새끼를 뱀. 사물의 원인이 되는 빌미. ¶화근을 ~하다.

이상 쪽으로 접목시키는 당위론임에 비추어, 근대화의 두 축인 산업화와 민주화를 함께 실현하는 역사적 시도도 했음직하다는 아쉬움을 지울 수 없는 것이다.

하지만 역사적 아쉬움이 한민족 5천 년 역사 초유의 치적을 결코 허물지 못한다. 한 집안이 부귀富貴를 누리려 해도 최소 삼대三代의 적공積功이 있어야 한다 했거늘, 하물며 사람들이 모인 사회가, 그것도 한 세대도 안 되는 짧은 기간에 서구 2백 년 역사의 산업화를 압축적으로 이룬 것은 미증유의 대업이었던 것이다. 그러하기에 아쉬움이 있다 해서 위업偉業을 외면한다면 이는 흑백논리의 맹종盲從일 뿐이다.

여기 박 대통령의 행적을 증거하고 이를 역사의 제자리에 올려놓고자 뜻을 모아 기념사업회를 발족한다. 박 대통령의 역사를 말하지 않고 우리 현대사를 말할 수 없기 때문이다.

(중략)

이제 박 대통령을 배우고 기리려는 시민의 광범위한 동참을 기대한다. '가난한 농민의 아들'로 태어난 한恨을 당대발복當代發福♥의 원동력으로 반전反轉시켰던 박 대통령의 혜안과 기백을 대국大局적으로 평가하는 시민들의 공감과 동참은 박정희학을 통해 다가올 새 천년의 우리 미래가 영광의 역사로 더욱 비상飛上할 수 있는 기틀이 될 것을 믿어 의심치 않는다.

1999년 7월 26일
박정희 대통령 기념사업회

당대발복
그 세대에 재산을 모음.

(나) **진보주의 논객의 一針**

한국경제 발전의 3요인으로 전문가들은 높은 투자율과 높은 저축률 그리고 높은 교육을 꼽습니다. 그러나 하나씩 따져봅시다.

1) 높은 투자율 : 외국 기업들이 박정희 인격 봐서 투자하나요? 아니지요. 투자자는 정치인의 인격이나 재능 따위에는 별 관심 없습니다. 다만 투자하는 나라의 투자 가치를 보고 제 돈을 내놓는 것이지요.

2) 높은 저축률 : 우리 부모가 박정희의 저축 장려 연설에 감동 받아 조국을 위해 저축을 했나요? 아니지요. 지들이 저축 안 하면 어쩔 겁니까? 제대로 된 사회보장제도가 있나, 국민 모두를 위한 의료보험이 있나, 자식 교육이 공짠가. 아니면 임대차 보호법이라도 있어 셋방 사는 서민들 보호해 주었나요? 생존을 위해서 어쩔 수 없이 저축한 겁니다. 저축만 하다가 자

기들 인생 종친 게 우리 부모 세대랍니다.

3) 높은 교육 : 박정희가 공짜로 교육시켜줬나요? 하다못해 중·고등학교에
도 등록금을 내고 다녔고, 과외 공부까지 우리 부모들이 제 돈 내서 시켜
주었지요. 그저 자식 하나 잘되라고, 있는 돈 없는 돈 다 털어 자식 대학
에 보냈지요. 우리 교육을 위해 소를 판 것은 박정희가 아닙니다. 청와대
에는 소가 없습니다.

게다가 대외적인 요인이 있지요. 즉 미국의 세계 전략 속에서 한국은 쇼윈도
우로서의 가치가 있었지요. 그래서 남북의 경쟁 속에서 한국의 발전이 미국
의 세계 전략 속에서 중요했기에 남한은 유형, 무형의 원조와 도움을 받을
수 있었지요. 게다가 남한의 배후에는 마침 비약적으로 성장하던 일본이라
는 나라가 있었습니다.

생각해보세요. 아시아 한자 문화권의 여러 나라들… 일본, 싱가포르, 홍콩,
대만… 이 나라들 중에서 실은 한국이 제일 못삽니다. 그렇게 위대한 지도자
를 18년간이나 모시고 살았는데도 말이지요. 어쨌든 한국이 비약적인 경제
발전을 하던 시절, 아시아 유교 문화권의 모든 나라가 비약적으로 발전했지
요. 한국의 경제 발전이 박정희 덕이라면, 그때 마침 아시아에는 위대한 지
지자들이 여러 나라에서 아주 우연하게도 동시다발적으로 등장했다는 얘긴
지요?

박정희는 외려 독재 정권의 유지를 위해 우리의 경제 구조를 왜곡시키고, 쓸
데없는 비용을 경제권에 물렸지요. 독재, 그것도 돈 없이 못하는 겁니다. 어
쨌든 박정희가 만들어낸 재벌 체제, 그리고 정경유착의 고리가 결국 우리나
라를 IMF로 몰았던 것입니다.

이제까지 한 말을 요약하면, 경제와 정치는 다른 영역이어서 정치가의 정치
적 지도력이 경제를 발전시킨다는 얘기는 어불성설語不成說♥이지요. 옛날 원
시인들은 풍년이 들면 임금님 덕이라 말하고, 흉년이 들면 임금님 탓이라고
했다더군요. 이 원시적인 사고방식이 21세기에까지 이 땅에 존재한다는 것
은 인류학적으로 대단히 흥미로운 현상이 아닐 수 없지요.

— 진중권

어불성설
말이 논리로 형성되지 않
음. 쉽게 말해, 말도 안 되
는 소리.

▶ 박정희 대통령 재임 시기의 경제 성장을 어떻게 볼 것인가?

쟁점은 여러 갈래로 나누어진다.

쟁점 1 : "내포적 공업화가 옳았다."
➡ "수출 지향 정책이 옳았다."

쟁점 2 : 국내외적 상황으로 볼 때 수출 지향 정책이 불가피했다는 전제하에,
　　　　 "경제 성장에는 성공했지만 정치적 민주주의에는 실패했다."
➡ "정치적 민주주의를 희생시켰기 때문에 경제 성장에 성공했다."(개발독재론)

쟁점 3 : 위의 개발독재론 속에서는 다시 다음 입장으로 대립한다.
　　　　 "고도 성장의 원인은 박정희의 리더십과 현명한 정책에 있었다."
➡ "현재의 성장은 민중에 대한 수탈로 이루어진 것이다."

개념 응용·논술

[문제]

앞에서 제시한 두 글 〈박정희 대통령 기념사업회 설립 취지문〉과 〈진보주의 논객의 一針〉을 참조해서, 박정희 전대통령 혹은 60~70년대의 고도 경제 성장에 대한 본인의 의견을 논술하시오.

　　(주의사항)　　1. 제목은 쓰지 말 것.

　　　　　　　　　2. 신원을 나타내는 표현은 쓰지 말 것.

　　　　　　　　　3. 분량은 띄어쓰기를 포함하여 1000자 안팎(±100자)으로 할 것.

cf. 이외에도, 다음과 같은 문제들이 적절한 예시문과 함께 제시될 수 있다.

　　1. 1945년 이후 한국 사회의 흐름을 '보수 대 진보'의 개념으로 정리하고 자신의 입장을 논술하시오.

　　2. '소극적 자유'와 '적극적 자유' 사이의 긴장을 어떻게 해결할 수 있을지 본인의 입장을 논술하시오.

　　3. 사회 일각에서 제기되는 '부유세' 신설 주장에 대한 본인의 입장을 논술하시오.

　　4. '보수 대 진보' 논의의 현대적 의미를 삶의 태도 문제와 관련하여 논술하시오.

'나'의 개성을 드러내자!

글쓴이의 개성이 드러날 때 그 글은 독창적인 글이 된다. 독창적인 글이 그렇지 않은 글보다 가치 있는 이유는, 돋보이기 때문이다. 천편일률적인 주장과 근거로 이어지는 논술문들 가운데서, 글쓴이의 개성이 엿보이는 독창적인 주장이나 근거로 이어지는 논술문은 단연 눈길을 끌 수밖에 없다. 이런 게 군계일학群鷄一鶴이다. 수많은 닭대가리들 속에 우뚝 선 학 한 마리, 얼마나 멋있나!

논술문에서 개성은 단지 개인적인 경험을 늘어놓는다고 해결되지 않는다. 개인적인 경험을 보편적인 문제로 일반화해야 한다.

"어렵습니다! 예를 하나 들어주세요!"

좋다. 앞에서 '해양 개발에 관한 자신의 꿈과 구상을 논술하시오'라는 문제를 소개한 적 있다. ♥ 이 문제에 대한 한 학생의 글을 보자.

♥
50쪽 참조할 것.

> 해양의 개발을 위해서는 바다가 지니고 있는 특질을 충분히 고려할 필요가 있다. 이러한 전제하에 건축가 지망생의 입장에서 어떠한 시설의 건설이 가능할지 고찰해보고자 한다.
> 해양 시설로는 해상과 해중 두 종류로 나눌 수 있다. 이들에 대해 각각 생각해볼 수 있는 활용법을 아래에 기술한다.
> 우선 해상에 띄우는 시설이다. 이것은 태양 에너지, 무진장한 바닷물, 편서풍이나 무역풍 같은 바람, 여러 가지 해류를 이용할 수가 있다. 그래서 대규모 자원 공급 시설로서의 이동할 수 있는 섬을 제안해보고자 한다. 풍부한 해저 자원을 채굴하여 정제하는 공장을 비롯해서, 수경 재배나 양식을 하는 해양 목장 등으로 이루어진 복합 시설이 바람이나 해류를 이용하여 주요 항구로 이동 순회하는 것이다.
> 다음은 해중, 즉 바다 속에 설치할 수 있는 시설을 생각해볼 수 있다. 바다 속의 건물은 자연 폐쇄적인 공간이 된다. 뒤집어 말하면, 일정한 상태를 유지할 수 있는 공간을 마련할 수 있고, 비밀의 유

> 지도 용이하다는 것이다. 이러한 특색을 살린다면, 연구소 등이 가
> 장 적합한 시설이 될 것이다. 다만, 이때에는 오염 방지를 위해 충
> 분한 조치를 취해야 한다는 것은 두말할 필요도 없다.
> 해양의 활용에 대해서는 이밖에도 여러 가지를 생각해볼 수 있을
> 것이다. 그러나 육상의 동물인 인간으로서는 바다가 언제나 공포
> 의 대상이었다는 것을 잊어서는 안 된다. 이 사실이야말로 바다가
> 지니고 있는 최대의 특질이 아니겠는가. 예를 들면, 끝없는 바다
> 한복판에 떠 있는 배 위에서 일생 동안 대지를 밟지 않고 지내도
> 좋다는 사람은 아마도 없을 것이다. 이렇게 생각해볼 때, 해상에
> 인간이 거주할 수 있는 시설을 건설하려고 한다면 충분한 연구가
> 뒤따르지 않으면 안 된다. 아직 바다에 인류의 손길이 덜 미쳤다는
> 것은 단순히 기술상의 문제뿐인 것일까. 바다가 인간에 대해서 지
> 니고 있는 본질적인 의미를 간과하지 않도록 하면서, 가장 적합한
> 활용법을 구상해내지 않으면 안 될 것이다.

이 글의 서론은, 문제 제기와 문제에 대한 접근 방법을 간략하면서도 명료하
게 밝히고 있다. 깔끔하면서도 힘이 있는 서론이다. 하지만 이 글에서 가장
높은 점수를 줄 수 있는 부분은, 자신이 '건축가 지망생' 이라고 밝히며 이 관
점에서 문제에 접근한다는 사실이다. 이런 글은 누구나 다 쓸 수 있는 게 아
니다. 건축가 지망생만이 쓸 수 있는 글이다. 이게 바로 경험에서 우러나오
는 독창성이다.

"어떻게 하면 그렇게 독창적으로 쓸 수 있을까요?"

어떤 행위나 현상을 바라볼 때, '나' 의 관점에서 바라보아야 한다.
여기서 '나' 는 구체적인 '나' 여야 한다.

• 이러이러한 관심을 가지고 있는 '나'
• 이러이러한 목표를 가지고 있는 '나'
• 이러이러한 계획을 가지고 있는 '나'

- 이러이러한 주장에 동조하는 '나'
- 이러이러한 사회에 살고 있는 '나'

이처럼 '나'의 문제로 받아들이고 구체적으로 바라볼 때 독창적인 글이 나올 수 있다.

자, 그럼 '내'가 어떤 인간인지 '나'를 해부해보자.

인생 목표	
원하는 전공 과목	
누구를 위해 살 것인가?	
장래 직업	
이상적인 배우자상	
나의 경쟁력	
내가 사는 지역 사회의 특징	
내가 바라는 통일의 모습	

보충학습

※ 다음 글을 읽고 물음에 답하시오.

    박정희를 친일파라고 주장하는 사람들이 있다. 박정희는 5년 남짓 일본의 괴뢰국인 만주국 장교의 군복을 입고 있었다. 군관학교 생도로서, 또 북중국에 주둔한 만주국 부대의 장교로서의 신분이었다. 이 사실을 들어 그를 친일파라고 주장할 수는 있지만 정확한 표현은 아니다. 당시 한국인들은 일제의 지배하에 있었다. 한국인을 보호할 나라가 따로 없었다.

    한국인은 친일이냐 반일이냐를 선택할 수 없었다. 대한민국이냐 일제냐의 선택의 여지가 있었는데도 불구하고 일제를 선택했다면 그런 한국인은 반역자로 불려도, 친일파라고 불려도 좋다.

    대한민국이 없었던 시절인데 일제를 거부한다는 것은 두 가지 방법에 의해서였다. 하나는 만주나 미국으로 건너가서 독립운동을 하는 길이었다. 다른 하나는 국내에서 반일 운동을 하다가 감옥에 가는 길이었다. 이 험난한 길을 선택하지 않았다고 친일파라고 욕하는 사람들이 있다면 그런 인간들은 위선자이다.

    지하철에 떨어진 아기를 구하기 위해서 뛰어들어 아기를 살리고 자신은 죽은 시민이 있다면 그는 영웅이다. 그런 영웅의 용기는 길이길이 기려야 한다. 이는 산 자의 의무이다. 그렇다고 그때 왜 다른 사람들은 뛰어들지 않았느냐고 욕을 하고 그런 방관자들을 비겁자라고 두고두고 매도한다면 그는 자신도 지킬 수 없는 기준을 남에게 강요하는 위선자이다. 모든 사람이 영웅이 될 수는 없는 것 아닌가. 지상 천국이 이뤄지기 전에는.

　일제시대에 이 땅에서 태어나 죽지 않고 인간으로 살아가기 위해서는 몇 가지 조건이 있었다. 日帝에 형식상 순응해야 하는 것이 그중의 하나이다.

　일제가 만든 법이 비록 아니꼽더라도 지켜야 했다. 일제의 교육제도가 비록 황국신민을 양성하는 데 목적이 있었더라도 학교에 다녀야 했다. 일제가 만든 전기와 수도를 이용하여야 했다. 이런 일을 했다고 해서 그를 친일파라고 부를 수 있는가. 朴正熙가 대구사범에 들어가 교사가 되어 문경에서 교사 노릇을 했다고 해서 그를 친일파라고 부를 수는 없다. 그는 나라 없는 조선인으로서 일제에 겉으로 순응하면서 살아간 것뿐이다. 그가 이 무렵 金九처럼 초인적 행동을 하지 못했다고 비난할 수는 있겠지만 별로 설득력이 없다.

　한국인 전부가 김구처럼 중국으로 건너가서 독립운동만 했다면 해방이 왔을 때 누가 공장을 돌리고 누가 군대를 만들었겠는가. 일제에 순응하는 척하면서 그 일제로부터 선진 과학과 기술을 배우고 그렇게 배운 기량을 대한민국 건국 후에 조국과 민족을 위해 썼던 많은 사람들은 만주의 독립운동가 못지않은 애국자들이다.

　그러면 누가 친일파인가. 일제에 순응한 정도가 아니라 일제에 적극적으로 복종하여 그들이 시키는 대로 하다가 조선인을 괴롭힌 사람들이 친일파이다. 두 가지 조선이 중요하다. 일제에 대하여 적극적으로 복종한 것과 조선인을 괴롭힌 일, 이 두 가지 조건을 충족시키면 친일파이다. 일본의 경찰에 취직하여 파출소에 근무하면서 주로 도적을 잡는 일을 했다면 그를 친일파라고 부를 수는 없다. 그가 일제 경찰의 특고형사가 되어 독립운동가를 잡는 일에 종사했다면 그는 친일파이다. 같은 논리로써 박정희가 조선인 탄압과는 무관한 만주국의 장교가 되었다고 해서 그를 친일파라고 부를 수는 없다.

　박정희를 친일파라고 몰아가려는 사람들은 만주국 장교로서 박정희가 독립군을 사냥했다는 거짓말을 퍼뜨린다. 박정희 전기를 쓰면서 그의 하루하루 행적을 추적했던 나는 자신 있게 이야기할 수 있다. 박정희는 군관학교와 일본 육사를 졸업한 뒤 북중국의 만주군에 배치되어 모택동 군대와 싸웠다. 모택동 군대와 싸운 것을 가지고 친일파라고 비난할 수는 없다. 모택동 군대는 당시 일본의 적이었을 뿐 아니라 그뒤엔 대한민국의 적이 되었다.

　박정희가 만주국 장교 군복을 입고 있을 동안 그가 장교로서의 힘을 이용하여 조선인을 괴롭히거나 일제에 아부했다는 증언은 하나도 없다. 오히려 그 반대 증언은 많다. 즉, 비록 만주국 군인이었지만 항상 조국의 독립을 생각했고 독립군

노래를 즐겨 불렀으며 만주군 내의 독립운동 조직이 그를 포섭 대상으로 여길 만큼 민족정신이 강했다는 등등의 이야기이다.

박정희가 만주군의 장교가 되어 군인의 길을 걸었기 때문에 대한민국이 오히려 득을 본 점이 있다. 박정희가 주도한 근대화 혁명은 군인으로서 그가 갈고 닦은 기량과 지도력 덕분에 가능했던 측면이 많다. 조직 운영에 대한 일반적인 리더십, 국가 개조에 대한 비전, 실사구시의 정신, 효율적이고 생산적인 조직 운영술, 군사 문화에서 우러나오는 책임감, 세상이 돌아가는 것에 민감한 개방적 정신 등등은 그가 군인으로서 배운 것이다. 우리는 박정희가 만주국 장교였다는 사실로 해서 失보다 得을 더 많이 보고 있는 것이다. 따라서 그는 친일파가 아닌 것이다.

참고로 중국 사람들은 장개석이 청나라 시절 한때 일본의 예비사관학교에 3년간 유학을 했었고 사관후보생으로 일본 군대에서 복무하기도 했다는 점을 들어 그를 친일파라고 욕하지 않는다. 박정희의 만주군 생활에 대한 더 상세한 정보는 박정희 전기 〈내 무덤에 침을 뱉어라〉를 참고해주십시오. 박정희를 친일파라고 부른다면 나는 매국노이다. 왜냐하면 오늘 저녁에도 나는 일식을 먹기 때문이고, 나의 부모가 일본에서 7년간 살았으며, 나는 일본의 사이다마켄에서 났으니까 말이다. 더구나 나는 일본어를 할 줄 아니까 말이다.

— 조갑제, 〈박정희가 친일파라면 나는 매국노이다〉

[문제]

보수주의 혹은 진보주의 입장에서 위의 글을 평가하라.

인간을 그리워하는 바퀴벌레

소외, 이 미칠 듯한 그리움

아침에 침상에 누워 괴로움을 당한다.
한 가지 해결책은 창문으로 뛰어내리는 것뿐이다.
어머니는 알프레드 삼촌에게 편지를 쓰는 게 좋겠다고 했다.
왜냐고 물었더니, 아저씨가 전보를 쳤고 또 편지를 보냈으며
나를 좋게 생각하고 있다고 설명했다.
"그건 겉으로만 그런 겁니다"라고 나는 대꾸했다.
"그분은 저를 좋아하지 않으며 저를 완전히 오해하고 계십니다."
— 카프카의 일기에서

🗝 들어가기

'소외시킨다', '소외당한다' 등 소외라는 말은 우리가 일상적으로 자주 쓴다. 이때는 주로 따돌림이라는 의미로 사용된다.

소 외(疏外)[-외/-웨][명사]

    1. [하다형 타동사][되다형 자동사] 주위에서 꺼리며 따돌림. 꺼리며 멀리함.

    ¶소외 계층 / 가족으로부터 소외되다.

    2. <자기 소외>의 준말.

하지만 사회학적인 용어로서의 소외는 또 다른 의미를 지닌다.

• 자신이 창조한 것이 도리어 자신을 지배하게 되는 현상.

• 나의 분신임에도 불구하고 나의 것이 아니고 오히려 나를 억압하는 현상.

• 수단이 목적으로 바뀌는 현상. 즉, 삶의 수단인 노동이 결국 삶의 목적이 되고 사람이 가치 창출의 수단으로 전락하는 현상.

• 결국, 인간의 존엄성을 위협하는 요인이라고 할 수 있다.

이런 소외의 유형은 다음과 같이 정리할 수 있다.

- 자기 분열, 즉 자아로부터의 소외
- 공동체의 와해 및 타인과의 단절로 인한 소외
- 과학기술의 발달로 인한 대량 생산 체제로부터의 노동자의 소외
- 물질주의 풍조에 따른 인간성 상실로 인한 소외
- 개인의 자유를 규제하는 정치적·사회적 힘으로부터의 소외

한국 현대소설에서 소외를 유발하는 원인이나 배경

- 〈날개〉 : 아내, 정체를 알 수 없는 억압적 존재
- 〈소설가 구보씨의 일일〉 : 지식인의 참여를 용납하지 않는 음험한 사회 구조
- 〈광장〉 : 훼손된 사회 이념과 질서
- 〈삼포 가는 길〉 : 삭막한 노동 현실과 농촌의 와해
- 〈감자〉 : _____
- 〈난장이가 쏘아 올린 작은 공〉 : _____
- _____

이웃에 사는 어느 형 혹은 오빠 이야기

어떤 남자가 있다. 남자가 아침마다 출근하는 곳은 사람의 왕래가 잦은 네거리 신호등 뒤의 커다란 종이 상자다. 남자는 날마다 종이 상자 속에서 작은 구멍을 통해 사람들을 바라본다. 남자의 행위는, 분명히 말하지만, 관찰이 아니라 그저 바라보는 것이다.

퇴근 시간이 되면, 다른 사람들이 직장에서 일을 마치고 집으로 돌아가는 시간이란 뜻이다. 이 남자도 종이 상자에서 나와 집으로 갔다. 집이라고 하지만 가족이 있는 건 아니다. 혼자 산다. 그가 맺고 있는 인간 관계는 상자 속에 숨어서 사람들을 바라보는 것이 전부다.

(상자 밖으로 나오면 그는 늘 눈을 바닥에 내리깔고 다닌다!)

어느 날 남자는 아침마다 상자 속에서 바라보던 여자를 사랑하는 마음이 생겼다는 사실을 깨닫는다.

(왜 사랑에 빠지느냐고? 글쎄, 왜 그럴까?)

남자는 날마다 여자가 출근하고 퇴근하는 모습을 바라보며 행복해한다. 여자에 대한 온갖 상상을 하면서 행복해한다. 남자는 마침내 상자를 벗고 여자에게 다가가기로 결심한다. 하지만 여자는 남자를 거부한다.

(너는 남자의 사랑을 받아들이겠니?)

남자는 포기하지 않는다.

(여기서 포기해버리면 이야기가 시시해지지.)

이 다음 이야기를 어떻게 진행시킬까? 다음 빈칸에 써보자.

개념 응용·논술

이 문제에 대한 개요 짜기의 사례와 해설, 그리고 예시 답안이 203쪽에 이어지니 참고할 것.

[문제]

다음을 예시문을 읽고, 글 (가)와 (나)에서 표현하는 '소외'현상을 설명하고, 이것을 현대사회의 문제로 일반화하여 자신의 의견을 논술하시오.♥

(주의사항) 1. 제목은 쓰지 말 것.

2. 신원을 나타내는 표현은 쓰지 말 것.

3. 분량은 띄어쓰기를 포함하여 1000자 안팎(±100자)으로 할 것.

(가)

누이동생은 바이올린을 타기 시작했다. 아버지와 어머니는 제각기 자리잡은 위치에서 주의 깊게 딸의 두 손의 움직임을 바라보았다. 그레고르는 바이올린 소리에 마음이 끌려서 자기도 모르게 약간 앞으로 나아가서 머리를 거실 쪽으로 내밀고 있었다. 그는 요사이 다른 사람에게 주의를 기울이지 않고 지내온 것을 조금도 이상하게 여기지 않았다. 그는 전 같으면, 다른 사람들에 대해서 고려해줄 수 없다는 것을 스스로 자랑으로 삼았다. 그러니만큼 지금에 와서는 다른 사람의 눈앞에서 몸을 숨겨야 할 이유가 더욱 절실했을 것이다. 왜냐하면 그의 방안에는 어디나 먼지가 소복이 쌓여 있었으며 조금만 몸을 움직여도 먼지가 펄펄 날려 온몸이 먼지투성이가 되었기 때문이다. 그뿐더러 실오라기, 머리털, 먹다 남은 음식찌꺼기 같은 것을 등허리와 옆구리에 붙인 채 끌고 돌아다녔다. 모든 것에 대한 그의 무관심한 태도는 말할 나위도 없었다. 그래서 전에는 하루에도 몇 번씩 그랬지만, 요사이는 벌렁 등을 대고 누워서 양탄자에 몸을 비비는 일도 없었다. 이러한 상태에도 불구하고 티끌 하나 떨어져 있지 않은 깨끗한 거실 마룻바닥 위를 기어갔지만, 조금도 거리끼지 않았을 뿐더러 부끄러운 줄도 몰랐다.

그런데 그가 기어 나오는 것을 눈치 챈 사람은 아무도 없었다. 가족들은 완전히 바이올린 연주에 황홀해져서 정신이 팔려 있었다. 하숙인들도 처음에는 두 손을 바지 주머니 속에 집어넣고 누이동생의 스탠드 바로 뒤에 자리잡고 앉아 있었다. 그래서 그들은 모두 악보를 들여다볼 수도 있었기 때문에 누이동생에게는 확실히 방해가 되었을 것이다. 그들은 잠시 후 머리를 수그리고 나직한 목소리로 속삭이면서 창문 옆으로 물러섰다. 아버지는 염려하는 눈초리로 창문 옆에 머물러 있는 그들을 쳐다보고 있었다. 사실 누가 보더라도 아름답고 재미있는 바이올린 연주를 들을 수 있으리라고 기대하였던 그들은 기대에 어긋나서 실망하고 싫증이 난 기색이었다. 체면을 생각하고 예의를 지킨다는 입장에서, 할 수 없이 듣고 있는 눈치가 분명했다. 특히 그들이 모두 담배 연기를 코와 입으로 허공에 내뿜는 모습은, 보는 사람으로 하여금 그들의 초조한 기색을 느끼게 하고도 남음이 있었다. 그래도 누이동생은 매우 훌륭하게 연주했다. 고개를 옆으로 갸우뚱거리며 눈초리는 감정에 젖은 듯이 슬픈 표정으로 악보의 줄을 더듬고 있었다.

그레고르는 조금 더 앞으로 기어 나갔다. 그리고 혹시나 누이동생의 시선과 마주칠 수 있을까 기대하면서 고개를 마루 위에 바짝 대다시피 수그리고 있었다. 이처럼 음악 소리에 감동을 느끼는데도 그는 역시 동물이란 말인가? 그는 마치 자기도 모르게 그리던 마음의 양식을 얻는 길이 열리는 것처럼 느껴졌다. 그는 누이동생 옆으로 기어 나가려고 했다. 누이동생의 치맛자락을 끌어당겨서 누이동생이 바이올린을 가지고 자기 방으로 건너와주었으면 하는 뜻을 알려주려고 했다. 왜냐하면 여기에서는 아무도 자기만큼 그 연주를 칭찬해주는 사람이 없었기 때문이다. 그는 자기가 살고 있는 동안은 적어도 누이동생을 자기 방에서 내보내고 싶지 않았다. 그의 흉악한 모습은 처음으로 도움이 될 것이다. 자기 방문 앞에 언제나 정신 바짝 차리고 지켜 서 있다가 들어오는 놈들에게 으르렁대며 덤벼들 것이다. 그러나 누이동생에게 강요해서는 안 되며, 자유로운 의사에 따라 자기 옆에서 지내게 해야 한다. 자기와 나란히 소파에 앉아서 자기 쪽으로 귀를 기울이게 할 것이다. 그리고 그는 누이동생에게 그녀를 음악 학교에 보내주려고 확고한 계획을 세우고 있었다는 것과, 이런 불행한 사건만 일어나지 않았더라면 어떤 반대가 있었다고 하더라도, 그것에 구애되지 않고 지난 크리스마스 날 저녁에―그런데 도대체 크리스마스가 벌써 지났을까?―여러 사람들 앞에서 명백히 자기 계획을 발표했으리라는 것을 알려줄 것이다. 이런 이야기를 하면 누이동생은 틀림없이 감격한 나머지 울음을 터뜨릴 것이다. 그러면 그레고르는 어깨까지 기어올라가서 누이동생 목에 키스를 해주려고 했다. 누이동생은 직장에 나가게 되면서부터 리본도 칼라도 없이 목을 내놓고 다녔기 때문이었다.

"잠자 씨!"

두목 격인 남자가 아버지에게 소리를 쳤다. 그리고 그는 그 이상 아무 말도 하지 않고 천천히 앞으로 기어 나오는 그레고르를 집게손가락으로 가리켰다. 바이올린 소리가 멈췄다. 두목 격인 그 남자는 우선 고개를 옆으로 저으며 친구들에게 미소를 던지고, 다시 그레고르 쪽을 쳐다보았다. 아버지는 그레고르를 쫓아내는 것보다는 먼저 하숙인들을 진정시키는 것이 더 필요하다고 생각하는 것 같았다. 그러나 하숙인들은 흥분하기는커녕 바이올린 연주보다도 도리어 그레고르에게 흥미를 느끼는 것 같았다. 아버지는 그들에게로 뛰어가서 두 팔을 벌리고 하숙인들을 자기 방으로 돌려보내려고 애를 쓰는 동시에, 자기 몸으로 그레고르가 보이지 않도록 가리려고 했다. 그때 그들은 아닌게 아니라 약간 화를 내는 기색이었다. 아버지의 행동에 대해서 화를 냈는지, 또는 그레고르 같은 것이 이웃 방에 살고 있었다는 사실을 꿈에도 모르고 있다가 그제서야 알게 되어 화를 낸 것인지, 도무지 알 수 없는 노릇이었다. 그들은 아버지에게 해명을 요구하고, 그들 쪽에서도 팔을 쳐들며 불안스럽게 수염을 비비 꼬면서 천천히 자기 방으로 물러갔다. 그동안 누이동생은, 별안간 연주가 중단된 후 잠시 정신없이 멍하니 있다가 바로 정신을 차리고 얼마 동안 축 늘어뜨린 두 손에 바이올린과 활을 쥐고 계속 연주를 하고 있는 것처럼 악보를 들여다보다가 갑자기 몸을 일으켰다. 이어서 누이동생은 어머니―숨이 막히는 듯 가슴을 들먹거리며 아직도 안락의자에 앉아 있었다.―무릎 위에 악기를 놓고, 옆방으로 앞질러 뛰어들어갔다. 하숙인들은 아버지에게 쫓겨서 앞서보다 더 빨리 옆방(그들의 방)으로 다가가고 있었다. 누이동생은 익숙한 솜씨로 침대 위에 놓여 있던 이부자리와 베개를 툭툭 털어 위로 올리더니 순식간에 보기 좋게 정돈해놓았다. 하숙인들이 방으로 몰려들어오기 전에 침대를 정돈해버린 다음, 그녀는 살짝 빠져나왔다. 아버지는 또다시 자기 옹고집에 사로잡혀서 늘 하숙인들에게 베풀던 존경심조차 잊어버린 것 같았다. 아버지는 악착같이 그들을 밀치고만 있었다. 드디어 방문까지 다다랐을 때 두목 격인 남자가 쾅 하고 발을 굴렀기 때문에 아버지도 할 수 없이 발걸음을 멈추고 말았다.

"나는 이 자리에서 선언하지만…"

그 남자는 한쪽 손을 쳐들고 어머니와 누이동생을 힐끔 바라본 다음 이렇게 말했다.

"현재 이 집과 이 가족들 속에 감돌고 있는 불쾌한 분위기를 고려해서―여기서 그 남자는 선뜻 결심이라도 한 듯이 마루 위에 침을 뱉었다―나는 방을 해약합니다. 물론 내가 지금까지 살아온 기간의 방세에 대해서는 한 푼도 지불할 수가 없습니다. 그 대신 나는 앞으로―거짓말이 아닙니다―아주 쉽게 근거를 대고 이유를 붙일 수 있는 어떠한 손해 배상 청구를 당신에게 제기해야 될 것인지 이 점을 신중히 고려해볼 작정입니다."

그 남자는 입을 다물고, 마치 무엇을 기대하는 듯이 똑바로 앞을 쳐다보았다. 아닌게 아니라 두 친구들도 바로 입을 열었다.

"우리도 역시 이 자리에서 당장에 해약하겠습니다."

그러고 나서 그 두목 격인 남자는 탕 하고 요란스럽게 방문을 닫았다.

아버지는 손으로 의자를 더듬으며 비틀거리더니, 힘없이 그 위에 푹 쓰러지고 말았다. 겉으로는 손발을 축 늘어뜨리고 전과 같이 저녁잠을 자는 것처럼 보였으나, 고개를 가만히 둘 수 없는 듯 쉴 새 없이 끄떡거리고 있는 꼴을 보면 전혀 자고 있지 않다는 것을 알 수 있었다. 그레고르는 그동안 자기가 하숙인들에게 들켰던 바로 그 자리에 조용히 누워 있었다. 자기의 계획이 실패한 데 대한 실망과, 아마도 오랫동안 굶주렸기 때문에 몸이 극도로 쇠약해진 듯, 그는 도저히 꼼짝달싹할 수가 없었다. 그는 지금 당상이라도 자기 몸 위에 여러 가지 물건들이 한꺼번에 무자비하게 허물어져서 닥쳐올 것이라고 확실히 느끼면서 그 순간을 기다리고 있었다. 그때 어머니의 손가락이 떨리더니 바이올린이 어머니 무릎에서 떨어지며 소리가 크게 울렸지만 그레고르는 조금도 놀라지 않았다.

"어머니! …아버지!"

누이동생은 이야기를 끄집어내기 전에 손으로 탁자를 쳤다.

"더 이상 못 견디겠어요. 어머니와 아버지는 아직 사정을 모르시겠지만 저는 잘 알고 있어요. 저는 저런 괴물 앞에서 오빠의 이름을 부르고 싶지 않아요. 그러니까 제 말은 저것을 없애야 한단 말이에요. 저것을 먹여 살리려고 참고 견디며, 우리들은 인간으로서 할 수 있는 일은 다해왔어요. 아무도 우리들을 나무랄 사람은 없어요."

"그래, 네 말이 옳다."

아버지는 혼자서 중얼거리듯이 말했다. 아직도 완전히 숨을 돌리지 못하는 어머니는 마치 정신이 나간 사람 같은 눈초리로, 손을 입에 대고 먹먹하게 기침을 하기 시작했다.

누이동생은 어머니 옆으로 달려가서 이마를 짚어주었다. 아버지는 누이동생의 말을 듣고서 무엇인지 마음속에 결심이라도 한 것처럼 보였다. 아버지는 의자 위에 똑바로 앉아서 하숙인들이 저녁 식사를 끝낸 다음에도 식탁 위에 놓여 있는 접시들 사이에서, 급사의 제모를 주물럭거리면서 가끔 가만히 누워 있는 그레고르 쪽을 쳐다보았다.

"우리는 저것을 없애버려야만 해요."

— 카프카♥, 〈변신〉♥에서

프란츠 카프카

1883~1924. 체코의 수도 프라하 출생. 부유한 유대 상인의 아들로 태어나 폐결핵으로 41세에 생애를 마쳤다. 사르트르와 카뮈가 실존주의 문학의 선구자로 높이 평가한 카프카는, 인간 운명의 부조리성과 인간 존재의 불안을 날카롭게 통찰하여, 현대 인간의 실존적 체험을 극한까지 표현했다. 대표작으로 〈변신〉과 〈성城〉이 있다.

〈변신〉

카프카가 1916년에 발표한 중편소설. 평범한 독신 세일즈맨인 그레고르 잠자는 어느 날 아침 잠에서 깨어나자 자기가 한 마리의 기괴한 갈색 벌레로 변신해 있는 것을 발견한다. 작가의 냉정하고 사실적인 문체는 독자를 실존實存의 차원과 부조리의 세계로 강하게 끌어들일 만큼 박력이 넘친다.

(나)

내가 그의 이름을 불러주기 전에는
그는 다만
하나의 몸짓에 지나지 않았다.

내가 그의 이름을 불러주었을 때,
그는 나에게 와서
꽃이 되었다.

내가 그의 이름을 불러준 것처럼
나의 이 빛깔과 향기에 알맞은
누가 나의 이름을 불러다오.
그에게로 가서 나도
그의 꽃이 되고 싶다.

우리들은 모두
무엇이 되고 싶다.
너는 나에게 나는 너에게
잊혀지지 않는 하나의 눈짓이 되고 싶다.

— 김춘수, 〈꽃〉 전문

cf. 이외에도, 다음과 같은 문제들이 적절한 예시문과 함께 제시될 수 있다.

1. 인터넷 사용이 늘면서 일어나는 인간 소외 문제에 대한 해결 방안을 말해보시오.

2. 대중소비사회에서 소외는 어떤 방식으로 관철되는가?

3. 인기 스타들이 만들어내는 유행의 장단점 중 하나를 들고 그 이유를 설명하시오.

4. 과학기술의 발달이 인간의 소외를 심화시켜왔다. 과학기술이 현재보다 더욱 발달하게 될 미래사회의 소외 현상에 대해 자신의 입장을 논술하시오.

8강 논술 문제에 대한 개요 짜기의 사례와 해설

문제부터 확인하자. '현대사회의 문제로 일반화하라'는 말이 무슨 뜻일까?
(사실, 너무도 많은 사람들이 문제의 뜻을 파악하지 못한다.)

이는, '예시문에서 드러나는 소외 현상이 현대사회에서 빚어지는 일반적인
현상이다'라는 관점에 입각해서 작품 속의 소외 현상을 설명하라는 말이다.
그 다음에, 설명이 아닌 자신의 견해가 이어지도록 서술하면 된다.

학생 1

서론　　: 현대사회에서는 여러 형태의 소외 현상이 일어난다.

본론 1 : (가) 가족과 이웃으로부터 소외

　　　　　　(겉모습이 바퀴벌레로 바뀌어서 지저분해지고 괴물 같아짐)

　　　　　　바라왔던 것을 이룰 수 없게 됨.

　　　　　　➡ 겉모습이나 능력을 중요시함. 그렇지 못한 사람 소외.

본론 2 : (나) 누군가 다가와주기를 기다리고 있다.

　　　　　　누군가에게 의미 있는 사람이 되고 싶다.

　　　　　　또 자신에게도 그런 사람이 있기를 빈다.

결론　　: 해결책

[해설]

서론과 본론의 내용이 분리되어 있음을 알 수 있다. 서론은 서술의 방식이나
입장 표명 등의 문제 제기가 이루어져야 하는데, 이 점에 관해서는 미흡하다.
본론은 (가)와 (나)를 단순히 정리하고 있다. 이게 현대사회의 문제와 연관이
되어야 하는데 이 부분이 빠졌다. 그러다 보니, 결론으로 무얼 써야 할지 종잡
을 수 없게 되고 말았다.

학생 2

서론　　: 소외의 정의.

(가) 흉측한 모습에 대한 여러 사람들의 소외. 여기서 소외는 인간 관계의 격리

(나) 소속되고 싶은 마음, 누군가 와주기를 바라는 마음.

이러한 소외 현상이 현대사회에서 어떤 문제를 일으키는가?

본론 1 : 사람이 소외됨으로써 개인과 사회에 끼치는 악영향

(상호 작용을 할 기회의 축소로 인한 소외 현상 심화, 개인은 정신적인 고통을 느끼고 사회는 통합의 어려움으로 여러 문제를 겪는다.)

본론 2 : 기술 발전에 따른 인간 소외 현상과 그에 따른 경제적인 문제.

(과학기술의 발전은 우리에게 풍요로운 삶을 제공. 하지만 기술과 기계에 의존함으로써 인간 소외 현상이 심화된다. 실업률이 높아지는 게 그런 예이다.)

결론 : 많은 사람들이 서로 소통을 원활하게 해서 어려운 사람의 고통도 함께하는 '소외' 없는 사회를 만들어야 한다.

[해설]

서론 : (가)와 (나)의 현상을 빌려 소외를 정의하고 문제를 제기하는 글의 전개가 매끄럽다.

본론 : 소외의 악영향의 사례를 구체적으로 적시함으로써 설득력을 높인다.

결론 : 하지만 소외의 개념을 정확하게 파악하고 있지 못함으로써 결론이 이상하게 내려진다. 소외는 결론 2에서 밝히고 있듯이 사회구조적인 문제이다. 그런데, 의사 소통을 원활하게 해서 소외 없는 사회를 만들자고 주장하는 것은 전혀 근거가 없는 얘기이다. 글이 매끄러우려면 문장력도 있어야 하지만, 개념에 대한 정확한 이해가 선행되어야 한다는 사실을 명심한다.

학생 3

서론 : 소외의 정의, 소외 계층의 예

본론 1 : (가) 그레고르가 가족과 이웃으로부터 소외당하는 현상은 현대사회의 집단이기주의와 비슷하다.

(장애인 수용 시설이 집단이기주의로 기피됨으로써 장애인이 소외.)

➜ 겉모습이나 능력을 중요시함. 그렇지 못한 사람 소외.

본론 2 : (나)의 시에서도 화자는 소외된 장애인을 대변한다고 볼 수 있다. 장애인도 정상인들이 자신들에게 관심을 가져주길 바란다. 그래서 무언가를 하고 싶어한다.

결론 : 한 사회의 구성원인 장애인에게 관심을 가지고 그들을 하나의 인격체로 대우하고 존중하자.

[해설]

이 개요 짜기는 '현대사회의 문제로 일반화하라' 는 의미를 엉뚱하게 해석했다. '현대사회의 문제 가운데 하나로 비유해서' 작품 (가)와 (나)를 해석하고 의견을 밝히라는 걸로 해석한 것이다. 또, 결론에서 주장하는 해결 방안도 심리적이고 정서적인 측면에서 벗어나지 못함으로써 평범한 수준을 벗어나지 못한다. 하지만 이 학생이 저지른 가장 큰 실수는 동문서답♥이다. 일반화하라고 했는데, 엉뚱하게 장애인 이야기만 집중적으로 하고 있다.

♥
206쪽의 '함정 체크' 를 참조할 것.

동문서답, 질문 내용 제멋대로 해석하기

> 자백   에이, 그럴 사람이 어딨습니까?
> 자포   바보지.

그래, 바보들 많다.

앞에서 '해양 개발에 관한 자신의 꿈과 구상을 논술하시오' 라는 문제를 소개한 적 있다.♥ 이 문제에 대한 한 학생의 글을 보자.

♥
50쪽 참조할 것.

> 활용이라는 말의 뜻은 그것의 진가를 살린다는 것이다. 바다가 지니고 있는 진가가 무엇인가? 그것은 지구상에 남겨진 자연계 중에서, 지금에 이르기까지 인간의 손이 덜 닿은, 아직 이용되지 않은 광대한 공간 그 자체라는 것이다. 인간의 역사를 어떤 일면에서만 본다면, 자연과의 대결과 그 극복, 그 이용의 역사라고도 할 수 있다. 그러나 또 다른 일면에서 본다면, 인간이 그것에서 태어나 그것과의 관계 속에서 살아온 자연으로부터의 이탈의 역사라고도 할 수 있다. 그 결과는 어느 쪽의 시점에서 보더라도 문명의 진보 발달이라는 말로 나타낼 수 있을 것이다.
> 그런데 현대의 시점에서는 문명의 진보 발달이 가속도적으로 빨라져서 자연과의 이탈의 정도가 너무나도 커진 감이 있다. 여기에 우리가 생각해볼 수 있는 것은 결국 두 가지가 될 것이다. 아직 이용되지 않은 나머지 공간으로서의 바다를 그대로 남겨둘 것인가, 아니면 이 거대한 자연까지도 인류 문명의 지배하에 둘 것인가 하는 것이다. 나는 자연계로부터의 완전한 이탈이 이루어졌을 때, 인간의 생물로서의 역사는 끝난다고 생각한다. 왜냐하면, 인간 역시 자연계의 일부 생물에 지나지 않기 때문이다. 그렇다면 바다의 참다운 활용이란, 이 남겨진 거대한 공간에 인간이 손을 대지 않는 것이다. 그리고 인간이 지금까지 이용해왔으면서도 제대로 이해하지 못하고 있는 자연의 참모습을 연구하기 위해, 또는 자연과 문명의 조화를 연구하기 위한 실험의 장으로서 활용해야 한다. 이러한 발상 자체가 꿈과 같이 비현실적이라는 것은 나 자신도 모르는 바는 아니지만, 이제까지 인간이 자연계를 이용해온 그런 방법으로 손

을 댄다면 참다운 의미의 활용이 될 수 없는 것이다. 바다를 이용하지 않은 상태로 남겨두는 것, 이것이 나의 꿈이다.

[해설]

활용이란 의미를 해석한 서론 부분은 높은 점수를 줄 수 있다.
하지만 논지가 어떻게 전개되었나 보자.

- 활용은 인간 문명의 진보와 발달을 의미한다.
- 문명의 진보는 인간의 파멸을 가져올 것이다.
- 바다를 이용하지 않은 상태로 남겨두자.

결국 어떻게 되어버렸나 보자.
출제자는 해양을 활용할 방안을 말하라고 했는데, 활용하지 말자는 주장을 한다. 문제를 제멋대로 해석했기 때문이다. 이 문제를 올바르게 풀기 위해서는 밑줄 친 '참다운 의미의 활용' 방안을 찾아야 했다.

이처럼 문제를 제멋대로 해석하는 건, 바보들이 하는 게 아니라 누구나 하는 실수이다. 그저 한 발 삐끗하면 이렇게 되는 것이다.

출제 의도에 충실하자!

8강 논술 문제에 대한 예시 답안

이상적인 사회라면 모든 인간관계는 인간 그 자체가 중심이 될 것이다. 하지만 물질만능주의가 팽배하는 현대사회에서는 인간보다 물질이 우선적으로 인간관계를 규정한다. 따라서 인간관계는 이런 물질적인 조건의 변화에 따라 언제든 흔들릴 수 있다. 어쩌면, 인간이 중심이 되는 진정한 만남을 영원히 그리워하면서 사는 게 현대인의 피할 수 없는 운명일지도 모른다.

(나)의 시는 현대사회의 인간관계가 내포한 비인간적인 모습에서 출발한다. 사회를 구성하는 각 개인은 서로에게 그저 '하나의 몸짓'으로만 의미 없이 존재하며 끊임없이 잊혀진다. 그렇기에 서로의 이름을 불러주어 서로에게 '꽃'이 되고, 그리하여 물질적인 관계를 넘어 영원히 기억되길 원한다. 인간 중심의 진정한 만남을 그리워하고 있는 것이다.

이 그리움에 대해서 (나)의 화자가 희망적이라면 (가)의 주인공이 처한 상황은 절망적이다. 바퀴벌레로 변함으로써 물질적인 가치를 생산할 수 없게 되자, 누이동생을 비롯한 가족에게 (나)의 화자처럼 '꽃'이 되기를 열망하며 손을 내밀지만 매정하게 거부당하고, 결국 (이후에 이어지는 내용에서 드러나지만) 죽임을 당하고 만다.

현대사회의 인간관계를 규정하는 이런 소외 현상은 정치, 경제, 문화 등 모든 삶의 영역에서 작동하는 보편적인 기제가 되었다. 누구든 피해갈 수 없다. 소외의 희생자는 소외당한 피해자에 한정되지 않는다. 가해자 역시 소외를 가함으로써 궁극적으로 소외의 희생자가 된다. 사회는 이들이 모두 함께 사는 공동체이기 때문이다.

하지만 역설적으로, 이런 소외 현상이 있기에 우리는 인간성과 진정한 인간관계를 그리워하는 것 아닐까? 사람이 영원히 산다면, 이 세상은 결코 아름답지 않을 것이다. 생명이 유한하기에 우리는 아름다운 걸 아름답게 느낄 수 있다. 가장 절망적인 순간이 가장 희망적이다. 즉, 소외가 깊을수록 우리는 인간에 대한 애정을 보다 깊이 가질 수 있으며, 소외 현상을 극복할 수 있는 지혜도 생각해낼 수 있을 것이다. (가)에서 묘사하고 있는 것처럼 현실이 절망적이라는 사실도 중요하지만, 그보다 더 중요한 건 (나)에서 제시하듯 '꽃이 되고 싶'어하는 시도와 노력이다. 이럴 때 우리가 사는 세상은 각자의 개성이 '빛깔과 향기'로 충만한 아름다운 사회가 될 것이다. (1,100자)

잘 읽었나? 자기가 한 것과 꼼꼼하게 비교해보길 권한다.

자뻑   저는 두 번 읽었습니다.
자포   저는 세 번 읽었습니다.
혜진   저도 세 번 읽었습니다.

장하다, 라고 말할 줄 알았지? 천만에! 의도와 열의는 좋지만 방법이 틀렸다.
꼼꼼하게 비교하는 건 그게 아니다. 예시 답안을 분석하고 해부해 개요를 다
시 구성해보고, 그걸 자기 것과 비교하는 걸 말한다.

자포   귀찮게…
선생   그래? 인생을 포기하려면 다른 사람 고생시키지 말고 일찌감치 포기
        해라.

선생은 그 자리에서 자포를 쫓아버렸다. 물론 자포를 포기한 게 아니다. 충격
요법일 뿐이다. 한데 선생이나 부모의 이런 의도를 모르고, 정말 버림받았다
생각하고 방황하는 학생들이 많다. 여기서 부모와 선생들만의 비밀을 하나 살
짝 가르쳐주겠는데, 어떤 부모나 선생도 자식과 제자를 포기하지 않는다.

빛 좋은 개살구, 양비론·양시론

A와 B가 다투고 있다. 판결을 내려달라고 했더니, A도 나쁘고 B도 나쁘다고 한다. 둘 다 나쁘다는 것이다. 이게 양비론이다. 반대로 A도 좋고 B도 좋다고 하는 건 양시론이다.

A와 B 가운데 어떤 입장을 취할지 의견을 물었더니, A도 나쁘고 B도 나쁘다고 한다. 그렇다고 해서 제3의 견해인 C를 제시하는 것도 아니다. 'A도 나쁘고 B도 나쁘니, 잘 해야 한다'를 답으로 제시한다. 몇 점이나 받을까? 논술 점수로는 빵점이다.

왜냐? 논술을 뭐라고 규정했는지 다시 한번 기억을 되살려보자. 어떤 사물이나 현상에 대해 자기 견해를 진술하는 것이라고 했다. 자기 견해가 없으면 논술이 아니다. 자기 견해가 없다면, 아무리 잘해봐야 '설명'일 뿐이고, 그 글은 설명문에 지나지 않는다.

'세계화'의 두 얼굴

세계화, 누구를 위한 것인가?

2004년 7월 13일의 풍경 하나

파나마 시티 동쪽 약 28km 지점에 있는 토쿠멘.
농부들이 중장비를 동원해서 줄지어 도로를 달리고 있다.
이건 농부들의 축제나 운동회가 아니다.
이들은 자유무역협정(FTA)에 반대하는 데모를 벌이는 중이다.
한 농부의 트랙터에는 "FTA가 경제를 파괴한다"는 글이 붙어 있다.

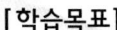

[학습목표]

－ 자본주의의 형성 과정을 이해한다.
－ 세계화 및 세계화를 둘러싼 갈등을 이해한다.
－ 관련 개념들을 정리한다.
－ 기업의 사회적 책임과 도덕적 의무를 이해한다.

🗝 들어가기

✳ 세계화, 무슨 뜻일까?

'세계화'라는 말 많이 들어보았을 것이다.

각자 이 말의 의미를 설명하고 예를 하나씩 들어보자.

혜진이와 자빽이 용감하게 손을 들고 발표했다.

> (혜진) 세계화는 우리나라 각 영역이 세계의 선진국들과 어깨를 나란히 할
> 수 있게 하자는 것입니다. 자동차 산업의 세계화라고 할 때, 우리
> 자동차 산업을 세계의 일류 자동차 메이커들과 어깨를 나란히 할
> 수 있게 발전시키자는 뜻이 됩니다.

> (자빽) 기술의 발달로 세계는 점점 좁아지고 있습니다. 이런 변화에 따라 전
> 세계가 이제 한 나라처럼 쉽게 교류할 수 있게 되었습니다. 이런 분
> 위기를 따라가지 못하면 국제 사회에서 따돌림을 받게 됩니다. 그러
> 니, 세계의 공용어로 자리잡은 영어를 익혀야 하며, 우리 문화만을
> 고집하지 말고 세계의 보편적인 문화를 습득하는 데 힘써야 합니다.

자포   더 할 얘기가 없네요. 내가 하려던 얘기, 얘네들이 다 해버렸어요.

선생   두 사람 얘기는 각자 다른 얘긴데?

자포   달라요? 같은 거 아니에요?

전혀 다르다. 그리고 또, 두 사람이 정리한 세계화는 충분하지 않다.

자포   아 씨~ 그럼 진작 얘기하지, 실컷 말하게 해놓고선, 쪽팔리게…

자포는 아직도 논술을 어떻게 공부해야 하는지 이해하지 못하고 있다.

논술 실력은 자기 생각을 밝히고 다른 사람의 생각과 비교할 때 쑥쑥 자란다.

자포야, 틀리거나 생각이 다르다고 부끄러워하지 마라. 처음부터 알고, 처음부터 잘하는 사람 없으니까.

세계화는 이런 거다.

> 세계화(Globalization)란 각 국가 경제가 세계 경제로 통합하는 걸 의미한다. 즉 국가 및 지역 간에 존재하던 상품, 서비스, 자본, 노동, 정보 등에 대한 인위적 장벽이 제거되어 세계가 일종의 거대한 단일 시장으로 통합되어 나가는 추세를 말하는 것이다.

이때 날아오는 태클,

말을 어렵게 했다뿐이지 같은 얘기잖아요!

같은 얘기라구? 다음 쪽에서 계속 얘기해보자.

개념을 정확하게 사용하자!

'장님 코끼리 만지기'라는 말 들어봤을 것이다. 전체를 볼 수 없기 때문에 다리를 만진 사람은 코끼리를 기둥이라 하고, 배를 만진 사람은 코끼리를 벽이라 한다. (장애우들에게 '정상/비정상'의 잣대로 갈라서 상처를 줄 의도는 조금도 없다는 사실을 밝혀둔다.)

군이 따지자면 틀린 말이 아닐 것이다. 하지만 그건 코끼리의 실체를 얘기하는 게 아니다. 혜진이나 자뼉이 세계화를 설명한 건, 군이 따지자면 틀렸다고 할 수 없지만 그래도 틀렸다. 코끼리를 기둥이라고 할 수 없고 벽이라고 할 수 없는 것과 마찬가지 이치다.

혜진　난 개념이 제일 어려워요.

자포　나도… 삘로 감 잡는 건 빠른데, 설명은 잘 못해요. 그게 내 한곕니다.

스스로 못한다고 자학할 필요도 없고, 못한다고 미리 금을 그을 필요도 없다. 개념은 원래 어렵다. 왜냐? 대상을 총체적으로 파악할 수 있어야 개념이 설 수 있기 때문이다. 수학에서 필요충분조건이란 말 들어봤겠지? 바로 그런 거다.

예를 들어볼까? 철거 직전의 판잣집 단칸방에 모여 사는 부부와 두 남매가 있다. 이들을 규정하는 개념으로 다음 중 무엇이 가장 적합할까?

① 오늘 아침을 굶은 사람들
② 별로 알고 싶지도 않고 친하고 싶지도 않은 사람들
③ 영세민으로 분류되어 사회복지사의 도움을 받는 사람들
④ 어려움 속에서도 서로에 대한 사랑과 미래에 대한 희망을 버리지 않는 사람들
⑤ 달동네의 가난한 일가족

정답을 군이 말하지 않아도 알 것이다. 눈치는 빠르니까. 그래 ⑤번이다. ⑤번만이 다른 모든 걸 설명할 수 있다. 그래서 총체적이라는 말이다.

그럼 앞쪽의 '세계화'와 관련해서 가장 핵심적인, 다시 말해 그걸로 다른 모든 걸 설명할 수 있는 부분이 무얼까?

> 각 국가 경제가 세계 경제로 통합하는 것. ♥

이 개념으로 혜진과 자뻑이 말하고자 했던 내용을 한꺼번에 설명할 수 있다. '~이 무엇이냐?'와 '~을 정의하라'와 '~과 필요충분조건을 구하라'는 모두 같은 말이다.

♥

유럽 여러 나라들이 유럽연합(EU)을 결성해서 무역 장벽을 없애고 화폐를 통일해서 자기들끼리의 경쟁력을 높이고 있는 건 잘 알겠지? 미국도 나름대로 북미자유무역협정(NAFTA)을 결성해서 캐나다와 멕시코를 하나의 경제 블록으로 묶고 있다. 동양에서도 일본과 중국이 서로 자기가 중심이 되는 경제권을 건설하겠다고 다투고, 우리나라도 지지 않으려고 애를 쓰고 있지. 여기에 대해서는 221쪽에서 더 자세하게 살펴보자.

독해력을 기르자!

만점 받기 훈련

자뻑 　어라? 독해력 이야기는 앞에서도 들은 것 같은데요?

선생 　맞다. 앞에서 했다. 만점 받기 기술 '독해력을 나의 최대 무기로 삼자'였다.

자뻑 　에이 뭐예요…

뭐긴, 만점을 받으려면 반드시 해야 하는 중요한 훈련이니까 그렇지. 독해력 훈련은 기초 체력 훈련이다. 히딩크 감독이 우리나라 축구를 월드컵 4강까지 올려놓을 수 있었던 건, 기초 체력 훈련부터 시작했기 때문이다. 입에서 단내가 풀풀 나도록 훈련을 했기 때문에 월드컵 4강이라는 위업을 달성할 수 있었다. 탄탄한 독해 실력을 갖추고 나면, 문단의 핵심어와 핵심 문장을 쉽게 찾아낼 수 있고, 문단 구조를 쉽게 파악할 수 있으며, 여러 개 예시문의 관련성까지도 쉽게 찾아낼 수 있다.

자포 　에이… 그건 기초죠…

선생 　기초라는 녀석이, 문제 자체도 해석을 못하고 동문서답 엉뚱한 소리 했니?

자포 　그때는 컨디션이 안 좋아서…

퍼억! 이런 애는 맞아야 한다.

생각하고 토론하기 1

 새삼스럽게 왜 굳이 세계화인가?

새삼스러운 거 아니다. '세계화' 이야기가 나온 건 그다지 먼 과거의 일이 아니다.

제2차 세계대전 이후에 미국을 중심으로 한 서구 진영의 국제 경제 질서는 1948년에 체결된 '관세 및 무역에 관한 일반 협정(GATT)'에 의하여 주도되어왔으나, 1994년 4월에 7년에 걸친 우루과이 협상이 타결됨에 따라 1995년 '세계무역기구(WTO)'가 출범하였다. 이 WTO가 세계적으로 통용될 수 있는 무역상의 공통 기준을 마련함으로써 국제 교역 질서를 보다 광범위하고 강력하게 규제할 수 있게 되었다.

따라서 선진 공업국과 개발 도상국을 포함한 모든 국가가 특정국에 대한 차별적인 대우를 적용할 수 없게 됨에 따라, 세계 시장에서의 경쟁은 더욱 치열하게 전개되었다.

선생　자, 본격적인 세계화는 불과 10여 년 전에 시작되었다.

지뻑　그럼 그 전에는요?

선생　자기 나라에 불리한 수입품은 관세를 무겁게 매겼지, 자기 나라 산업을 보호하려고. 특히 가난한 나라들 같은 경우, '배째라주의♥'로 나갔지.

혜진　계속 그렇게 나가지, 왜 입장을 바꿨죠?

♥
설마 '배째라주의'라는 표현을 논술고사 답안지에다 쓸 사람은 없겠지? 없어야 한다. 앞에서도 얘기한 적 있다. 자기만의 표현을 만들어서 쓰지 말라고. 나는 왜 하냐구? 알아듣기 쉽게 하려고 한다. 더 따지지 마라. 정 궁금해서 못 견디는 사람이 있다면, '보호무역주의'로 알아두자. 후진국의 이 보호무역주의와 다른 성격의 '신보호주의'라는 게 있다. 이건 선진국이 1970년대 후반 이후 후진국에서 탈피한 개발도상국을 견제하려고 선진국들이 채택해온 경제 정책으로, 개발도상국의 관세 장벽을 허물어뜨려 자국의 이익을 확보하려는 게 목적이다.

좋은 질문이다! 실력이 <u>일취월장</u>日就月將♥ 늘고 있다. 그렇게 파고들어야 한다.

개발도상국들이 왜 '배째라주의'를 포기하고 선진국 주도의 경제 질서에 편입되어 들어갈까?

① 선진국이 이전에 개발도상국들이 누렸던 혜택을 고스란히 인정해주기로 약속을 해서
② 선진국의 위압에 눌려서 어쩔 수 없이
③ 개발도상국도 이제 웬만큼 살 만해져서

①번은 아예 틀렸고, ②번은 조금 맞고, ③번이 근접하게 맞다.

"깝깝하네 진짜, 속 시원하게 설명을 해주지…"
➡ 태클 걸지 마라, 그렇게 간단한 문제가 아니니까 그렇지.

자, 여기서 세계화를 해서 플러스 마이너스 따져서 이익을 보는 국가가 있고 손해를 보는 국가가 있으며, 한 국가 안에서도 이익을 보는 집단이 있고 손해를 보는 집단이 있다.

"당연히 그렇겠죠!"

누가 이익을 보고 누가 손해를 보는지 따져보면,
세계화의 논리를 쉽게 이해할 수 있다.

어차피 세계화란 건, 누군가 이익을 얻고자 수작하는 경제 논리이기 때문이다.♥

일취월장
날이 갈수록 달이 갈수록 좋아지고 실력이 는다.

♥
어떤 사회 현상의 결과 누가 이익을 보고 누가 손해를 보는지 따져보면 그 현상의 본질을 쉽게 파악할 수 있다. 여기서 '누구'는 어떤 계층일 수도 있고, 어떤 집단일 수도 있으며, 어떤 국가일 수도 있다.

재벌의 역사와 세계화

우리나라를 예로 들어보자. 전쟁 후에 우리나라의 산업은 변변한 게 없었다. 드럼통을 손으로 두들겨서 차 껍데기를 만들었다. 60년대가 되어도 여자들 머리카락을 잘라서 가발을 만들어 파는 게 귀한 외화벌이 수단이었다. 이때야 세계 무역 질서 운운하는 것 자체가 '개 풀 뜯어먹는 소리'였다.

하지만, 세상이 바뀌었다. 6,70년대의 경제 개발로 재벌이 등장했고, 그후 90년대까지 재벌은 정부의 비호를 받아 몸집을 불리고, 국가의 경제력을 높였다. 산업 구조도 1차 산업에서 재벌 중심의 2차 산업과 3차 산업 중심으로 급속하게 바뀌었다.

이렇게 몸집을 불린 재벌은 미국과 일본의 그늘을 벗어날 만큼 독자적인 기술력과 자본력을 갖추기 시작했다. 또한 국내 시장의 수요만으로는 만족할 수 없을 정도로 성장했다. 재벌에게는 세계 시장이 필요했다. 세계에 통할 만한 경쟁력도 확보했다. 이렇게 해서 우리나라도, 정확하게 말하면 우리나라의 기업도, 전 세계적인 세계화 움직임에 대응할 수 있게 된 것이다.

"아까, 세계화 때문에 손해보는 집단이 있다고 하셨잖아요. 그 얘기 왜 빠뜨리세요?"

빠뜨린 게 아니라 지금 하려는 중이다.

선생   자, 다른 나라와 무역 협상을 한다고 치자. 우리나라의 기업이 외국에 상품을 보다 유리한 조건으로 팔아먹을 수 있게 무역 장벽을 없애자고 주장하려면, 우리도 그 나라에게 뭔가를 양보해야 하겠지?

자포   당연하죠, 공짜는 없으니까.

선생   어떤 걸 양보할까, 1차 산업, 2차 산업, 3차 산업 중에서?

학생들   1차 산업!

선생   왜지?

자포   자기 꺼 아니니까요.

혜진   그게 아니라, 1차 산업은 경쟁력이 없잖아.

자포   재벌들이 농민들을 희생시켜서 자기만 잘살려고 하는 거야.

혜진   그게 왜 자기만 잘살려는 거야? 기업이 잘되면 일자리도 많아지잖아.
         농업이나 어업은 어차피 경쟁력이 없는 거 모르니? 소고기만 봐봐,
         수입 소고기가 얼마나 싼데? 우리가 경쟁이 되니? 경제력의 경쟁력이
         있는 부분을 키워야지, 경쟁력이 없는 부분을 붙들고 있으면 뭐하니?

토론이 격렬해진다. 모든 국민이 행복할 수 있는, 나아가 우리와 협상하는 상
대국의 모든 국민들까지 행복할 수 있는 해결책이 있다면 얼마나 좋을까? 아,
물론 가능성이 없다는 이야기는 아니다. 분명히 있을 것이다. 그걸 찾아야 한
다. 그게 과제다.

선생   그 과제만 풀면, 노벨상도 받을 수 있고 대통령도 될 수 있다.

혜진   제가 해보죠 뭐.

선생   그걸 이룩해내려면, 단순히 지식뿐만 아니라, 인류애에 바탕을 둔 숭고
         한 철학과 현실에서 그 철학을 실천할 고도의 정치력이 필요할 거야.

혜진   제가 한다니까요?

그래, 기대하마.

2003년 멕시코의 휴양지 칸쿤에서
개최된 WTO 회의를 반대하며 나체
로 'No To The WTO'라고 글자를
만들어 시위하는 반세계화 시위자들.
ⓒ 연합뉴스

🦟 세계화의 명암

세계화는 최근 국가 간에 상품, 서비스, 자본 등의 이동을 촉진시키고 정보의 교환을 확대시키는 정보통신 기술과 그 인프라가 발달됨에 따라 급진적으로 확대되고 있다. 마침내 국가 간의 장벽이 없어지고 하나의 생활권을 형성하기에 이르렀다. 이건 거스를 수 없는 대세가 되었다.

자쁵 중국도 사회주의 국가면서 자본주의 국가처럼 시장을 개방했잖아.
자포 그래, 우리 아빠 친구도 중국에 공장을 짓는다 그랬어.
혜진 옛날 소련도 이 변화를 따라잡지 못해서 해체되었다 그랬어.

자, 그럼 이렇게 거스를 수 없는 추세가 되어버린 세계화의 긍정적인 측면과 부정적인 측면을 살펴보자.

긍정적인 측면	부정적인 측면
• 격심한 경쟁을 통해 효율의 극대화를 가져온다. • 경쟁, 특화 등을 통해 자본, 노동 등 자원의 최적 배분을 가능하게 한다. • 시장 광역화를 통해 규모의 경제♥가 이익을 발생시킨다. • 무역 장벽이 사라져 기업 활동의 자유가 최대한 보장된다.	• 소수 선진국의 패권적 지배를 강화한다. • 약소국가는 주권을 침해받을 수 있다. • 각 경제 주체의 대외 의존도를 심화시킨다. • 각국의 비교 열위 산업은 도태된다. • 국가 간, 계층 간 소득의 양극화를 심화시킨다.

규모의 경제
(economy of scale)
생산 요소 투입량의 증대, 다시 말해 생산 규모의 확대에 따른 생산비가 절약되거나 수익이 올라가는 현상. 쉽게 말해서, 자동차 한 대 만들 때보다 10만 대 만들 때 자동차 한 대당 비용이 적게 든다는 얘기다.

이제 '세계화' 하자는 얘기를 영어 잘 하자는 뜻으로 알아듣는 사람 없겠지? 자, 여기서 토론 문제 하나 나간다.

[문제]
거스를 수 없는 대세가 되어버린 세계화의 추세 앞에 전통적인 방식의 농업은 이제 경쟁력이 없다는 말들을 한다. 그렇다면, 우리는 농업을 포기해야 하나? 아니면, 어떻게 경쟁력을 갖추게 할 수 있을까? 각자 농림부 장관이 되어 정책을 제시해보시오.

> **이것만은 알아두자** 용어 익히기

2차대전 이후 국제 경제 사회의 두드러진 특징 가운데 하나는 지역적으로 가까운 나라들끼리 경제적으로 통합하려는 경향이다. 국가와 국가 사이에 무역 장벽을 헐고, 자유 무역 원칙을 세우는 걸 경제 통합이라고 한다.

경제 통합의 형태

유형	특징
자유 무역 지역	• 가맹국 사이에 관세 철폐 • 비가맹국에 독자적인 관세 부가
관세 동맹	• 가맹국 사이에 관세 철폐 • 비가맹국에 공동 관세로 대응
공동 시장	관세 동맹 + 노동·자본과 같은 생산 요소의 자유로운 이동
경제 동맹	공동 시장 + 국가 간 재정·금융 정책의 상호 협조

경제 통합의 여러 사례

- 유럽연합(EU) : 유럽공동체(EC)를 발전시킨 것으로, 화폐와 시장을 단일화함으로써 유럽을 하나의 경제권으로 묶은 완전한 경제 통합의 형태이다.
- 북미자유무역협정(NAFTA) : 미국·캐나다·멕시코가 체결한 협정으로, 일종의 자유 무역 지역이다.
- 이밖에도, 우리나라가 포함된 아시아태평양경제협력체(APEC), 라틴아메리카자유무역연합(LAFTA)과 중앙아메리카공동시장(CACM)이 있다.

생각하고 토론하기 2

세계화(Globalization)와 세계주의(Globalism)

"어라? 세계화는 알겠는데, 세계주의는 뭐야?"

그럴 줄 알고 다음 글을 준비했다. 잘 읽어보도록.

> 세계주의란 세계 모든 나라의 국민들이 하나로 뭉쳐 일체감을 가지고 조화 속에서 생존해가기를 바라는 관념이다. UN이 세계 평화를 위해 창설된 것은 이 세계주의에 입각하고 있는 것이다. 또한 환경주의자들이 '하나뿐인 지구' 보전이라는 이념 하에 '지구 공동(Global Common)'의 이념이나 '지속 가능한 개발(Sustainable Development)'을 표방한 것도 이 세계주의에 바탕을 두고 있는 것이다.
>
> 그외에도 1969년 <u>남북 문제(North South Problem)</u>♥ 해결을 위해 UN의 요청으로 작성된 피어슨 보고서에서 "우리는 세계라고 하는 하나의 마을에 살고 있고 세계 공동체에 속해 있으므로 가지고 있는 국가들이 가지지 못한 나라들에게 경제적으로 지원하는 것은 분명히 좋은 일이다"라고 주장된 것도 세계주의를 명백히 반영한 것임에 틀림없다.
>
> 뿐만 아니라 이 당시 UN경제사회이사회의 자문 기관인 개발계획위원회의 권고안으로 제출된 틴버겐 보고서, 즉 '제2차 UN개발 10년을 위한 지침의 준비 및 제안'에서 틴버겐은 "개발도상국에 대한 원조를 제공하기 위해 국제 연대성의 원칙을 적용해야 한다"고 제언한 것도 세계주의를 잘 드러낸 것이다.
>
> 피어슨 보고서나 틴버겐 보고서에서는 '종래에 1국이 하나의 공동체였으나

남북 문제
이걸 우리나라의 남북통일 문제로 이해하는 사람 없도록. 대체로 북쪽에 위치한 나라들은 잘사는 데 비해 남쪽에 사는 나라들은 가난하다는 사실 때문에 부자 나라와 가난한 나라를 북과 남으로 나누었다. 그리고 남북 문제라는 것은 국가 간의 빈부 격차 문제를 뜻한다.

지금이야말로 문명의 진보에 따라 세계가 하나의 공동체로 이루어져 가고 있으므로, 원조는 도덕적 관념에서 필요하다'는 점이 강조되었던 것이다. 이와 같이 세계주의는 도덕적·윤리적 성격을 띠고 있다.

우리가 하나의 지구상에서 자연 환경과 인간 정착 환경을 보전하면서 UN의 깃발 아래에서 전쟁, 폭력, 공포, 약탈, 기아에서 벗어나 평화롭게 살아가기를 바라는 생각은 세계주의를 표방한 것이다. 세계주의는 지구상의 모든 인류가 도덕적 가치와 평등의 기초 위에서 상호 존중과 신뢰를 가지고 살아가는 것을 가장 이상적인 목표로 삼고 있다. 그리고 세계주의는 생태계를 보전하고 필요한 자원을 합리적으로 분배하며 경제적으로 상호 지원하는 데 가장 이상적인 목표를 두고 있다. 따라서 세계주의는 다양성을 추구하고 있는 것이 사실이다.

— 신현종, 〈세계화의 본질과 특징〉에서

그래도 잘 모르겠다는 사람을 위해서 표를 만들었다.

참, 빈칸이 있어 미안하다. 빈칸은 각자 알아서 채워 넣도록.

	기반	관념	유형	목표	환경문제	정신
세계주의	윤리적, 도덕적			인류의 공존공영	지구 환경 보존	상호 의존
세계화	비윤리, 비도덕적	현실적	표준화, 획일화		천연자원 개발	

개념 응용·논술

♥
이 문제와 관련된 팁 '만점 받기 기술'이 228쪽에 이어진다. 먼저 읽어보도록.

[문제]

글 (가)를 논거로 삼고, KT&G 및 기사 (나)와 (다)를 예로 들어, 기업 활동의 자유와 기업의 도덕성 사이의 관계에 대한 자신의 의견을 논술하시오.♥ [(나)와 (다)는 게재 일자만 다를 뿐 신문에 게재된 기사이다.]

(주의사항)　1. 제목은 쓰지 말 것.

2. 신원을 나타내는 표현은 쓰지 말 것.

3. 분량은 띄어쓰기를 포함하여 1200자 안팎(±120자)으로 할 것.

(가)

상품이 우리의 구체적인 삶에서 분리되어 독자적인 논리에 따라 움직이면 움직일수록, 우리 사회는 점점 더 구경거리 사회로 변한다. 대중 매체의 발달에 따라 상품 광고가 우리의 일상 생활에 깊숙하게 침투함으로써 우리는 상품 자체를 사는 것이 아니라 상품이 산출하는 이미지를 사게 된다.

그런데 이 이미지는 연쇄적이다. 소비자는 인위적으로 만들어진 이미지 욕구에 따라 한 사물에서 다른 사물로 손을 뻗치게 되는데, 이 과정에서 그는 자신의 개성에 따라 자율적으로 소비한다고 생각하지만, 사실은 자본의 전략과 상품의 이미지의 유혹에 빠지는 것이다. 현대의 소비자들은 자신이 구입하고 소비하는 상품의 이미지 속에 자신을 투영하는 것이다.

(나)

'죽음의 상인'. 필립 모리스와 BAT 등 다국적 담배 회사들을 비난하는 말이다. 이들은 자국의 담배 수요가 줄자 공격적인 마케팅으로 담배 수출을 늘렸다. 그러나 이제 한국은 이들을 비난하기 어렵게 됐다. 작년 12월 민영화된

KT&G(옛 담배인삼공사)의 올해 담배 수출액이 2500억 원을 육박한다. 매출의 10%를 수출로 벌어들이는 셈. KT&G의 주력 수출 시장은 중동과 중앙아시아. 이 지역 수출 물량이 전체의 88.4%를 차지한다. 이란에서는 한국 담배의 시장점유율이 22.0%를 차지할 정도. "미국 제품에 대한 배타적인 정서가 강하고 한국 담배가 중저가 시장을 석권하면서 수출이 크게 늘고 있다"는 것이 해외사업본부 ○○○과장의 설명.

내수 시장에서도 KT&G는 달라졌다. 금년 상반기 매출이 1조 258억 원으로 작년 같은 기간에 비해 16.5%가 늘었다. 영업 이익과 당기 순익도 각각 30.3%와 41.2%로 크게 늘었다. 국내 담배 판매량이 작년에 비해 0.6% 증가에 그쳤는데 매출과 이익이 크게 늘어난 것은 1800원 이상의 고급 제품 비중이 크게 늘었기 때문.

KT&G의 이런 체질 변화는 작년 초 제일기획, CJ 등 외부에서 마케팅 전문가 열 명을 영입해 '브랜드국'이라는 새 조직을 만들면서 마케팅 역량이 대폭 강화되었기 때문. 과거 신제품 개발은 항상 생산 부문에서 주도했다. 공장에서는 담배를 굵기와 원자재에 따라서만 분류했을 뿐 소비자 취향이나 제품 이미지엔 큰 관심이 없었다.

"또 담뱃값을 인상할 때면 소비자들의 저항을 피하기 위해 새로운 상표를 만들어냈다. 이러다 보니 소비자에게 익숙한 기존 브랜드는 그냥 저가품이 돼버렸다. 브랜드나 담배 디자인도 사내 공모를 통해 정해왔다."(브랜드국 ○○○ 상품기획장)

그러나 작년부터 발매된 신제품들은 치밀한 시장 조사와 브랜드 포트폴리오 전략에 따라 만들어졌다. 이들은 담배 맛, 가격, 나이, 성별 등 여러 가지 변수들에 따라 고객을 세분화해 다양한 제품을 개발했다. 상품명이나 디자인도 수천만 원에서 많게는 수억 원을 주고 외부 전문 기관에 맡겼다. 더 원, 레종, 시즌, 클라우드 나인, 에쎄 등이 이런 작업을 통해 나온 제품들. 신제품들은 고객 만족도도 높아 수입 담배와 같은 가격을 받고 있다. 진한 맛의 고급 담배도 곧 개발할 예정.

그 결과 1/4분기에 23.2%에 이르던 수입 담배의 점유율도 2/4분기에는 22.7%로 떨어졌다. 담배 시장이 개방된 나라에서 한국처럼 국내 브랜드가 80% 가까운 점유율을 지키는 나라는 거의 없다. 미국과 영국뿐이다. JT라는 세계적인 담배 회사를 갖고 있는 일본도 수입산 담배의 점유율이 30.5%에 이른다. 대만(50.4%), 프랑스(69.3%), 이탈리아(70.1%)는 더 높다.

KT&G는 2005년 말 본격 개방되는 중국의 담배 시장에 대비하기 위해 마케팅 전략을 짜고 있다. 국내 시장보다 16배나 큰 중국 시장의 10% 차지가 목표. ○○○ 브랜드국장은 말버러나 던힐처럼 세계적인 브랜드를 만드는 게 꿈이라며 현재는 '에쎄'를 글로벌 브랜드로 육성하기 위한 전략을 짜고 있다고 말했다.

"양담배 단속으로 담배 시장을 지키는 것은 옛날 방식입니다. '완력 정책'이지요. 국산을 잘 만들면 저절로 됩니다." (○○○국장)

(다)

○○일보가 5일부터 지면에 흡연 사진을 게재하지 않기로 한 것은 청소년의 '모방 흡연' 가능성을 차단하기 위해서다. 흡연의 해악을 수치로 보면 담배가 얼마나 해로우며 우리 아이들에게서 멀리 떼어놓아야 할 '독극물'인지 명확해진다. 담배 한 개비에는 1991년 '낙동강 페놀 무단 방류 사건' 당시의 낙동강 물 10L에 들어 있었던 양의 페놀이 들어 있다. 담배 한 개비를 피우는 것은 페놀에 오염된 낙동강 물 50컵을 벌컥벌컥 마시는 것과 같은 것이다.

담배에는 독약으로 쓰이는 비소를 비롯해 발암 물질인 벤조피렌과 벤젠, 크로미움 청산가리 등 69종의 발암성 물질과 4000여 종의 화학 물질이 있다. 이들 물질의 작용으로 흡연자는 암·심장병·당뇨병 등 무려 5000여 가지의 질병에 노출되는 것이다. 폐암·구강암·설암·식도암·기관지암의 경우 90%가 흡연 때문에 생긴다. 또 담배를 피우면 자궁경부암·췌장암·방광암·신장암·위암·혈액암 등의 발병률이 1.5~3배 높아진다. 심장병·뇌중풍 등 심장혈관 질환으로 인해 숨질 경우 사망 원인의 20%가 흡연 때문이다. 또 담배한 개비를 피울 때마다 5분씩 수명이 단축되며 하루 한 갑씩 1년을 피우면한 달의 수명이 줄어든다. 한 해 한국에서 담배로 인해 17만~20만 명이 숨진다. 이는 95년 일어난 삼풍백화점 붕괴 사고(502명 사망)가 열흘에 한 번씩일어날 때의 사망자 수와 비슷하다. 흡연자는 폐암에 걸릴 위험이 비흡연자에 비해 15~64배나 높고 후두암에 걸릴 위험은 6~16배 높다.

설령 생명에 영향을 끼치지 않더라도 흡연은 삶의 질에 심각한 영향을 미친다. 흡연은 3,40대 남성의 발기부전을 2배 증가시키며 해소, 천식, 위궤양, 십이지장궤양 등의 원인이 된다. 특히 10대부터 담배를 피울 경우 2명 중 1명은 담배와 관련한 질환으로 숨지고 20대부터 흡연하면 3명 중 1명이 이 때문에 숨진다.

국립암센터 박재갑朴在甲 원장은 "미국에서는 97년 빌 클린턴 대통령이 담배를 마약으로 규정하고 '마약과의 전쟁'을 선포했다"면서 "한국도 언론뿐 아니라 고위공직자, 국회의원, 교육자, 의사, 연예인, 스포츠 스타 등이 금연에 앞장서야 한다"고 말했다.

cf. 이외에도, 다음과 같은 문제들이 적절한 예시문과 함께 제시될 수 있다.

    1. 사회주의 경제 체제와 자본주의 경체 체제의 차이를 설명하시오.

    2. 자본주의 국가에서 사회주의 정당이 정권을 장악하는 사례와 사회주의 국가에서 자본주의 시장 경제 체제가 확산되는 사례를 비교하고, 경제가 정치에 미치는 영향을 설명하시오.

    3. 주5일 근무제가 경제에 미치는 영향을 설명하시오.

늘 생각하고 토론하자!

마지막으로 결정적인 훈련 방법이 있다. 늘 생각하고 토론하자. 그리고 늘 '왜?'라는 의문을 가지고 주변의 행위나 현상을 대하자.

자포   에이…

선생   왜?

자포   선생님 그러시니까 진짜 꼰대 같잖아요.

내가 '꼰대'인 줄 이제 알았니? 그리고 '꼰대'라는 말 함부로 쓰지 말자. 정체불명 국적불명의 비속어다.

주제와 예시문의 연관성을 찾자!

논술 고사에서 예시문이 단 하나만 제시되는 경우는 드물다. 대부분 여러 예시문들을 한꺼번에 내놓고, 예시문의 관계를 묻는다. 예를 들면 이런 것들이다.

- (가)의 입장에서 (나)와 (다)를 비판하라.
- (가)를 전제로 할 때, (나)와 (다)는 논리적으로 어떤 관련이 있는지 논술하라.
- (가)의 전제를 반박하는 논리를 (나)에서 찾아 요약하고, 이에 근거해 (다)에서 제시한 사례를 중심으로 자기 의견을 논술하라.
- (가)에서 (라)의 예시문을 읽고 자기 입장을 논술하라. 단, (가)에서 (라)까지의 모든 예시문에 대한 평가를 반드시 넣도록 하라.

이외에도 수없이 많다. 그런데, 제시되는 예시문이 같은 주제의 글이거나 혹은 같은 장르의 글이면 괜찮은데, 전혀 다른 주제 혹은 전혀 다른 장르의 글일 경우에는 당황할 수밖에 없다. 예를 들면 이렇다.

사례 1

[예시문] (가) 수저, (나) 포크, (다) 연필, (라) 문화 일반

[문 제] 예시문을 읽고 음식 문화가 인류의 발전에 어떻게 기여했는지 혹은 기여할지 자신의 의견을 논술하시오.

사례 2

[예시문] (가) 자전거에서 비행기까지, (나) 아기에서 어른까지, (다) 조류에서 포유류로, (라) 우주의 생성과 지구의 역사, (마) 진화론

[문 제] (마)의 입장을 옹호하거나 반박하는 의견을 논술하되, (가)에서 (라)까지의 사례를 모두 언급할 것.

혜진　황당하네… 예시문이 잘못 나온 거 아니에요?

자포　문제 잘못됐네.

선생　잘못된 문제는 출제되지 않는다. 출제되는 문제는 잘못된 문제가 아니다.

예시문이 제시된 건, 나름대로 이유가 있기 때문이다. 그 이유를 찾아야 한다. 제시된 예문이 자기 논지 전개에 불필요하다고 무시하거나 버리지 마라. 어떻게 하든 자기 논지의 전개에 필요한 부분을 그 예시문에서 찾아야 한다. 아무리 아는 게 많고 그럴듯한 논리를 전개했더라도, 주어진 예시문을 무시한 논술문은 좋은 점수를 받지 못한다. 출제자는 주어진 자료를 가공하는 능력, 주어진 예시문을 자기 논리에 맞추어 적절하게 설명하거나 인용하거나 혹은 반박하는 능력을 보고자 하는 것이다.

출제자의 관심

- 각각의 예시문 속에 숨어 있는 보석들을 얼마나 잘 찾아내는가?
- 그 보석들을 얼마나 솜씨 좋게 실에 꿰는가?
- 그 보석들의 순서가 얼마나 조화를 이루며 보기 좋은가?

문득, 이런 시가 생각난다.

'예시문 함부로 무시하지 마라
예시문들 사이의 그 은밀한 연관성
한 번이라도 눈여겨본 적 있더냐?'

기생방에 아무 일이 없다고?

아무 일이 없는 것 같지 않다.

혜원 신윤복, 〈기방무사妓房無事〉 방안에서 남녀가 무슨 일을 하고 있다가 누군가 들어오는 소리에 당황한 듯하다. 방안의 남자는 기생을 찾아왔다가 그녀가 없자, 꿩 대신 닭이라고 기생의 몸종과 사랑을 나눈다. 그런데 갑자기 기생이 들어오니 놀라서 이불로 자신의 벗은 몸을 가린다.

혜원 신윤복은 단원 김홍도, 오원 장승업과 함께 조선 후기의 대표적인 화가로 3원화가라 불린다. 도화서의 화원畵員으로 첨절제사僉節制使라는 벼슬까지 지냈다는 사실 이외에 그의 생애는 거의 알려져 있지 않다. 산수화에서 참신한 색채 감각이 돋보이는 작품을 남기기도 했지만, 한량과 기녀를 중심으로 한 남녀간의 행락이나 정념情念, 그리고 양반 사회의 풍류를 다룬 풍속화에서 특히 이름을 날렸다. 가늘고 유연한 붓선과 한복의 아름다운 색감을 최대한 살린 효과적인 색채 사용 등을 통하여 당시의 풍속 및 풍류 생활의 멋과 운치를 실감나게 보여주고 있다. 또, 배경을 통해서 당시의 살림과 복식 등을 사실적으로 보여주는 등 조선 후기의 생활상을 생생하게 전해준다.

대중 소비 사회와 이미지

이미지를 알면 세상이 보인다

목숨을 유지하기 위해 인간이 필요로 하는 것은
공기, 물, 음식, 그리고 악천후로부터의 보호이다.
그러나 현대사회에서 인간에게 또 하나 절대적으로 필요한 게 있다.
그것은, 새로움에 대한 욕구이다.
─ 존 레이더 플랫, 〈제5의 요소〉에서

🔑 들어가기

✵ 이미지란 무엇인가?

국어 사전에서는 이미지를 이렇게 정의하고 있다.

이미지 (image) : [명사] 마음속에 그려지는 사물의 감각적 영상(映像). 심상(心象).

다음 작품을 살펴보자. 르네 마그리트♥의 〈이미지의 배반〉이란 작품이다.

르네 마그리트
1898~1967. 벨기에 출신의 초현실주의 화가. 입체파의 영향을 받았고, 파리에 체류하는 동안 시인 엘뤼아르 등과 친교를 맺으며 초현실주의 운동에 참가했다. 서로 고립한 현실적 물체를, 논리를 뒤집음으로써 재미있게 결합시키고 명쾌하게 묘사하여 매혹적인 환상의 세계를 선보였다.

Ceci n'est pas une pipe.

자뻑   밑에 써놓은 건 뭐예요?

선생   프랑스어로 "이건 파이프가 아니다" 라고 써놓았네.

혜진   파이프 맞잖아요. 담배 파이프.

자포   진짜… 장난치나?

이 그림의 제목이 '이미지의 배반' 이란 사실을 염두에 두고, 느낌을 얘기해보자.

자포   이미지가 배반을 했다… 파이프 모양의 초콜릿인가? 담배가 초콜릿처
        럼 달콤하다. 뭐 그런 뜻인가?

자뻑   파이프가 아니라고 주장한다면 뭐란 얘기지? …아, 알았다! 각자 자기
        마음대로 생각하라는 거 아니에요?

선생   글쎄, 그러니까 무슨 느낌이 드냐구.

자뻑   파이프 하나 가지고 사람 헛갈리게 만드네… 작가가 혹시 파이프와 관
        련된 안 좋은 추억이 있었던 거 아닐까요? 그래서 그 얘기를 하는 거죠.

혜진   아니면, 이 파이프의 주인이었던 누군가를 기억하려 했을 수도 있고…

뭐가 정답인지 아직 말할 수 없다. 여러분도 다음 쪽으로 넘어가기 전에 각자
느낌을 말해보아라.

✖ 그림 속의 파이프가 파이프란 편견을 버려!

앞에서 각자 얘기한 사람들의 대답이 모두 정답이다. 그리고 여러분이 느끼고
생각한 것도 정답이다. 자, 이제 이 작품의 의도를 눈치챘겠지?

당신이 가지고 있는 기존의 이미지를 버려라!

> 이건 분명 담배 파이프가 맞다. 하지만, 이걸 담배 파이프로만 보지 말고
> 이 담배 파이프에서 무언가를 느껴라. 그러면 이 담배 파이프는 바로 당
> 신이 느낀 바로 그 무언가가 된다.

이걸 도표로 나타내면 다음과 같다.

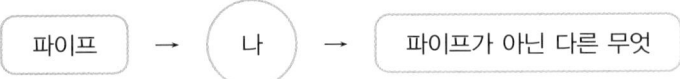

그렇다면 이 도표를, '이미지 A'가 '나'라는 주체의 인식 방식에 따라 '이미지 B'로 변화한다는 것으로 일반화할 수 있다.

| 이미지 A | → | 나 | → | 이미지 B |

"약간 어렵긴 하지만 무슨 말인지 알겠는데요, 기존의 이미지를 왜 버리라는 거죠?"

핵심을 찌르는 좋은 질문이다. 주장하는 게 뭘까? 그 답은 이거다.

• 기존에 알던 세상만 세상이 아니다.
• 눈을 바꾸면 세상이 바뀐다. 지겨운 세상을 좀 바꿔보자.

사물에 대한 인식 방식을 바꾸자.
세상을 다른 눈으로 바라보자.

눈을 바꾸면, 담배 파이프가 애인으로 보인다. '담배 파이프'만 현실이 아니라 거기에서 내가 '애인'을 느꼈다면 그 '애인'도 현실이 된다.

자포   황당하네요.
선생   황당하다가 아니라, 혁명적이라고 말해야지.
혜진   상상 자체를 현실로 받아들이자는 얘기는, 인터넷의 가상 현실을 현실로 받아들이자는 거나 마찬가지네요.
선생   그렇지. 인터넷의 가상 현실도 엄연한 현실로 존재하잖아. 그 속에서 인간 관계를 맺고, 배신도 하고 사랑도 하고…
혜진   이게 언제 작품이에요?

선생   1929년.

혜진   지금으로부터 75년이나 전에!

자포   그때 우리나라 사람들은 뭐 했지?

자뻑   김동인의 〈감자〉 뭐 이런 거만 나올 때 아니었나?

선생   아니지, 우리나라에도 이런 사람이 있었지.

자뻑   누구요?

선생   이상李箱.

이미지의 배반을 노린 작가 이상李箱

1929년에 이상은 경성고등공업학교 건축과를 졸업했고, 5년 뒤에 시 〈오감도〉를 발표했다. 시 〈오감도〉를 앞에서 본 〈이미지의 배반〉을 감상할 때와 마찬가지 방법으로 감상해보자.

13인의아해가도로로질주하오
(길은막다른골목이적당하오)

제1의아해가무섭다고그리오
제2의아해도무섭다고그리오.
제3의아해도무섭다고그리오.
제4의아해도무섭다고그리오.
제5의아해도무섭다고그리오.
제6의아해도무섭다고그리오.
제7의아해도무섭다고그리오.
제8의아해도무섭다고그리오.
제9의아해도무섭다고그리오.
제10의아해도무섭다고그리오.

제11의아해가무섭다고그리오.

요절한 천재 시인 이상.

제12의아해도무섭다고그리오.

제13의아해도무섭다고그리오.

13인의아해는무서운아해와무서워하는아해와그렇게뿐이모였소.(다른사정
은없는것이차라리나았소)

그중에1인의아해가무서운아해라도좋소.

그중에2인의아해가무서운아해라도좋소.

그중에2인의아해가무서워하는아해라도좋소.

그중에1인의아해가무서워하는아해라도좋소.

(길은뚫린골목이라도적당하오)

13인의아해가도로로질주하지아니하여도좋소.♥

♥
이 시는 〈오감도〉 연작시
가운데 첫 번째 시다. 이상
은 〈오감도〉를 〈중앙일보〉
에 연재하던 중 난해하다
는 독자의 항의를 받고 연
재를 포기했다.

여러분 눈에는 뭐가 보이나?

자포 정신병자의 세상인데요?

선생 그럼 네가 정신병자의 세상에 서 있구나.

자포 네에?

선생 네가 정신병자라는 뜻은 아니다.

생각하고 토론하기 1

米 미술에서의 이미지 변천사

'제1회 현대 아트페어' 전에 전시된 비
디오 아티스트 백남준의 작품 〈트라
이얼 그루부〉. ⓒ 연합뉴스

낭만주의　　있는 그대로의 생생함. (들라크르와)

자연주의　　현실을 선입견 없이 실험적으로 관찰. (밀레)

사실주의　　'천사를 보여주면 그리겠다', 고고한 가식적 주제가 아닌 평범
　　　　　　한 삶의 세속성이 주제로 등장. 목적이 개입된다는 점에서 자연

주의와 차별성. (쿠르베)

인상주의	빛의 변화에 따른 형태와 색의 순간적인 변화를 포착. (마네, 모네, 르느와르)
신인상주의	인상주의가 본능적, 감각적이라면 신인상주의는 과학적·분석적. (쇠라)
후기인상주의	개인적이고 주관적인 경험. (세잔, 고갱, 고흐)
야수주의	순수 색채에 집중. (마티스)
입체주의	형태의 변형으로 새로운 시선을 획득. (피카소)
표현주의	작가 개인의 내부 생명, 즉 자아와 혼의 주관적 표현을 추구. 다시 말해, '감정 표현'을 중심 과제로 삼았다. (에른스트)
초현실주의	인간의 무의식 속에 내재된 비합리적인 감정이나 잠재의식, 환상, 공상을 새로운 표현 기법을 통해 표출함으로써 현실을 초월하려는 시도. '색다른 낯설음'이라는 표현 방식을 주로 채택. 콜라주♥ 기법. (에른스트, 달리)
추상주의	현실적인 대상의 구체적인 재현보다는 선, 형, 색채 등의 순수한 조형 요소만을 사용. (칸딘스키, 말레비치)
팝아트	1950년대 중후반 미국에서 추상주의·표현주의의 주관적 엄숙성에 반대하고 매스미디어와 광고 등 대중문화적 시각 이미지를 미술의 영역으로 적극적으로 수용. (앤디 워홀)
비디오아트	TV를 표현 매체로 삼는다. 형식주의적 예술에 대한 반발로, 테크놀러지가 가지고 있는 예술적 가능성을 추구. (백남준♥)

각 사조의 등장 시기와 세계사적인 사건을 연결시켜보자.

콜라주
본래 '풀칠', '바르기' 등의 의미였으나, 전용되어 화면에 인쇄물, 천, 쇠붙이, 모래, 나뭇조각 등 여러 가지를 붙여서 구성하는 회화 기법 또는 그런 기법으로 제작되는 회화를 가리킨다. 1911년경 입체파 시대의 화가 피카소와 브라크에 의해 '파피에 콜레'라는 기법으로 처음 개발되었고, 이것이 이후 콜라주로 발전했다.

백남준
1932~. 한국이 낳은 세계적인 비디오아티스트. 유럽과 미국을 떠돌며 전위적이며 실험적인 미술 집단 플럭서스(Fluxus)의 일원으로 활동했고, 1963년 독일에서 첫 개인전을 열어 비디오 아트의 창시자로 세계 미술계의 주목을 받았다. 1996년 뇌졸중으로 쓰러져 몸의 왼쪽 신경이 모두 마비되었으나 장애를 극복하고 국내외에서 여전히 전시회를 갖고 있다.

생각하고 토론하기 2

이미지의 끝없는 욕망

자포   욕망이라고 하니까 이번에는 좀 야한 이야기죠?

자뼉   야동의 이미지가 떠오르는데요?

혜진   야동이 뭐니?

자뼉   야동이 뭔지 모르니?

자포   그러니까 뮬란이지.

혜진   죽을래?

야한 이야기가 아니다. 이미지는 스스로 끊임없이 변하고자 하는데, 이걸 욕망이라고 표현한 것일 뿐이다.

이미지는 왜 끊임없이 변하려고 할까?

이미지는 실체에 대한 또 다른 표현이다. 이 '또 다른' 표현법은 무한하게 가능하다. 이 무한한 표현 방식에 '산업'이 결합함으로써 욕망은 보다 탐욕적으로 바뀐다. 쉽게 이야기하면, 자본이 돈을 불리려고 온갖 새로운 이미지들을 끊임없이 만들어내서 팔아먹는 과정을, 이미지를 주인공으로 내세워 표현한 것일 뿐이다.

핸드폰을 예로 들어보자. 핸드폰 선전을 보면 어떤 이미지들이 떠오르나?

- 얼짱   • 몸짱   • 춤짱
- 터프함   • 귀여움   • 첨단

소비자들은 끝없는 갈증 속에 기업이 생산하는 이런 이미지들을 소비하고, 기업은 이 과정을 통해 돈을 불린다.

이미지 산업 이미지를 상품으로 생산하고 판매하는 사업.

자, 여기서 정리도 할 겸 질문 나간다. 다음 글을 잘 읽고 대답하라.

우리는 싫든 좋든 이미지를 대량으로 소비하는 사회에 살고 있다. 이미지는 상품을 선전하는 보조적인 수단이 아니라 이제는 그 자체가 하나의 상품이 된 듯하다. 상품으로서 이미지를 소비하는 것은 소비 주체에게 새로운 형태의 미적인 욕망을 안겨주기도 하면서 동시에 현실을 망각하게 해주는 소외 효과를 생산한다. 복합적인 이미지를 생산하는 다중적인 매체의 대량 출현은 그 매체들을 소비하는 주체의 욕망과 감수성의 새로운 생성을 가능하게 했다. 가령 보고, 듣고, 느끼고, 만질 수 있는 감각의 상호 교차, 재구성, 가상 체험이 가능해진 시대에 문화적인 감수성은 문자시대에는 느낄 수 없었던 복합적인 미적 감각을 제공해주는 것이다.

그러나 이미지의 끝없는 욕망은 결국 그 종결 지점에서 개인의 감각을 상품 형식으로 환원시켜버림으로써 개인의 소외와 사물화를 야기한다. 뮤직 비디오와 광고, 그리고 영화를 통해 빠른 속도에 익숙해진 신세대의 감각은 한곳에 정착하지 못하고, 끝없이 다른 이미지로 교환하고 싶어하는 강박관념을 낳는다.

[문제] 다음 표현이 의미하는 걸 설명하라.

(1) 이미지는 허상虛像이다.
(2) 이미지는 창부娼婦이다.

개념 응용·논술

[문제]

다음 글의 주장에 입각해서, 오늘날 청소년 문화가 가지고 있는 문제점과 해결 방안을 논술하시오.

(주의사항)　1. 제목은 쓰지 말 것.

　　　　　　2. 신원을 나타내는 표현은 쓰지 말 것.

　　　　　　3. 분량은 띄어쓰기를 포함하여 1000자 안팎(±100자)으로 할 것.

교환·변종(hybridity)·속도·기호들의 가치를 생산하는 M-TV의 이미지는 이른바 영상세대의 중요한 감수성의 하나가 되었다. 영상세대들의 감수성은 시각적 이미지가 어떤 사물을 재현하는가에 관심을 갖기보다는 이미지의 표면들이 어떻게 다른 이미지로 교환되면서 하나의 볼거리를 생산하는가에 관심을 갖는다. 요컨대 영상세대의 감수성이 감각적이고 자극적이고 촉각적인 이유가 거기에 있다. 중요한 것은 내가 어떤 내용을 발견했는가가 아니라, 어떤 시각적 이미지들을 소비했는가이다. 이미지를 소비하고 싶어하는 욕망이 이른바 영상세대가 지닌 감수성의 원천인 것이다. 스타일은 상징 기호가 되어 민족-국가의 경계를 넘나들고, 소리·글·이미지가 하나의 텍스트로 통합되고, 도시 경관은 재개발용 슬럼과 거대한 스펙터클로 이중화되며, 테크놀러지의 진화로 현실 공간과 가상 공간에서의 삶이 구분되지 않을 정도로 교차하는 현실은 분명 단일한 정체성으로 독해되거나 환원될 수 없다.

이른바 '문화적 카오스'의 시대를 맞아 영상문화는 시각문화와 결합하여 미술·광고 이미지·영화·비디오·컴퓨터·멀티미디어·만화·애니메이션을 아우르는 통합적이고 지배적인 문화 형식으로 등장했다. 문자문화의 시대에서 영상문화 시대로의 전환은 대중에게 끊임없이 다중적인 이미지를 소비하게 만든다. 국경을 넘나드는 수십 개의 텔레비전 채널, 컴퓨터 하나로 음악과 게임과 인터넷을 동시에 즐길 수 있는 세상, 핸드폰 속에 담긴 수많은 영상 정보들, 가공할 만한 속도로 소비자를 흥분시키는 광고들, 이 모든 것이 일상에서 소비되는 이미지다.

글과 소리와 영상이 하나로 통합되는 시각·영상문화의 시대를 어떻게 보아야 할까? 우리는 싫든 좋든 이미지를 대량으로 소비하는 사회에 살고 있다. 이미지는 상품을 선전하는 보조적인 수단이 아니라 이제는 그 자체가 하나의 상품이 된 듯하다. 상품으로서 이미지를 소비하는 것은 소비 주체에게 새로운 형태의 미적인 욕망을 안겨주기도 하면서 동시에 현실을 망각하게 해주는 소외 효과를 생산한다. 복합적인 이미지를 생산하는 다중적인 매체의 대량 출현은 그 매체들을 소비하는 주체의 욕망과 감수성의 새로운 생성을 가능케 했다. 가령 보고, 듣고, 느끼고, 만질 수 있는 감각의 상호 교차, 재구성, 가상 체험이 가능해진 시대에 문화적인 감수성은 문자시대에는 느낄 수 없었던 복합적인 미적 감각을 제공해주는 것이다.

그러나 이미지의 끝없는 욕망은 결국 그 종결 지점에서 개인의 감각을 상품 형식으로 환원시켜버림으로써 개인의 소외와 사물화를 야기한다. 뮤직 비디오와 광고, 그리고 영화를 통해 빠른 속도에 익숙해진 신세대의 감각은 한곳에 정착하지 못하고, 끝없이 다른 이미지로 교환하고 싶어하는 강박관념을 낳는다. 여기에서 이미지와 기호는 하나의 상품으로 존재하면서 소비 주체에게 사용 가치보다는 교환 가치를 선호하게 만든다. 하우크는 이를 교환 가치에 대한 상품의 '주관적 약속'이라고 불렀다. 즉 소비 주체에게 이미지의 환상을 주관적으로 심어줌으로써 마치 그 환상이 현실인 것처럼 믿게 해준다는 것이다. 이것이 이미지를 소비하는 주체가 빠지기 쉬운 자기소외의 메커니즘이다. 요컨대, 멀티미디어 영상 정보 시대의 소외 효과는 이른바 독점 문화 자본의 상품 재생산 논리가 안겨다준 '악의 꽃'인 것이다.

— 이동연, 〈이미지를 소비하는 M-TV 키드〉

cf. 이외에도, 다음과 같은 문제들이 적절한 예시문과 함께 제시될 수 있다.

1. 청소년들 사이에서 인터넷 '아바타' 꾸미기가 선풍적인 인기를 끄는 이유가 어디에 있다고 생각하는가?
2. 인기 스타들이 만들어내는 유행의 긍정적 혹은 부정적인 영향을 설명하라.
3. 멀티미디어 시대는 유토피아적이면서도 디스토피아적이라고 한다. 한 가지 입장을 택한 뒤, 구체적인 사례를 예로 들어서 자신의 의견을 논술하시오.

일본 문화의 개방

열등감인가, 민족적 정체성인가?

이승연은 '위안부' 할머니들을 찾아가 무릎을 꿇고
눈물을 흘리며 사죄했습니다. 그것은 참담하리만큼 비통한
우리 역사의 한 장면이었습니다. 하지만 '위안부' 할머니 앞에서
무릎 꿇고 눈물을 흘리며 사죄할 사람은 이승연이 아니었습니다.
— 현택수

- 일본을 바라볼 때 우리가 가지고 있는 두 개의 서로 다른 시선을 확인한다.
- 일본에 대한 특수한 감정을 어떻게 치유할 것인지 생각해본다.
- 다원주의 사회에서의 문화 교류 원칙을 짚어본다.

🔑 들어가기

우리나라에 외국인 근로자들이 많이 들어와서 일을 하고 있다. 이들 가운데 많은 수가 불법 체류자라고 한다. 일손이 모자라 쩔쩔 매는 중소기업 입장에서 보자면 말할 수 없이 고마운 존재다. 또 이들은 음식점에서 손님들 시중드는 일을 하며, 심지어 파출부로까지 나서고 있다.

불법 체류자는 적발해서 법에 따라 추방하는 게 당연하지만, 그럴 수 없는 게 현실이다. 이들이 없으면 그렇지 않아도 일손 구하기 어려운 3D 업종은 문을 닫아야 할 판이기 때문이다. 하지만 일부에서는, 불법 체류자 신분이라는 사실을 악용해 외국인 근로자들에게 차마 해서는 안 될 못된 짓을 하는 악덕 기업주들도 있다. 그래서 외국인 노동자 블랑카는 TV에서 이렇게 절규한다.

> "내 생일날이었어요. 한국 사람들이 축하한다면서 나를 막 두들겨 팼어요,
> 생일빵이랬어요. 코피가 났지만 고마웠어요. 그런데 어느 날 사장님 생일이
> 라고 했어요. 저는 생일을 축하하려고 사장님을 찾아갔어요. 사장님 엉덩이
> 를 발로 걷어찼어요. 사장님이 '이게 미쳤나?' 하셨어요. 내가 말했어요. '사

장님 축하드려요. 생일빵이에요.' 그날 무지하게 많이 맞았어요. 갈빗대 세
대가 나갔어요. 사장님 나빴어요!" ♥

우리나라 사람들이 외국인 노동자들을 대하는 태도와 정부의 여러 정책을 놓
고, 어떤 사람은 우스갯소리로 이런 말을 한다.

> "만일 옛날에 일본이 우리를 36년 동안 지배한 게 아니라 우리가 일본을 36
> 년 동안 지배했다면, 아마 지금쯤 일본이라는 나라는 존재하지도 않을 거야.
> 우리가 일본인의 씨를 말려버렸을 테니까 말이야."

자 그럼, 외국인 노동자를 대하는 우리의 태도에서, 일제 식민지 시대의 일
본·일본인의 태도와 같은 점 그리고 다른 점을 찾아보자.

같은 점

다른 점

♥
외국인 노동자들이 구타를
당하고, 임금을 떼이는 건
예사다. 공장에서 재해를
당해도 제대로 치료받지도
못한다. 옷을 사러 가게에
들어가면 재수없다고 내쫓
기기 일쑤다. 그래도 사회
의 여론과 대부분의 사람
들은 이들에게 냉담하기만
하다. 그러나 외국인 노동
자들을 돕고 이들의 인권
보장을 위해 노력하는 시
민단체들도 적지 않다는
사실을 기억하자.

| 알고 지나가자 | 일본 대중문화의 개방 과정 |

일본 대중문화 개방은 1998년 10월 당시 김대중 대통령이 일본을 방문해 개방 방침을 천명한 뒤…

□ **제1차 개방 (1998. 10. 20.)**

1차 일본 문화 개방 방침은 영화 및 비디오에 한정되었다.

영화의 경우 ▲ 공동 제작 영화(20퍼센트 이상 출자 등 영화진흥법상 요건을 충족하는 경우와 한국 영화인이 감독이나 주연으로 참여한 경우) ▲ 일본 배우가 출연한 한국 영화 ▲ 세계 4대 영화제(칸, 베를린, 베니스, 아카데미) 수상작들에 한해 개방했다. 이에 따라 구로사와 아키라 감독의 〈카게무샤〉, 이마무라 쇼헤이의 〈우나기〉, 기타노 다케시의 〈하나비〉, 한·일 공동으로 제작한 박철수 감독의 〈가족 시네마〉 등이 개방되었다.

비디오는 극장에서 상영된 영화의 비디오만 출시를 허용하였다.

□ **제2차 개방 (1999. 9. 10.)**

영화와 공연, 출판물의 개방이 중심이었다.

영화는 70여 개의 공인된 국제영화제 수상작과 전체 관람가 영화로 확대하였지만, 애니메이션은 제외되었다. 이에 따라 〈나라야마 부시코〉, 〈러브레터〉, 〈링〉, 〈소나티네〉, 〈철도원〉, 〈사무라이 픽션〉, 〈감각의 제국〉, 〈쉘 위 댄스〉 등이 개봉되었다.

공연은 2천 석 이하의 실내공연장, 실내체육관, 관광호텔 등 라이브 콘서트가 가능하게 되었으며, 출판은 일본어판 출판-만화, 만화 잡지가 허용되었다.

□ **제3차 개방 (2000. 6. 27.)**

영화를 비롯해서 비디오, 공연, 게임, 방송 등 1, 2차에 비해 개방 정도가 대폭 확대.

• **영화** : 18세 미만 관람 불가 영화를 제외한 모든 일본 영화의 국내 상영이 가능.

• **애니메이션** : 국제영화제 수상작의 경우에는 극장용 애니메이션도 개봉이 가능.

• **비디오** : 개방 대상 일본 영화와 애니메이션 중 국내 상영 분에 한해 허용.

• **공연** : 실내외 모든 공연 개방.

• **음반** : 일본어 음반은 제외하고 나머지 음반 개방.

- **게임** : 가정용, 게임기용, 비디오 게임을 제외한 나머지 게임 개방.

  (PC 게임, 온라인 게임, 업소용 게임 등)

- **방송** : 매체 구분 없이 스포츠, 다큐멘터리, 보도 프로그램 개방.

□ **개방 일정 중단**

2001년 7월 일본 교과서 왜곡 사태와 관련하여 일부 개방 일정이 중단되었다.

□ **제4차 개방 (2003년 6월에 제시, 12월에 확정)**

- **케이블 TV와 위성방송** : 생활 정보 및 교양 프로그램, 국내 영화 상영관에서 개봉된 영화 및 극장용 애니메이션, 일본어 가창을 전면 허용하고, 드라마는 '모든 연령 시청 가', '7세 이상 시청 가', '12세 이상 시청 가' 등급 및 '한·일 공동 제작 드라마'에 국한하여 부분 개방하며, 버라이어티 쇼·토크 쇼·코미디 등 기타 오락형 프로그램은 다음에 개방할 계획이다.

- **지상파 방송**(TV·라디오) : 생활 정보 및 교양 프로그램, 국내 영화 상영관에서 개봉된 영화를 전면 개방하고, 드라마는 한·일 공동 제작 드라마에 한하여 개방하며, 일본어 가창은 국내에서 개최되는 일본 대중가수 공연의 중계 방영 및 일본 가수의 국내 방송 출연 가창만을 허용하고,

- **비오락형 프로그램** : 생활 정보 등 교양 프로그램을 매체와 상관없이 이번에 동시에 전면 개방하고,

- **오락형 프로그램** : 케이블 TV와 위성방송을 통해 가능한 범위 내에서 전면 개방하고,

- **극장용 애니메이션** : 국내 극장용 기획 창작 시스템이 정착할 수 있는 최소한의 기간으로 2년을 유예하여 2006년 1월 1일부터 전면 개방한다.

생각하고 토론하기

문화를 바라보는 두 개의 시선

세계는 점점 가까워지는 게 추세다. 경제 교류와 함께 문화 교류도 과거 그 어느 때보다 활발하게 이루어진다.♥ 하나의 문화가 다른 문화로 유입될 때는 어떤 식으로든 충격이 일어나게 마련이다.

아래의 두 글은 이 충격을 각기 다른 시선으로 바라보고 있다. 그 시선은 각각 무엇일까?

♥
세계화에 관해서는 9강에서 다루었다. 참조할 것.

> (가) 스모 상륙에 착잡한 씨름
> 지난 14~15일 이틀 동안 서울에서 열린 스모 경기를 지켜보면서 씨름 관계자들은 부러움과 아쉬움을 토로하고 있다. 씨름과 스모는 한국과 일본을 대표하는 전통 국기이지만 현실은 너무나 대조적이기 때문이다. 스모가 범정부적인 차원의 각종 지원을 받으며 현대적인 인기 스포츠로 자리 잡은 반면 민속씨름은 단 3개 팀만이 존재하는 게 한·일 양국의 현실이다.
> 한국씨름연맹은 현재 임대해 운영하는 장충체육관을 리모델링해 씨름 등 전통 민속 문화 상설 공연장으로 만들어줄 것을 정부에 요구하고 있다. 외국인들에게 일본의 스모 전용 경기장이 도쿄의 명물인 것처럼 씨름 전용 경기장을 한국의 명소로 키워달라는 것이다.
> 씨름과 스모는 한 뿌리에서 나왔지만 민족성만큼이나 성장해온 배경이 다르다. 스모가 종교 제례나 진혼·주술 등 행사의 하나였다면 씨름은 원시사회에서 맹수나 다른 종족과의 싸움에서 이기기 위한 생활 수단, 자기를 보호하는 무술에서 출발했다. 스모가 막부시대는 물론 메이지 유신 이후에도 일본

왕실의 연중 행사로서 정부의 보호를 받은 반면, 씨름은 단오절 등의 마을 행사로 일반 대중 모두 즐기는 놀이가 된 것도 이런 연원과 무관하지 않다.

수많은 종목 중에서 유독 민속씨름만을 스모와 비교해 지원해달라는 말은 어폐가 있을지도 모른다. 그러나 일본 문화 개방과 함께 마치 개선장군마냥 한국 상륙 작전을 시도하는 스모를 지켜보며 토로한 씨름연맹 관계자의 한마디는 귀 기울여봐야 한다.

"스모가 왕의 궁전에서 성장할 때 우리 씨름은 저잣거리에서 민중의 애환을 대변했습니다. 이제는 민족의 문화유산으로 다듬고 키울 때가 되지 않았습니까?"

(나) 방송 프로 수출, 고맙다 한류!

동남아시아에 불고 있는 한류 영향으로 우리나라 방송 프로그램의 수출액이 큰 폭으로 늘고 있다. 문화관광부가 최근 발표한 '2003년 방송 프로그램 수출입 현황 조사'에 따르면 지난해 방송 프로그램 수출액은 전년 대비 46.2%가 증가한 4213만 5000달러에 이른 것으로 집계됐다. 반면 수입액은 전년 대비 11.8% 증가한 2806만 2000달러인 것으로 조사됐다.

이에 따라 방송 프로그램의 수출입 비율은 97년 1:6.6에서 2001년 1:1.08, 2002년 1:0.87, 2003년 1:0.67로 크게 개선되는 등 2002년 이후 계속 수출 우위를 유지했다. 수출입 편당 단가도 크게 높아져 2002년 1089달러였던 수출 가격은 지난해 1959달러로 상승했다. 하지만 수입 가격 역시 3428달러에서 5156달러로 크게 높아져 수입 가격 부담이 큰 것으로 분석됐다. 장르별로는 드라마의 수출 비중이 더욱 커졌고, 단가도 큰 폭으로 상승했다. 동아시아 지역의 한류 영향으로 드라마 수출 비중이 2002년 전체 수출의 76.8%(1639만 달러)였던 것이 지난해에는 85.7%(2834만 달러)로 커졌다. 평균 수출 단가도 2002년 1326달러에서 2003년 2205달러로 크게 상승해 드라마가 수출의 견인차 역할을 했다.

국가별로는 아시아 국가가 전체 수출의 73.7%로 대만(24.5%), 일본(19%), 중국(18.6%), 홍콩(3.3%)의 순이었다. 특히 일본의 경우 수출 점유율이 2002년 10.8%에서 2003년 19%로 급증했으며, 최근 〈겨울연가〉 등 국내 드라마의 인기와 일본 문화 개방으로 향후 수출 전망이 밝을 것으로 전망된다.

수입과 관련해 지상파 방송은 수입 의존도가 전년 대비 2.3% 감소한 반면 케이블 TV의 수입 의존도는 전년 대비 108.1% 증가했다. 장르별로는 케이블 TV 및 위성방송 영화 전문 채널의 수요 폭증으로 전체 수입 점유율의 79.8%

를 영화가 차지했다. 국가별 수입 점유율은 미국 77.8%, 영국 6.9%, 프랑스 3.9%, 일본 2.8%, 중국 2.2%로 미국 의존도가 여전히 높았다.

[문제]
일본 문화 혹은 일본 문화 개방을 바라보는 두 개의 시선, 즉 산업으로서의 문화와 정체성(identity)으로서의 문화가 어떻게 다른지 얘기해보자.

	산업으로 바라보는 시선	정체성으로 바라보는 시선
무엇을 중요하게 여기나?		
지지 기반이 무엇(누구)인가?		

이승연씨 누드집 발간 사태를 둘러싸고 벌어진 소동

이승연씨가 정신대, 즉 위안부로 끌려간 조선 여성을 주제로 한 누드 사진집을 발간하려다가 반대 여론에 부닥쳐 결국 포기하고 만 일이 있었다. 정신대 대책위원회와 '정신대 할머니'들이 거세게 반발했고, 수많은 사람들이 매국적인 행위라고 지탄하고 나섰기 때문이다.

> "위안부 누드 사진집 발간은 우리를 두 번 세 번 죽이는 것이다." (정신대 할머니)
> "돈벌이에 혈안이 되어 우리 민족의 자존심까지 팔아먹는 파렴치한 짓이다." (네티즌)
> "제가 정말 할머니들을 팔아서 돈을 벌려고 했다면, 맹세합니다만, 저는 한국인이 아닙니다." (누드집 기획자)
> "죽을죄를 지었습니다. 용서해주십시오." (이승연)

결국 이승연은 눈물로 사죄를 했고, 사진집 기획자는 필름 원본을 태워 없애야 했다. 자, 과연 이 일련의 과정이 바람직한 것이었을까? 조심스럽게 이런 반론을 던져보자.

□ 표현의 자유를 마녀 사냥 식으로 짓밟은 것은 아닐까?

□ 소설가 박완서는 〈엄마의 말뚝〉이라는 연작 소설 속에서, 분단의 아픈 기억을 딱지가 앉도록 내버려두지 말고 끊임없이 딱지를 떼어내고 상처를 덧내 현재의 문제로 고통스럽게 끌어안자고 했다. 정신대 할머니 문제도, 비록 고통스럽겠지만, 그렇게 해야 하는 것 아닐까?

□ 일본에 대한 열등감 때문에 집단적으로 히스테리를 일으키며 사태의 본질을 놓친 건 아닐까? (참고로, 지난 2002년 월드컵 때 전 세계에 과시한 우리의 응원문화를 보고 유럽의 어떤 사람은, "상식적으로 이해할 수 없었다. 모두 미쳐버린 것 같았다"고 했다. 우리 민족의 단결된 힘을 폄하하는 이 인간을 잡아다가 민족의 제단에 올려놓고 처형을 시켜버려야 할까?)

□ 다른 나라와 달리 유독 일본에 대해서 우리가 특히 거부감을 가지는 이유는 일제 강점이라는 수치스런 기억 때문일 것이다. 그렇다면, 앞으로도 계속 이런 열등감을 가지고 살아야만 할까? 다른 방법이 없을까?

[문제]
다음 글에서, 글을 쓴 사람의 의도를 미루어 짐작할 때 밑줄 친 사람은 누구일까?

"이승연은 '위안부' 할머니들을 찾아가 무릎을 꿇고 눈물을 흘리며 사죄했습니다. 그것은 참담하리만큼 비통한 우리 역사의 한 장면이었습니다. 하지만 '위안부' 할머니 앞에서 무릎 꿇고 눈물을 흘리며 사죄할 사람은 이승연이 아니었습니다."

한문 투의 문장에 숨어 있는 비밀

함정체크

딱딱하고 읽기 어려운 한문 투의 글이 논술문으로서는 좋은 글이라고 착각하는 학생들이 있다. 그렇지 않다. 논술문은 논리적으로 자기 의견을 주장하거나 상대를 설득하는 글이다. 보기 좋은 떡이 먹기도 좋다고 했다. 읽기가 쉽고 편해야 이해하기도 편하다.

자, 그럼 다음 예문을 보자.

> ① 사회의 외적 제도가 무너지고 가치 관념, 정신적 상태가 혼란되어 있는 시대는 대개 낡은 사회 제도가 그의 기능을 충분히 발휘하지 못하고 종래의 가치 관념이 생활을 규율하지 못하는 과도기에 일어나는 사회 현상인데, ② 이러한 과도기의 사회 변동이 급격할 때는 과도기라 할 수 있다. ③ 이러한 과도기에 적절한 대책을 세워 낡은 기존 사회 제도가 새롭게 진전된 사회 제도로 대체되고, ④ 이에 따라 새로운 가치 관념이 수립되면 사회는 위기를 극복하고 유기적으로 일층 더 활발하게 진전되는 것이다.

선생 　어떠냐?
혜진 　내용이 좀 어렵네요.
자포 　잘 쓴 거 아니에요?

전혀 아니다. 어려운 내용도 아닌 걸 알아보기 힘들게 썼을 뿐이다. 적지 않은 공사가 되겠지만, 이 글을 고쳐보자.

① ― 전체 구조가 '～시대는 ～시기이다'로 되어 주어와 술어가 일치하지 않는다. 이런 걸 문장이 아니라고 해서 비문非文이라고 한다.
　 ― '혼란되어 있는'이란 표현이 어색하지 않나? '～되어 있는'이란 표현은 일본식 표현이다. 우리 입에 착착 달라붙을 리가 없다. 이런 일본식 표현을 쓰지 말자. '혼란스러운'으로 바꾸자.
　 ― '시대'라는 어휘 선택도 잘못되었다. 시대라는 말은 어떤 특성을 가지고 있는 특정한 한 시기를 지칭하는 말이다. 그러니 이상하고 이해하기 어려울 수밖에 없다. '시기'로 바꾸어야 한다.
　 ― '낡은 사회 제도가 그의 기능을'에서 '그의'가 필요도 없는데 들어가 있다. 이것 역시 일본식 문장이다. 빼야 한다.
　 ― '종래의 가치 관념'도 어딘가 이상하지 않나? '종래의'라는 단어 때문이다. 이걸 '과거' 혹은 '기존', 또 아니면 '옛날'이라는 말로 바꾸어보자. 훨씬 부

드러울 것이다.

- '생활을 규율하지 못하는' 이라는 말은 도무지 어느 나라 말일까? '생활' 이라는 어휘도 그렇고 '규율한다' 는 어휘도 영 어색하고 딴 나라 말 같다. '현실과 동떨어져서 겉도는' 이라고 고치자.

② - '과도기' 라는 단어가 두 번 중복되어 있다. 과도기의 사회 변동이 급격하지 않을 때는 과도기가 아닌가? 이것 역시 비문이다.

③ - '~을 세워 ~가 ~로 대체되고' 라는 문장을 '~을 세워 ~에 ~이 확립되고' 로 바꾸어보면 어떨까?

④ - ③과 ④가 한 문장을 구성하고, 이 문장의 주어는 '사회는' 이다. 이 '사회는' 앞부분은 두 개의 조건을 전제하고 있다. 따라서 쉼표를 '사회는' 앞에 놓아야 함에도 불구하고 그 앞에 놓음으로써 문장을 읽기 어렵게 해놓았다.

- '일층' 이라는 어휘도 잘못 선택했다. '훨씬' 이라는 좋은 우리말이 있잖아.
- 여기서도 '진전되는' 이라는 단어가 거슬린다.

자, 이렇게 해서 위 글을 다음과 같이 고쳤다.

> 사회의 기존 가치 관념이 혼란에 빠지는 건 대개 낡은 사회 제도가 제대로 기능을 다하지 못할 때 일어나는 현상이다. 기존 가치 관념이 현실과 동떨어지는 이 현상은 사회가 한 시기에서 다른 시기로 빠르게 넘어가는 과도기에 일어난다. 이러한 과도기에 현실을 적절하게 반영하는 새로운 사회 제도가 자리를 잡고 새로운 가치 관념이 확립되면, 사회는 위기를 극복하고 보다 발전한 모습으로 변모한다.

딱딱한 한문 투의 글은 모두 문장이 잘못되었다는 말은 성립이 되지 않는다. 하지만, 학생들이 쓴 글 가운데 위의 예문처럼 한문 투의 문장에다, 내용 자체는 전혀 어렵지 않음에도 불구하고 쓸데없이 길고 얼른 이해하기 어렵다 싶으면, 여지없이 위에서 지적한 문제들을 모두 안고 있다. 자신의 무지를 한문 투의 문장에 숨기는 행위이다. 한문 투의 문장으로 만들어놓으면 어쩐지 그럴듯해 보이거든.

조심하자, 이게 바로 논술문 작성의 함정이다.
- 일본식 문장
- 주어와 술어의 불일치
- 적절하지 않은 어휘 선택

개념 응용·논술

[문제]

한국과 일본 사이의 대중문화 개방은 피할 수 없는 현실이다. 일부 매체·특정 장르를 제외하고는 대부분 개방이 되었으며, 나머지 부분도 머지않은 시점에 개방이 될 것이다. 바야흐로, 해방 후 60년 가까이 굳게 닫혀 있던 양국 간의 문화 통로가 공식적으로 활짝 열리게 된 것이다. 다음 예시문을 참고해서, 일본 문화 개방에 따라 발생할 수 있는 문제점이나 폐해를 지적하고 해결 방안을 논술하시오. ♥

(주의사항) 1. 제목은 쓰지 말 것.

2. 신원을 나타내는 표현은 쓰지 말 것.

3. 분량은 띄어쓰기를 포함하여 1000자 안팎(±100자)으로 할 것.

♥
이 문제에 대한 학생 글 한 편과 거기에 대한 첨삭이 11강 끝에 첨부되어 있다. 자기가 쓴 논술문과 비교해볼 것.

4차 일본 문화 개방 이후, 문화 개방으로 드러나는 폐해가 심각하다. 그중에서도 방송 애니메이션은 일부 케이블 방송사의 윤리의식 부족으로 인해 일본색으로 심하게 물들어가고 있다. '시바무라', '하라' 등의 일본 이름, 그리고 애니메이션 속 일장기가 우리의 아이들에게 아무런 규제 없이 노출되고 있는 것이다.

케이블 방송 투니버스의 〈건퍼레이드 마치〉는 그런 문제점을 단적으로 보여주는 예이다. 만화 배경 곳곳에 일본 문자가 들어가 있고, 더 나아가 주인공의 도시락에 일장기가 꽂혀 있다. 이런 '일본색'이 비판 능력이 부족한 어린이에게 그대로 방영되고 있다.

애니메이션의 일본 점령은 물론 하루 이틀의 일은 아니다. 1월에만도 케이블 TV인 투니버스에서 방송한 신작 13개 중 12개가 모두 일본 작품으로 구성되어 있다. 문제는 〈건퍼레이드 마치〉, 〈이누야사〉, 〈후르츠 바스켓〉 등 모두 일본색이 진한 작품으로 구성되어 있다는 것이다. 일본 문화 개방 방침에 맞춘 결정이라고는 하지만 방송국은 6~15세까지의 어린 시청자를 주요 대상으로 하는 애니메이션이라는 것을 망각한 듯하다.

일본 애니메이션 〈이누야샤〉 팬사이트에서는 게시판에 애니메이션 주인공의 한국어 이름 사용을 전면 금지하고 있다. 또 한국어 이름 게시 글을 통보 없이 삭제하는 바람에 많은 네티즌들의 반발을 부르고 있다. 이 하나의 예는 방송 애니메이션의 일본색이 시청자들에게 영향을 끼치고 있다는 점을 보여준다.

그동안 방송 애니메이션은 어린이들에게 지대한 정서적 영향을 끼칠 수 있다는 점에서 자율적, 타율적으로 윤리적 규제를 가해왔다. 윤리적 규제라 하는 것은 일본 명칭의 한국식 전환, 일장기나 음란성 내용을 컴퓨터 작업으로 가리는 것 정도를 의미한다. 그동안 이런 윤리적 규제는 국민적 반일 정서와 함께 일본 문화에 대한 규제가 있었기에 잘 지켜졌다.

하지만 일본 문화 개방 결정을 일부 케이블방송은 방송 애니메이션에 대한 최소한의 윤리적 규제마저 푸는 도구로 이용하는 큰 문제로 나타나고 있다. 상상해보라, 80년대 큰 인기를 끈 〈캔디〉의 주인공 캔디와 테리우스가 일장기를 들고 있다면 아마 많은 이들이 경악했을 것이다. 그것을 지금의 상황과 대비해보라, 어린 시청자들에게 일장기와 일본 문자가 미치는 영향을 직접적으로 알 수 있다.

어느 나라에서도 어린 시청자들이 보는 안방 TV 애니메이션에 다른 나라의 국기를 버젓이 드러내놓지 않는다. 아니, 그 이전에 일부 스포츠 애니메이션을 뺀 나머지 애니메이션 제작은 무국적 스토리로 만들어지기에 국기 자체가 드러나지 않는다는 것이 더 옳은 표현일 것이다. 하지만 유독 일본 애니메이션만 일장기와 일본 열도 지도, 그리고 일본색이 범람하는 것을 주의 깊게 바라봐야 한다.

이것을 다른 국가 애니메이션과의 형평성 차원으로 생각하는 것은 잘못되었다. 형평성이라는 이유로 일장기 방영을 허용해야 한다는 것은 지극히 우매한 행동이다. 적어도 어린 시청자가 즐겨보는 방송 애니메이션에 일장기와 일본 지도 등 '일본색'이 드러나는 것은 막아야 한다. 이것은 어린 시청자들에게 일본 문화에 대한 왜곡된 환상을 갖게 할 수 있기 때문이다.

하지만 투니버스 관계자는 필자와의 전화 통화에서 "일본 문화 개방 추세에 있기에, 앞으로도 (일장기 방영 등) 애니메이션 원작을 그대로 방영할 방침이다"라는 입장을 밝혔다. 문화관광부는 방송 애니메이션의 일본색 문제점 지적에 어느 정도 수긍하면서도 "사실상 애니메이션에 일장기가 나타나고 일본 문자가 나타나는 것은 방송국의 윤리 문제이다. 강제적으로 통제할 수는 없다"는 원론적 입장만을 되풀이하였다.

애니메이션을 보며 꿈과 희망을 키워야 하는 아이들이, 애니메이션 속에서 일장기와 일본 주인공 이름에 열광하는 현실, 지금 이것이 일본 문화 개방으로 인한 우리 TV 안방 극장의 현주소이다.

— 오마이뉴스, 2004. 1. 20. 곽진성 기자

cf. 이외에도, 다음과 같은 문제들이 적절한 예시문과 함께 제시될 수 있다.

1. 남북간의 문화 교류는 어떤 기준과 원칙으로 진행해야 할까?

2. 다원주의가 지배하는 현대사회에서 개인의 문화적인 욕구와 문화의 흐름을 인위적으로 통제하는 통치권적 행위와 고대 중국 진시황의 '분서갱유焚書坑儒'를 비교해서 자신의 입장을 논술하시오.

보충학습

※ 다음 글은 〈문화적 주체성과 유연성〉이라는 제목의 칼럼이다. 11강 강의를
정리하면서 꼭 읽어두자.

1965년 한일국교 정상화가 이루어진 이후 수입과 방송이 금지되었던 일본의
대중문화가 2004년을 맞아 사실상 전면 개방되었다. 1998년 김대중 대통령의 개
방 검토 지시 이후로 단계적인 개방을 해왔지만, 지난 3차 개방까지는 영화제에
서 수상한 작품만 개봉 가능하며 일본어 가사가 들어간 음악은 방송할 수 없다는
규정이 적용되었다. 여전히 몇 가지 유보 사항과 심의 절차가 남아 있기는 하지
만, 실제적으로는 영화 · 음반 · 게임 · 방송 분야 일본 문화의 자유로운 수입과
방송이 가능해졌다.

그동안 일본 대중문화 개방에 대한 찬반 논의가 지속적으로 이루어졌다. 반대
의 이유는 크게 세 가지였다. 과거 역사와 관련된 국민 정서를 고려해야 한다는
주장이 제기되었고, 일본 문화의 선정성과 폭력성이 청소년들에게 미칠 영향이
걱정거리였다. 그리고 막대한 자본을 대동한 일본의 문화 산업이 한국의 대중문
화 지형을 황폐화시킬지 모른다는 우려도 없지 않았다. 반면에 찬성하는 논의도
적지 않았다. 인터넷이 일상화된 시대에 현실적으로 일본 대중문화 가운데 들어
올 것은 이미 다 들어와 있으며, 역사적인 문제나 정치적인 현안 때문에 대중문
화의 수입과 유통이 금지된다는 것은 별다른 정당성이 없다는 주장이었다. 또한
폐쇄적인 문화적 태도는 한국 사회의 문화적 다양성을 배양하는 데도 도움이 되
지 않는다는 것이었다.

현실적으로 일본과의 자유무역협정(FTA)의 체결을 준비하고 있는 상황에서, 일본 대중문화의 수입 금지는 별다른 의미나 정당성을 갖지 못할 뿐만 아니라 불가피한 측면이 없지 않다. 따라서 그동안의 논의들은 단순히 찬성과 반대에 대한 의사 표명이 아니라, 일본 문화 수입을 앞두고 우리가 고려해야 할 문제점들을 짚어보는 소중한 기회였다고 할 수 있다. 문제는 수입 개방이 이루어진 지금부터이다. 반대를 해왔던 사람들의 걱정과 우려가 사라진 것도 아니고, 찬성했던 사람들의 희망처럼 당장에 문화적 다양성이 갖추어지는 것도 아니기 때문이다. 정치·외교·역사 등의 문제를 적절하게 고려하면서, 문화적 차원에서 일본과 새로운 관계를 정립해나가야 한다는 과제가 우리 사회에 던져졌다고 보아야 할 것이다.

4차 개방 이후 한 달 가량의 시간이 지났지만, 일본 문화 개방과 관련된 주목할 만한 반응들은 발견되지 않는다. 고이즈미 총리의 야스쿠니 신사 참배, 독도 우표와 관련된 외교 문제 등과 같은 민감한 사안들이 크게 작용했기 때문인 것으로 보인다. 또한 일본 문화에 대한 다양한 정보가 체계적으로 전달되지 못한 상황도 주요한 원인으로 꼽을 수 있을 것이다. 그동안 일본 문화는 법률적인 금지와 실제적인 유통이라는 이원적인 구조 속에서 독특한 위상을 가지고 있었다. 현재 소개되고 있는 수준은 마니아층을 자극하기에는 현저하게 약하고 일반 대중이 접근하기에는 참으로 막연한 상황에 있다고 보면 크게 틀리지 않을 것이다. 일본의 대중문화가 한국 사회에 연착륙할 수 있는 경우는 크게 세 가지 정도가 아닐까 한다. 첫 번째는 역사적인 평가가 이루어진 고전물과 지난 시절의 향수를 동반하는 추억물이다. 영화팬들은 일본의 세계적인 감독 오즈야스시로나 구로자와 아키라의 DVD를 소장하고자 할 것이고, 젊은 시절에 '안전지대'나 'X-Japan' 등의 음악을 좋아했던 사람들은 그들의 앨범을 찾게 될 것 같다. 그리고 학원에서 일본어 교재로 〈도쿄 러브스토리〉를 보았던 사람들은 케이블 방송에서 젊은 시절의 추억을 다시 떠올리게 될지도 모르겠다. 두 번째는 시장 경쟁력이 높은 아이돌(idol) 스타를 내세우는 경우이다. 일본에서 인기를 끌고 있는 보이 밴드나 여가수들이 대상이 될 텐데, 17세에 일본 최고의 음반 판매량을 기록했던 우타다 히카루가 좋은 예가 될 것이다. 세 번째는 일본의 메트로폴리탄적인 문화이다. 최근에 관심의 대상이 되고 있는 시부야 계열의 음악처럼, 1990년대 이후로 일본에서는 탈脫일본적이고 중성적인 문화를 추구하는 경향이 강하게 나타났다. 시부야 계열의 음악은 일본적인 고유함이 아니라 도시적인 퓨전의 감수성을 표현하고 있기 때문에 심리적인 거부감이 적은 편이다.

　　과거와 관련된 역사적인 경험은 잊어버릴 수도 없고 잊어서도 안 될 것이다. 하지만 역사적인 문제나 정치적인 현안을, 문화의 영역과 혼동하지 않고 구분해서 대응하는 일은 성숙한 사회에게 반드시 요구되는 사항이다. 외국의 문화를 선별적으로 수용하고 좋은 작품들을 즐길 수 있는 능력은, 그 자체로 해당 사회의 유연성과 다양성을 보여주는 일이다. 또한 다양한 문화의 수용 과정은 자국의 문화를 발전시킬 수 있는 생산적인 맥락을 구성한다. 문화적 주체성은 유연성과 다양성 그리고 비판 정신이 상호 작용하는 과정을 통해서 배양된다. 그런 의미에서 일본 문화 개방은 한국의 문화적 역량을 점검할 수 있는 좋은 계기로 삼아야 할 것이다.

－ 김동식(문학평론가)

11강 논술 해설 및 첨삭

문제에서 '본문부터 시작하라'는 조건은, 제목을 쓰지 말라는 것이지 서론을 빼고 본론부터 쓰라는 말이 아니다. 잘 쓸 수 있는 글인데, 서론을 빼고 본론부터 써서 망친다면 얼마나 기가 막힐까?

한데 꼭 이런 논술자가 있다. 수능시험 때 늦어서 허겁지겁 경찰 순찰차의 도움을 받는 학생 모습은 수능 때마다 TV 뉴스에 등장한다. 확률적으로 볼 때 이런 부류는 늘 있게 마련이다. 이런 부류에 끼지 않으려면, 늘 긴장의 끈을 놓지 않아야 한다. 논술에서도 마찬가지다. 사소한 실수가 성패를 좌우한다. 여러 가지 질문 형태들을 꼭 익혀두라.

▶ 학생 글

세계화 시대의 개막으로 지구촌 문화권이 다양해지고 있다. 세계의 각국들은 다양한 문화들과의 교류로 자국의 문화를 더욱 발전시키고 있다. 이러한 흐름 속에서 우리나라도 일본을 포함한 많은 나라와 문화적 교류를 하고 있다. 그러나 유독 일본 문화 개방은 일제라는 과거의 사건 때문에 다른 문화 개방보다 민감하게 다루어진다. 이러한 긴장감 속에 유입되는 일본 문화의 문제점은 무엇일까?

우선적으로 일본 문화 개방은 우리에게 문화적 주체성 상실의 우려를 안겨준다. 어린 학생들은 일본의 화려한 색채와 상업적 캐릭터와의 잦은 접촉 등을 통해 일본 문화에 지대한 관심을 갖게 되고 이것이 심화되면 커서는 일본 문화 우호주의에 빠질 수 있게 한다. 둘째, 분별력이 없는 유년기의 아이들에게 일본의 문화 침투는 국민적 정서를 흔들리게 한다. 우리는 일제라는 어두운 역사를 가지고 있다. 때문에 막연하게나마 애국심을 가지게 되고 일본에 대해서 자극을 많이 받는다. 이것이 국민적 정서라고 단정 지을 수는 없지만 일본의 문화적 침투는 아직 역사에 대해 밝지 못한 아이들에게는 좋은 부분만으로 보여지고 비판력이 떨어지기에 국민의 기본적 정서를 흔들리게 할 수 있다.

그렇다면 우리는 어떤 방안으로 이것에 대처해야 할까? 먼저 우리나라 문화에 대해 외국 문화를 선별하여 받아들일 수 있는 능력을 키워야 할 것이다. 잦은 문화 평가회 등을 통해 무비판적인 수용보다는 좋지 않은 부분에 대해서는 과감한 비판을 하고 특색 있는 문화는 본받을 줄 알아야 한다. 또한 이러한 것들을 하기 전에 방송사들의 심도 있는 윤리적 규제가 필요하다.

일본 문화 개방 범위가 늘어감에 따라 더 이상 유입을 막을 수는 없다. 막을 수 없다면 좋은 쪽으로 개선하면 되는 것이다. 앞으로 다양한 문화적 개방을 통해 우리나라의 문화도 많이 개방적으로 변하고 있다. 이러한 문화들도 주체적으로 수용하기 위해서는 일본뿐만 아니라 타문화에 대해서도 좀더 객관적으로 바라볼 필요가 있다.

위의 학생 글을 일단 문장의 흐름을 중심으로 수정해보았다.

▶ 학생 글 수정

과학기술의 발달과 국가 간의 경제 교역이 활발해지면서, 그만큼 다른 나라와 접촉할 기회가 늘어났다. 세계 각국은 다른 나라의 문화와 다양한 경로를 통해 교류함으로써 자국의 문화를 더욱 발전시키려 애를 쓴다. 우리나라 역시 일본과 경제 교류에 걸맞은 문화 교류의 필요성을 절감한 끝에 마침내 일본 대중문화의 전면 개방을 눈앞에 두고 있다. 그러나 일제 강점이라는 과거 우리의 아픈 경험 때문에 일본 문화에 대해서는 다른 어떤 나라 문화보다 민감하게 대응할 수밖에 없다. 과연, 일본 문화의 전면 개방이 몰고 올 문제점은 무엇일까?

우선, 일본 문화의 전면적인 개방으로 우리 문화의 주체성을 잃어버릴지도 모른다. 어린 학생들은 TV의 일본 애니메이션을 자주 접촉함으로써 일본의 화려한 색채와 상업적 캐릭터에 젖어들어 일본 문화에 빠져들 것이다. 나아가, 일본 문화가 우리 문화보다 낫다는 생각에 일본 문화를 맹목적으로 추종할 수도 있다. 둘째, 분별력이 없는 유년기의 아이들에게 일본의 문화 침투는 국민적 정서를 흔들리게 한다. 우리에게는 일제 강점이라는 뼈아픈 역사가 있다. 때문에 막연하게나마 일본에 대해 적개심을 가지고 있다. 이것이 국민적 정서라고 단정지을 수는 없지만 일본의 문화적 침투는 아직 역사에 대해 밝지 못한 아이들이 일본을 우호적으로 생각하게 함으로써 국민의 기본적 정서인 반일 감정을 흔들리게 할 수 있다.

그렇다면 우리는 어떻게 대처해야 할까? 먼저 외국 문화를 비판적으로 바라볼 수 있는 안목을 길러야 할 것이다. 잦은 문화 평가회 등을 통해, 외국 문화를 무비판적으로 수용하기보다는 선별적으로 수용하여야 한다. 특히 어린이들이 즐겨 시청하는 애니메이션의 경우 방송사에서 문제가 될 만한 부분을 걸러낼 확실한 여과 장치를 마련해야 한다.

일본 문화를 더 이상 막을 수는 없다. 일본 문화의 전면적인 개방을 눈앞에 두고 있는 지금, 이미 발생했거나 앞으로 발생할 문제점을 어떻게 해소하거나 줄일 수 있느냐가 문제의 초점이다. 그리고 가장 먼저 서둘러야 할 일은, 일본 문화에 특히 쉽게 노출되어 있으며 문화적 정체성이 채 형성되지 않은 어린이들을 보호하는 일이다. 우리 문화를 지키는 일은 우리의 주체성을 지키는 길임을 잊지 말자.

▶ 첨삭 내용

□ "일제라는 과거의 사건 때문에" → "일제 강점이라는 과거의 우리 아픈 경험 때문에"

  ➡ 단어의 선택 문제. '일제'가 문제가 아니라 '일제가 우리나라를 강제로 점령한 것'이 문제이다. 그리고 이건 '사건'이라고 보기에는 규모와 범위가 크기에 '역사적 사실'로 해야 옳다. 하지만 이걸 지금 시점에서 바라볼 때 '과거 경험'이라는 표현이 적절하지 않을까?

이외에도 서론을 전체적으로 수정했다. 꼼꼼하게 검토해보라.

□ "우선적으로" → "우선"

  ➡ '~적'은 어쩔 수 없이 써야 할 때가 있긴 하지만 사실 우리말 표현 방식이 아니다.

□ "일본의 화려한 색채와 상업적 캐릭터와의 잦은 접촉 등을 통해 일본 문화에 지대한 관심을 갖게 되고" → "TV의 일본 애니메이션을 자주 접촉함으로써 일본의 화려한 색채와 상업적 캐릭터에 젖어들어 일본 문화에 빠

져들 것이다."

→ '~의 ~와 ~와의 ~을 통해 ~게 되고' 식의 문장은 전형적인 일본식이다. 바꾼 문장과 비교해보자. 어렵게 쓴다고 좋은 논술문이 아니다. 어려운 내용을 쉽게 쓸수록 좋은 글이다. 학생이 쓴 이 문장은, 내용이 어려운 게 아니라 읽기가 어렵다.

▫ "일본 문화 우호주의"

→ 자기만 아는 새로운 말을 만들지 말자. 사람들이 널리 쓰는 말에는 모든 사람들이 동의하는 객관적인 의미가 담겨 있다. 객관적인 의미가 담긴 말로 소통을 해야지, 자기만 아는 단어를 사용하면 누가 알아들을 수 있을까?

▫ "우리는 일제라는 어두운 역사를 가지고 있다." → "우리에게는 일제 강점이라는 뼈아픈 역사가 있다."

→ "~을 가지고 있다"는 미국식 표현이다. 물론 거슬린다.

▫ "어떤 방안으로 이것에 대처해야 할까?" → "어떻게 대처해야 할까?"

→ 글쓰기의 기본은 군더더기 없는 표현이다. 빼도 되는 건 다 빼라.

▫ "특색 있는 문화는 본받을 줄 알아야 한다."

→ '특색 있는'이라는 단어 선택이 잘못되었다. 특색으로 치자면 일본 문화만한 게 없을 것이다. 상업적이지, 선정적이지, 폭력적이지…

▫ "방송사들의 심도 있는 윤리적 규제가 필요하다."

→ 의미가 불명확하다. 문화를 윤리적인 잣대로 규제한다는 말은 이 부분에서 새로이 제기하는 것이기에 엉뚱하게 들린다. 그런 주장을 하려면 근거를 덧붙여야 옳다.

→ 왜 갑자기 방송사 얘기를 하지? 곰곰이 살펴보니까 앞에서 언급한 TV 애니메이션과 관련한 이야기인 것 같다. 하지만 이 부분은 외국 문화에 대한 비판적 수용의 일반적인 방법론을 제시해야 할 지점이다. 그 일반적인 방법론의 한 방안으로 방송사의 역할을 예시해야 맞을 듯하다.

다음은 글 내용에 관한 지적이다.

□ 서론 부분

➡ 현상을 소개하고 문제 제기로까지 이어지는 과정이 무난하다.

➡ 서론을 보다 창의적으로 쓸 수 있으려면, 주제를 보다 깊이 생각해야 한다.

□ 일본 문화가 개방되면서 문화적 주체성을 잃어버릴지 모른다는 문제를 제기한 데 이어서, 두 번째로 "분별력이 없는 유년기의 아이들에게 일본의 문화 침투는 국민적 정서를 흔들리게 한다"는 문제를 지적한다.

➡ 하지만 이 때문에 논지가 이상한 방향으로 흘러간다. 여기에서 '국민적 정서'가 뜻하는 내용은, 이어지는 글에서 드러나지만, 일본에 대한 적개심이다. 한데 이 적개심을 애국심과 동일한 것으로 규정하고, 일본 문화에 대해 우호적인 생각을 가짐으로써 애국심을 잃어버린다는 논리를 편다. 이 논리에 따르면 일본 문화를 무조건 배척하는 게 애국의 길이 된다. 하지만 진정한 애국심은 그게 아니다. '과거의 잘못을 인정하지 않는 일본의 행태'에 대한 비판 정신이 애국심의 조건이자 표현 방식이다. 이 개념의 혼란으로 글의 논리가 꼬여버렸다.

➡ 나아가, 일본 문화 개방에 따른 대처 방안을 어린이와 관련된 문제에만 국한해서 찾는 오류도 바로 여기에서 비롯되었다.

□ 결론 부분

➡ 질문의 내용에서 벗어나고 있다. 일본 문화 개방에 따른 문제를 지적하고 해결 방안을 논술하라는 게 문제다. 결론에서는 해결 방안과 관련된 핵심 사항을 정리하거나, 이 방안과 관련된 과제를 설정해야 옳다. 하지만 학생 글은, '너무도 뻔해서 누구나 다 아는 이야기'로 마무리함으로써 마지막을 너무 안이하게 처리했다.

시간, 영원과 필멸, 그리고 삶과 그리움

세상이 아름다운 이유, 혹은
아름답지 않은 이유

내가 어렸을 때, 아이들이 모두 가버린 텅 빈
운동장에 혼자 남아 있기를 좋아했다. 거기서 곁에 없는
어머니를 생각하고 아버지를 생각했다. 그리고 나도,
언젠가는 사라져버릴 거란 생각을 하곤 했었다.
— 영화 〈8월의 크리스마스〉에서

– 문학·예술 속에 표현된 시간의 의미를 해석해본다.

– 삶과 죽음에 대한 자신의 태도를 반성해본다.

– 현대사회에서 건강한 삶의 조건이 무엇인지 살펴본다.

* 이 강의에서는 영화 〈8월의 크리스마스〉를 집중적으로 다룬다.
  강의 전에 영화를 미리 볼 것.

🔑 들어가기

🪰 세상이 아름다운 이유, 혹은 아름답지 않은 이유

보는 눈에 따라서 세상은 아름다울 수도 있고, 아름답지 않을 수도 있다.

> 나 하늘로 돌아가리라
> 새벽빛 와 닿으면 스러지는
> 이슬 더불어 손에 손을 잡고,
>
> 나 하늘로 돌아가리라
> 노을빛 함께 단둘이서
> 기슭에서 놀다가 구름 손짓하면은,
>
> 나 하늘로 돌아가리라
> 아름다운 이 세상 소풍 끝내는 날,
> 가서 아름다웠더라고 말하리라…

위의 시는 천상병의 〈귀천歸天〉이다.

이 시에서 화자話者는 세상을 어떻게 바라보고 있는지 설명하라.

자, 이제 나를 둘러싼 세상이 아름다운 이유(혹은 아름답지 않은 이유) 다섯 가
지를 써보아라.

① _____

② _____

③ _____

④ _____

⑤ _____

이걸 다른 사람과 비교해보자.

생각하고 토론하기 1

 사람이 영원히 살 수 있다면…

인류 역사가 시작된 이래로 영생불사永生不死의 꿈은 인류의 영원한 숙제였다. 하지만, 과연 영원히 산다는 게 행복일까? 언젠가는 죽어야 할 운명이기에 지금이 소중한 의미를 지니는 거 아닐까? 언젠가는 죽어야 할 운명이기에 지금이 아름다운 거 아닐까?

"어허! 배가 고파 굶어 죽는 사람이 들으면 욕합니다, 선생님!"

내가 하는 얘기는 그런 뜻이 아니다. 우리에게 주어진 시간이 한정되어 있기 때문에 지금 이 순간이 그만큼 더 소중하다는 뜻이다. 그렇다면, 이 소중한 순간을 현재에서 끝내버리는 행위, 즉 자살은 어떤 의미를 지닐까? 다음 네 글을 읽고 각각의 경우를 생각해보자.

(가)

"…자, 로테! 나는 두려움 없이 차갑고 으스스한 술잔을 손에 들고 죽음을 들이켭니다. 당신이 내게 준 술잔입니다. 두려워하지 않습니다. 이것으로 내 생애의 모든 소망을 이룹니다. 이토록 냉정하게, 이토록 두려움 없이 죽음의 철문을 두드릴 수가 있다니! 로테! 나는 될 수만 있다면 당신을 위해 목숨을 버리고, 당신을 위해 이 몸을 바치는 행복을 누리고 싶었습니다. 당신의 생활에 평화와 환희를 되찾게 할 수만 있다면, 나는 씩씩하게, 기꺼이 죽으리라 생각했습니다. 그러나 아아, 가까운 사람들을 위해 피를 흘리고, 그 죽음으로써 친구들의 마음속에 새로운 생명의 불길을 타오르게 한다는 것은 극소수의 숭고한 사람들만이 할 수 있는 일이었습니다. 나는 입고 있는 옷 이대로 묻히고 싶습니다. 당신의 손이 닿은 신성한 옷입니다. 아무도 내 주머니를 뒤지지 않게 해주십시오. 이 분홍색 리본은 우리가 처음 만났을 때 당신이 가슴에 달고 있었던 것입니다. 그때 당신은 아이들에게 둘러싸여 있었지요. 아아, 아이들에게 키스를 많이 해주십시오. 그리고 불행한 나의 운명을 이야기해주십시오. 귀여운 아이들! 언제나 내 둘레에 모여들곤 했지요. 아아, 나는 어쩌면 이토록 당신과 하나가 되어 있었을까요! 최초의 그 순간부터 나는 당신에게서 떨어질 수 없었습니다. 이 리본도 함께 묻어주십시오. 내 생일에 당신이 선물로 준 것입니다. 그런 물건들을 나는 얼마나 탐냈는지 모릅니다! 아아, 그런 일들이 나를 여기까지 인도해주리라고는 생각조차 하지 않았습니다. 마음을 가라앉히십시오! 부디 진정하십시오! 탄환은 이미 재어놓았습니다. 시계가 12시를 칩니다. 그럼 로테, 안녕… 안녕히!"

이웃사람 하나가 화약의 섬광을 보고 총소리를 들었다. 그러나 더 이상 아무 소리도 들리지 않았다.

— 괴테, 〈젊은 베르테르의 슬픔〉♥에서

(나)

"누구든 더 이상 살고 싶지 않은 자는 원로원에 나아가 그 사유를 진술하여 허가를 받은 뒤, 스스로 목숨을 버려라. 삶이 혐오스러우면 죽어라. 비운에 사로잡혔을 땐 독약을 마셔라. 비탄에 빠지면 목숨을 버려라. 불행한 자는 자신의 불행을 상세히 열거하고 행정장관은 그 치료법을 제공할 터이니, 그의 불행은 끝이 날 것이다."

— 아리스토텔레스

스토아 학파의 창시자 제논. 길을 가다 넘어져 손가락 하나를 삔다. 제논은 짜증스런 마음을 참지 못하여, 목을 매달아 자살한다. 그의 나이 아흔여덟이었다. 그리고 그의 제자 클레안타스. 잇몸이 심하게 곪았다. 의사는 치료를 위해서는 아무것도 먹지 말라고 한다. 이틀 만에 잇몸이 나았다. 의사는 이제부터는 다시 먹어도 된다고 말한다. 클레안타스는 "죽음의 여로에 올라 이토록 멀리 걸어왔는데, 귀찮아서라도 다시 돌아가지 않겠다"고 말한다. 그는 굶어죽는다.

〈젊은 베르테르의 슬픔〉
1774년 간행된 괴테의 소설. 젊은 변호사로 베르테르는 상속사건을 처리하러 어느 마을에 갔다가 로테를 만나 사랑에 빠진다. 그러나 로테에게 약혼자가 있다는 것을 알고 공사公使의 비서가 되어 먼 나라로 떠난다. 하지만 관료사회의 인습에 반항하다가 파면되고, 사교계에서도 웃음거리가 되어 다시 귀국한다. 새로운 가정을 꾸미고 있는 로테의 따뜻한 보살핌에 그는 더욱 고독함을 느끼고 마침내 권총으로 자살을 한다.

(다)

"자살을 하겠다구? 난간에 걸린 그 다리 당장 내려놓지 못해? 당신 몸이라고 당신 마음대로 해도 되는 줄 알아? 당신 몸은 당신 물건이 아니야, 하나님 재산이야! 성을 지키는 병사가 제자리를 지켜야 하듯이 사람은 누구나 하나님이 정한 위치를 지켜야 하는 것이야! 할렐루야 아멘! 당신 자동차가 지 마음대로 시동 걸고 지 마음대로 강물로 뛰어들면 당신 기분 좋겠어? 무지하게 성질 나겠지? 내 말 맞지? 하나님도 마찬가지야!"

(라)

한 남자가 칼로 자기 목을 찔러 자살을 시도한다. 하지만 실패한다. 그런데 남자는 자살을 시도함으로써 사회에 불만을 표출하고 위기감을 조장했다는 죄목으로 교수형에 처해진다. 한데 이번에도 남자는 죽지 않는다. 목에 난 상처가 벌어지면서 공기가 들락거리는 바람에 숨을 쉴 수 있었던 것이다. 이 사태를 놓고 당국자들이 모여 회의를 하는데, 남자의 목에 난 상처로 바람이 들어가지 않게 상처를 꼭꼭 꿰맨 다음에 다시 교수형을 집행하기로 결정한다. 교수형이 집행되고, 남자는 죽는다.

[문제]

위의 글 각각의 경우 죽음(혹은 삶)을 어떻게 바라보는가?

	죽음(혹은 삶)을 바라보는 태도
베르테르	
아리스토텔레스와 제논	
자살자를 말리는 광신자	
자살자를 교수형에 처하는 당국자	

다 된 밥에 코 빠트리기

함정체크

옛날에는 가마솥으로 밥을 지었다.

갓 시집온 며느리가 시댁에서 처음으로 밥을 짓는다. 친정에서 늘 하던 일이라 별로 어려운 일은 아니었지만, 시집와서 처음 하는 밥이다 보니 긴장되고 떨렸다. 혹시라도 쌀이 설익지 않을까, 혹시라도 밥이 너무 되지 않을까, 혹시라도 밥이 너무 질지 않을까… 중간에 뚜껑을 열고 김을 빼버리면 밥맛이 없다는 걸 알기 때문에 며느리는 자기 감각과 실력을 믿고 마지막 순간까지 뚜껑을 열지 않았다. 아궁이의 불이 꺼지고 뜸을 들이는 시간까지 충분히 계산했다. 그리고, 밥을 푸려고 가마솥의 뚜껑을 열었다. 뜨겁고 구수한 김이 얼굴을 덮었다. (이 김이 피부 미용에 좋다나 어떻다나.) 다행히 밥은 아주 잘 되었다. 하긴, 늘 하던 일인데 잘 안 될 리가 없지. 만족스러운 미소를 짓는 며느리. 이제 시집 식구들에게 칭찬 받는 일만 남았다. 저절로 흐뭇한 미소가 얼굴 가득 퍼진다. 한데 그만, 뜨거운 김이 며느리 콧속의 모세혈관을 자극해서 콧물이 생성되었고, 그것이 밥에 뚝 떨어졌다. 아무도 본 사람이 없으면 주걱으로 쓱쓱 비벼버릴 텐데, 곁에 있던 코흘리개 시동생이 그걸 봤다. 시동생뿐이었다면 어떻게든 입막음을 할 수 있을 텐데, 옆 아궁이에서 전을 부치던 시누이도 보고 말았다. 시누이는 그렇잖아도 며느리의 꼬투리를 잡지 못해 안달인 눈치였는데… 시누이까지라면 그래도 사정을 하고 매달려보겠는데, 시어미까지 그 장면을 봤다면 어쩌겠나. 이게 바로 다 된 밥에 코 빠트리는 경우다. 컵라면 먹다가 코 빠트리는 건 아무것도 아니다. 무시하고 휘휘 저어서 먹거나, 그게 싫으면 그냥 버리면 된다. 하지만 이 며느리는 그게 아니다. 창창하게 남은 앞날의 시집살이가 얼마나 고달프고 매울까? 후회해도 소용없고, 운다고 될 문제가 아니다.

논술고사에서도 이런 일이 일어난다. 갈고 닦았는데, 완벽한 만점을 눈앞에 두었는데, 코를 빠트리고 만다. 논술에서 다 된 밥에 코를 빠트리는 사례는 다음과 같다.

- 적절하지 않은 어휘를 구사했다.
- 문장이 끝났음에도 마침표를 찍지 않는다.
- 원고지 사용법이 엉터리다.
- 신분을 밝히지 말라고 했는데, 자기 이름을 적는다.
- 쓸데없이 '고맙습니다', '수고하세요' 따위를 적어놓는다.
- 답안지 구석에 수상하게 보이는 암호 같은 말들을 적어놓는다.

이외에도 수없이 많다. 설마 이런 사람이 있냐고? 있다. 여러분이 될 수도 있다.
중요한 일을 앞두고는 미리 코를 잘 풀어두어라!

생각하고 토론하기 2

✻ 시간을 둘러싼 긴장

[질문]

다음 글에서 시간을 둘러싼 긴장이 어떻게 형성되고 전개되는지 얘기해보자.
(정원은 암으로 시한부 삶을 선고받은 30대 초반의 미혼 남성이고, 지원은 정원의 옛
애인이며, 정숙은 정원의 누나이다.)

S#19 거리 (낮)

지원을 만나는 정원.

정원　　오랜만이다.

지원　　응.

정원　　집에 왔니?

지원　　응.

정원　　하나도 안 변했네.

지원　　오빠도. 나 갈게.

정원　　엉 그래. 잘 가라.

S#20 사진관 (낮)

지원의 액자를 떼는 정원.

불치병을 앓는 30대 중반의 사진사와 20대 주차단속원의 잔잔한 사랑을 그린 영화 〈8월의 크리스마스〉.

S#21 정원의 집, 마당 (낮)
정숙, 빨래를 걸고 있는데 정원 들어온다.

정숙   왔네?
정원   어, 언제 왔어?
정숙   방금 왔어. 뭐 그렇게 사왔어?
정원   아이 이거.

S#22 정원의 집, 부엌 (낮)
부엌에서 김치 보자기를 푸는 정원

정숙   빨간 뚜껑은 열무김친데 냉장고에 넣고 사흘 있다 먹고 하얀 뚜껑은
        배추김친데 그냥 익혔다 먹어.
정원   얼마나?
정숙   뭐, 한 사흘이면 익겠지.

생각하고 토론하기 3

✦ "참 아름답구나, 시간아 멈추어라!" ♥

♥
괴테의 〈파우스트〉에 나오
는 파우스트 박사의 대사.
악마 메피스토펠레스는 파
우스트 박사에게 나타나 이
렇게 제안을 한다. "내가
노예가 되어 당신에게 봉사
하여 이 세상의 모든 걸 체
험하게 하는 대신, 만일 당
신이 시간의 어느 한 순간
에 '참 아름답구나, 시간아
멈추어라'라고 말하면, 당
신은 당신의 영혼을 영원히
나에게 내어주어야 한다."
파우스트는 이 제안을 받아
들이고, 메피스토펠레스를
따라 20대 청년으로 젊어
져 여행에 나선다.

여러분이 만일 6개월 시한부 삶을 선고받았다면,

영화 속의 주인공 정원처럼 과연 누군가를 사랑할 수 있을까?

S#105 촬영실 (밤)

사진 찍을 준비를 하고 의자에 앉아 있는 정원. 셀프타이머 셔터를 누른다.

가만히 미소를 짓는 정원.

정원의 모습은 영정 사진으로 디졸브♥된다. 페이드아웃♥.

S# 106 학교 운동장 (낮)

페이드인♥.

눈 내리는 학교 운동장의 모습. 페이드아웃.

S#107 사진관 앞 (낮)

눈 쌓인 사진관. 다림의 사진이 정숙과 지원의 사진이 있던 자리에 걸려 있다.

사진관 문이 열리면서 아버지가 나와 '출장중' 팻말을 걸어놓는다.

멀리서 교회 종소리가 들린다.

아버지가 스쿠터를 타고 프레임의 오른쪽으로 빠져나간다.

프레임♥ 왼쪽에서 다림이 나와 자신의 사진이 걸려 있는 쇼윈도 앞으로 다

가간다. 쇼윈도에 걸려 있는 자신의 사진을 보면서 다림이 웃는다.

다림의 웃는 모습이 담긴 흑백 사진이 클로즈업♥된다.

눈 쌓인 거리와 지나는 사람들, 다림 그리고 사진관 전경이 풀 샷으로 비춰
진다.
자신의 사진을 바라보던 다림이 뒤로 돌아서 카메라를 향해 걸어온다.
그 위로 정원의 내레이션.

정원 내 기억 속의 무수한 사진들처럼 사랑도 언젠간 추억으로 그친다고 생
각했습니다. 하지만 당신만은 추억이 되질 않았습니다. 사랑을 간직한
채 떠날 수 있게 해준 당신께 고맙다는 말을 남깁니다.

페이드아웃.

디졸브
화면 전환의 한 방법으로,
기존의 화면에 새로운 화
면이 겹치면서 다음 장면
으로 넘어간다.

페이드아웃
화면이 점차 어두워지는 것.

페이드인
화면이 점차 밝아지는 것.

프레임
화면의 범위, 화면의 틀.

클로즈업
대상을 가까이서 크게 찍
는 것.

[질문]

문학·예술의 공간에서 시간의 흐름은 흔히 일상과 다른 속도 혹은 방향으로 전
개된다. (1) 위 시나리오에서 시간의 흐름이 어떻게 진행되는지 살펴보자. (2)
그리고 그 효과는 무엇인가?

개념 응용·논술

[문제]

사회가 복잡해질수록 사회 속의 개인들은 보다 많은 갈등에 노출된다. 절대적인 빈곤은 차치하고서도 빈부 격차에 따른 상대적 박탈감 혹은 극심한 경쟁으로 인한 스트레스, 열등감 등이 만족할 만한 삶을 가로막는다. 아래와 같은 자살 사건들도 이런 상황과 무관하지 않을 것이다. 최근 부쩍 늘어난 자살 현상은 '사회의 구조적인 문제'를 통해서 설명할 수도 있고 '개인의 삶의 태도'를 통해서 설명할 수도 있을 것이다. 현대사회에서 건강한 삶은 어떻게 가능할지, 아래의 내용을 참고하여 본인의 생각을 논술하시오.♥

(주의사항) 1. 제목은 쓰지 말 것.
         2. 신원을 나타내는 표현은 쓰지 말 것.
         3. 분량은 띄어쓰기를 포함하여 1000자 안팎(±100자)으로 할 것.

ㅁ '비정규 노동자 기본권 보장과 차별 철폐를 위한 공동대책위원회(비정규노동자공대위)'는 27일 "하청업체 노동자에 대한 현대중공업의 탄압과 차별 조치로 인해 박일수 씨가 분신자살했다"고 주장했다. 박일수 씨는 현대중공업 하청업체인 인터기업에서 용접공으로 근무하다 지난 ○월 ○일 이 회사 사무실 앞에서 '비정규직 차별 철폐' 유서를 남기고 분신자살했다. 비정규노동자공대위는 이날 오전 종로구 안국동 느티나무 카페에서 기자회견을 갖고 박일수 씨 분신 사망 사건 진상 조사 활동을 벌인 결과, 이같이 결론 내렸다고 말했다.

ㅁ 성형수술을 비관한 여대생이 아파트에서 떨어져 스스로 목숨을 끊었다. ○월 ○일 ○○시의 ○○아파트에서 19살 ○○○양이 1층으로 뛰어내려 숨져 있는 것을 주민이 발견해 경찰에 신고했는데, 경찰은 ○○○양이 지난해 12월 쌍꺼풀 수술을 했지만 결과가 좋지 않아서 괴롭다는 내용의 유서를

♥
질문에서 자살 현상을 '사회의 구조적인 문제'를 통해서 설명할 수도 있고 '개인의 삶의 태도'를 통해서 설명할 수도 있다고 언급한 것은, 이 두 개의 상반된 입장을 글 속에서 채택하거나 언급하라는 뜻이다. 만일 이런 의도가 없다면, 왜 굳이 이런 문구를 넣겠나. 문제를 읽을 때는 항상 출제자의 입장에서 문제를 읽어, 출제자의 의도를 헤아리려.
현대사회에서 건강한 삶이 어떻게 가능하냐는 질문 속에는, 구체적인 대안을 사회 구조적인 문제와 연관지어 모색하라는 뜻이 담겨 있다.

남자친구에게 남긴 점으로 미루어서 문양이 성형수술 결과를 비관해서 스스
로 목숨을 끊은 것으로 보고 있다.

▫ '왕따 동영상' 파문과 관련, 스스로 목숨을 끊은 ○○시 ○○중학교 ○
○○교장 사건을 수사 중인 ○○경찰서는 ○월 ○일 "이번 사건이 자살에
의한 것으로 결론짓고 사실상 수사를 종결할 방침"이라고 밝혔다. 경찰은
"사건 발생 이후 2차례에 걸쳐 집과 사무실에 유서가 있는지 여부를 조사한
결과 발견할 수 없었지만 동영상 파문과 관련한 메모 및 유족 진술, 타살 흔
적이 없는 점 등을 종합해 자살로 결론지었다"며 "영결식이 끝나면 부인을
상대로 최초 현장 상황, 유서 존재 여부 등에 대한 추가 진술을 받고 수사를
종결할 방침"이라고 덧붙였다.

✵ 자, 마지막 강의를 마치면서, 하나만 더…

다음은 러시아의 국민 시인 푸슈킨의 시 〈삶이 그대를 속일지라도〉이다. 이
시는 차르♥의 압제에 피눈물을 흘리던 수천만 러시아 민중의 마음을 따뜻하
게 어루만져주었고, 지금도 세상에서 가장 널리 애송되는 시이다. 이 시에서
과거와 현재와 미래가 어떻게 서로 싸우고 화해하는지 눈여겨 살펴보자. 그리
고 자칫 극단으로 치달을 수 있는 젊은 시절의 마음을 차분하게 다스리자.

> 삶이 그대를 속일지라도
> 슬퍼하거나 노하지 말라
> 슬픔의 날을 참고 견디면
> 머지않아 기쁨의 날이 찾아오리니
>
> 마음은 미래에 살고,
> 현재는 언제나 슬픈 것
> 모든 것은 하염없이 사라지지만
> 지나가버린 것은 그리워지리니
>
> ― 푸슈킨♥, 〈삶이 그대를 속일지라도〉

차르
슬라브계 여러 국가의 군
주를 일컫는 말로, 혁명 때
까지 러시아 황제의 관습
적인 칭호로 사용되었다.

**알렉산드르 세르게예프
푸슈킨**
1799~1837. 러시아의 국
민적인 시인. 1820년에 농
노 제도와 차르의 전제 정
치를 공격하는 시 〈자유〉,
〈농촌〉 등을 발표했다가
남부 러시아로 추방당하기
도 했다. 만년에 러시아 리
얼리즘 문학의 거두인 역
작 〈대위의 딸〉을 발표했
으며, 그를 미워하던 귀족
과 결투를 벌이다 비극적
인 최후를 맞았다.

3

실전 논술 5선

실전 논술 1

시간

[문제]

아래 각 예시문에 나타나는 시간에 대한 개념을 간략하게 비교 설명하고, 현대 사회를 살아가는 개인으로서 시간에 대해 어떤 태도를 가지는 게 중요하다고 생각하는지 자신의 의견을 논술하시오.

(주의사항)　1. 제목은 쓰지 말 것.

2. 신원을 나타내는 표현은 쓰지 말 것.

3. 분량은 띄어쓰기를 포함하여 1500자 안팎(±150자)으로 할 것.

(가)

그 성실한 개미들에게는 특별한 관습이 있었다. 8일 동안 가장 일을 많이 한 개미들이 아홉째 날에는 장엄하게 불에 구워져서 같은 종족 개미들의 먹이가 되는 것이다. 개미들은 이런 관습을 통해 가장 성실한 개미의 노동정신이 그 개미를 먹는 개미들에게로 전이된다고 믿었다. 개미들은 아홉째 날에 불에 구워져 다른 개미의 먹이가 되는 것을 특별한 명예로 여겼다. 그런데 한번은 이런 일이 벌어졌다. 아주 성실한 암개미 한 마리가 불에 구워지기 전에 다음과 같이 짧은 연설을 했다.

"친애하는 형제자매들이여! 당신들이 나를 존경하고 싶어한다니 아주 기분이 좋습니다. 그러나 솔직히 말해, 내가 성실한 개미가 아니라면 나는 더 기분이 좋았을 겁니다. 우리는 단지 죽도록 일하기 위해서 사는 건 아닙니다!"

그러자 개미들은 위대한 여자 웅변가를 재빨리 프라이팬에 집어넣었다. 그렇게 하지 않으면 이 어리석은 암개미가 더 많은 것을 이야기할 테니까.

— 파울 쉐르바르트, 〈불에 구워진 개미, 노동의 즐거움〉에서

(나)

당신이 3천 년이나 3만 년을 산다고 하더라도, 당신이 잃을 수 있는 것은 오직 당신이 영위하고 있는 이 순간적인 삶뿐이고, 당신이 소유할 수 있는 것 또한 당신이 잃고 있는 이 순간적인 삶뿐이라는 것을 잊지 마라. 이 말은 인생이 길든 짧든 결국 마찬가지라는 뜻이다. 소멸되는 것은 저마다 다르더라도 현재는 모든 사람에게 동일하며, 소멸하는 것은 오로지 한순간에 지나지 않는다. 지난 과거를 잃을 수 있는 사람이 누구며, 미래를 잃을 수 있는 사람은 누구겠는가? 인간은 소유하고 있지 않은 것을 결코 잃을 수 없다.

그러므로 당신은 다음 두 가지를 명심해야 한다.

첫째, 만물은 태초부터 동일한 형태로 순화하고 있으며, 인간이 똑같은 광경을 1백 년이나 2백 년 동안 계속 지켜보거나, 아니 영원히 지켜보더라도 아무 차이도 없는 것이다.

둘째, 가장 오래 산 사람도, 태어나자마자 죽은 사람도 죽음에 이르러서는 잃어버린 것이 똑같다. 인간이 소유한 것은 현재뿐이므로, 잃을 수 있는 것도 현재의 순간뿐이다. 인간이 소유하지 않은 것은 결코 잃을 수가 없기 때문이다.

(다)

어서─차라리─어둬버리기나 했으면 좋겠는데─벽촌의 여름─날은 지리해서 죽겠을 만치 길다. 동에 팔봉산八峰山. 곡선은 왜 저리도 굴곡이 없이 단조로운고? 서를 보아도 벌판, 남을 보아도 벌판, 북을 보아도 벌판, 아─이 벌판은 어쩌자고 이렇게 한이 없이 늘어놓였을꼬? 어쩌자고 저렇게까지 똑같이 초록색 하나로 되어먹었노?

농가가 가운데 길 하나를 두고 좌우로 한 10여 호씩 있다. 휘청거린 소나무 기둥, 흙을 주물러 바른 벽, 강낭대로 둘러싼 울타리, 울타리를 덮은 호박 넝쿨, 모두가 그게 그것같이 똑같다.

어제 보던 댑싸리 나무, 오늘도 보는 김 서방, 내일도 보아야 할 흰둥이 검둥이.

해는 백 도 가까운 볕을 지붕에도 벌판에도 뽕나무에도 암탉 꼬랑지에도 내려쪼인다. 아침이나 저녁이나 뜨거워서 견딜 수가 없는 염서炎暑가 계속이다.

나는 아침을 먹었다. 할 일이 없다. 그러나 무작정 널따란 백지 같은 '오늘' 이라는 것이 내 앞에 펼쳐져 있으면서 무슨 기사라도 좋으니 강요한다. 나는 무엇이고 하지 않으면 안 된다. 무엇을 해야 할 것인가. 연구해야 된다. 그럼─나는 최 서방네 집 사랑 뒷마루로 장기나 두러 갈까. 그것 좋다.

최 서방은 들에 나갔다. 최 서방네 사랑에는 아무도 없나보다. 최 서방의 조카가 낮잠을 잔다. 아하—내가 아침을 먹은 것은 열 시나 지난 후니까 최 서방의 조카로서는 낮잠 잘 시간에 틀림없다.

나는 최 서방의 조카를 깨워 가지고 장기를 한 판 벌이기로 한다. 최 서방의 조카와 열 번 두면 열 번 내가 이긴다. 최 서방의 조카로서는, 그러니까 나와 장기 둔다는 것 그것부터가 권태이다. 밤낮 두어야 마찬가질 바에는 안 두는 것이 차라리 낫지—그러나 안 두면 또 무엇을 하나? 둘밖에 없다.

지는 것도 권태이거는 이기는 것이 어찌 권태 아닐 수 있으랴? 열 번 두어서 열 번 내리 이기는 장난이란 열 번 지는 이상으로 싱거운 장난이다. 나는 참 싱거워서 견딜 수 없다.

한 번쯤 져주리라. 나는 한참 생각하는 체하다가 슬그머니 위험한 자리에 장기 조각을 갖다놓는다. 최 서방의 조카는 하품을 쏙 한 번 하더니 이윽고 둔다는 것이 딴전이다. 으레 질 것이니까 골치 아프게 수를 보고 어쩌고 하기도 싫다는 사상이리라. 아무렇게나 생각나는 대로 장기를 갖다놓고는 그저 얼른얼른 끝을 내어 져줄 만큼 져주면 이 상승장군常勝將軍은 이 압도적 권태를 이기지 못해 제출물에 가버리겠지 하는 사상이리라. 가고 나면 또 낮잠이나 잘 작정이리라.

나는 부득이 또 이긴다. 인제 그만두잔다. 물론 그만두는 수밖에 없다.

— 이상, 〈권태〉에서

(라)

"96년 12월, 현대는 올드 오피스를 짓자 곧바로 공장 건설에 들어갔습니다. 그렇지만 곳곳에서 장애에 부닥쳤어요. 먼저 우리나라는 덥고 습합니다. 여름에는 기온이 47도로 올라가고 습도는 85도를 웃돕니다. 그리고 우기가 되면 이런 시골은 호수가 아니면 뻘 천지가 됩니다. 항만 시설은 30년이 넘은 것들이고, 도로나 다리도 현대가 들여오는 막대한 물량의 무게를 견딜 준비가 되어 있지 않았습니다. 그런데 현대측은 우기를 피해 건기에 공사를 집중하겠다는 계획을 내놓았습니다. 그러다 한 차례 우기가 왔는데, 그들은 무릎까지 빠지는 빗속에서 하루도 쉬지 않고 작업을 했습니다. 장비가 소용이 없으니 3미터짜리 호를 파다가 빗물이 고이면 다음날 전 직원이 나서서 물동이로 퍼올렸고, 협력업체에 일이 생기면 랜턴 하나 들고 물바다 사이로 한 시간이고 두 시간이고 헤쳐가야 했습니다. 3천

톤짜리 프레스 기계를 들여올 때는 거쳐가야 할 모든 것이 장애물이었습니다. 그래서 항구에서 공장까지 모든 교량과 지반, 전선 등 하나하나를 마치 대수술하는 의사처럼 샅샅이 점검하며 움직이는데, 그 광경은 보여주지 않고는 설명할 수가 없습니다. 그 결과 예정보다 훨씬 앞당겨 17개월 만에 공사가 끝나고 말았어요. 인도인들의 사고로는 이해가 가지 않는 일이었죠. 그런데 문제가 생겼습니다. 완공 시점이 다가오니까 도로 건설이 급하게 된 것이죠. 주 정부는 미처 대응할 수가 없었어요. 결국 도로 건설도 현대 차지가 되었어요."

공장을 지은 지 4개월 뒤인 98년 9월, 현대는 현지 생산차 상트로를 출고했다. 조립 공장이 아닌 생산 공장을 지어 완성차를 만들었고, 현지인을 발탁해 중요 직책을 맡겼으며, 평범한 인도인을 울산 공장에 유학시켜 전문 엔지니어로 키웠으며, 그들의 손으로 만들어진 차를 수출까지 하게 된 것, 이 모두는 현대만이 지켜낸 약속이었다.

식사시간에 우리는 곧 올드 오피스가 사라진다는 말을 들었다. 초창기 직원들의 애환과 고충을 뒤안길에 묻고, 공장이 증설되고 연구동이 들어서면서 헐릴 것이라고 했다. 공장 식당 창밖에 물레방아가 돌고 있었다. 어쩐지 좀 빨리 돈다는 느낌이 들었다. 그 얘기를 하니까, 처음엔 천천히 돌았는데 그게 마음에 안 들었던지 누가 볼베어링을 넣었고, 그뒤로 저렇게 빨리 돌아간다고 했다. 그만큼 힘들게 걸어왔으면 이제 좀 여유를 가져도 될 텐데… 촘촘하게 칸막이 된 물받이 통을 넓찍하게 크게 만들고 베어링도 빼버려, 물이 차는 대로 서서히 돌아가는 물레방아를 바라보며 식사 때만이라도 좀 느긋하면 어떠랴. 누가 그것을 두고 게을러 보인다거나 사치스런 운치라고 타박할 것인가.

(마)

옛날 한 나무꾼이 나무를 하러 산 속 깊이 들어가다가 우연히 동굴을 발견했다. 동굴 안으로 들어가니 길이 점점 넓어지고 훤해지면서 눈앞에 두 백발노인이 바둑을 두고 있는 것이 보였다. 나무꾼은 무심코 서서 바둑 두는 것을 보고 있다가 문득 돌아갈 시간이 되었으려니 생각하였고 옆에 세워둔 도끼자루를 집었다. 그런데 도끼자루가 바싹 썩어 집을 수가 없었다. 이상하게 생각하면서 겨우 마을을 내려와 보니 마을의 모습은 완전히 바뀌어 있었다. 한 노인을 만나 자기 이름을 말하자, 노인은 이렇게 말했다. "그분은 저의 증조부 어른이신데, 당신은 누구시오?"

실전 논술 2

공간

[문제]

아래 각 예시문에 나타나는 공간의 의미를 간략하게 비교 설명하고, 이를 토대로 해서 현대사회를 살아가는 사람으로서 공간에 대해 어떤 태도를 가지는 게 중요하다고 생각하는지 자신의 의견을 논술하시오.

(주의사항) 1. 제목은 쓰지 말 것.

2. 신원을 나타내는 표현은 쓰지 말 것.

3. 분량은 띄어쓰기를 포함하여 1500자 안팎(±150자)으로 할 것.

(가)

秋雲漠漠四山空 (추운막막사산공)   가을 구름 아득하고 온 산이 적막한데

落葉無聲滿地紅 (낙엽무성만지홍)   낙엽은 소리 없이 땅을 온통 물들였네

立馬溪橋問歸路 (입마계교문귀로)   다리에서 말 세우고 돌아갈 길 물으니

不知身在畵圖中 (부지신재화도중)   이내 몸이 그림 속에 든 줄 몰랐었네

— 정도전, 〈訪金居士野居〉

(나)

우리 어머니는 작은 시골 마을에서 슈퍼를 하고 있습니다. 말이 슈퍼지 그냥 구멍가게라고 해야 맞는 말이지요. 저와 어머니 단둘이 살고 있지만 어머니는 가게를 보며 가겟방에서 주무시고 전 안채에서 지내는데, 제가 회사생활을 하다보니 가게에는 소홀하기 마련이지요. 주말에 가끔 어머니께서 외출하실 때면 제가 가게를 보는데, 가격을 몰라서 헤맬 때가 많죠. 그러면 전 과감히 손님(말이 손님이

지 동네 사람)에게 가격을 물어봅니다. 그럼 손님은 자상하게도 거스름돈까지 말씀해주십니다. 저보다 동네 분들이 물건값을 더 잘 알고 있으니까요. 어머니는 외출하셔도 가게문을 잠그지 않습니다. 동네 분들이 알아서 계산하고 물건값을 놓고 가십니다. 그리고 가게에 딸린 두 평 남짓한 방은 언제나 동네 아주머니들의 노인정(?)이라고 해야 할까요? 많은 분들이 놀러와 어머니와 함께 10원짜리 고스톱을 자주 치시거든요.

어머니와 제가 동시에 외출을 하게 되면, 가게 열쇠를 아예 동네 분들께 맡기고 갑니다. 가게에 사람이 없으면 안 된다고 대신 장사해주겠다고, 개밥도 줘야 한다며 동네 분들이 자청해서 가게를 지켜주십니다.

이렇게 우리 가게는 언제나 열려 있습니다. 동네 분들 모두가 주인입니다. 장사해서 돈을 많이 벌진 못하지만, 우리 가게가 없다면 동네 분들은 어디로 가겠습니까? 저희 집은 가게라기보다 동네 어른들의 휴식처이자 만남의 공간이지요. 언제나 웃음이 피어나는 우리 가게에 놀러 오세요. 물건은 안 사셔도 좋답니다.

(다)

지난 어느 날 장주는 꿈에 나비가 되었다. 펄펄 나는 것이 확실히 나비였다. 스스로 유쾌하여 자기가 장주인 줄을 몰랐다. 그러나 조금 뒤에 문득 깨어보니 자기는 틀림없이 장주였다. 장주가 나비가 된 꿈을 꾼 것인가? 나비가 장주가 된 꿈을 꾼 것인가?

(라)

우리 사회의 가장 밑바닥 층인 노숙자 바로 위에 자리잡고 있는 빈곤층이 있다. 쪽방 사람들이 바로 그들이다. 한국도시연구소 서종균 연구원의 보고서 '쪽방 지역과 쪽방 사람들에 대한 보고'에 따르면 서울 지역에만 5~6천 개의 쪽방이 있는 것으로 조사되었다. 쪽방 사람들은 오랫동안 사회적 무관심 속에 방치돼 정부 차원의 지원 대책이 전무했고 더군다나 주민등록증이 없는 사람들이 대다수라고 한다.

서울에서 쪽방이 자리 잡은 곳은 종로구 돈의동, 중구 남대문로5가의 남대문경찰서 뒤쪽 양동과 남대문로5가 연세빌딩 뒤, 영등포구 영등포1동과 2동에 걸쳐 있는 영등포역 서쪽 지역, 종로구 창신동 이스턴 호텔 뒤쪽이다. 서 연구원의 조사 결과에 따르면 쪽방은 남대문5가의 양동에 1600개, 돈의동 1천개, 영등포

800개, 창신동 300개 등 서울 지역에만 5천 개에 이르는 것으로 나타났다. 이러한 쪽방 밀집 지역은 쪽방 사람들이 보다 일자리를 얻기 쉬운 기차역, 인력시장, 인력소개소, 재래시장 등과 인접해 있고 노숙자들이 쉽게 찾아올 수 있는 곳, 과거 상경한 사람들의 임시 숙소의 역할을 하던 지역이라는 특성도 가지고 있다.

쪽방은 전형적으로 단신 생활자가 기거하는 방으로 한 사람이 잠자리로만 이용할 수 있을 정도로 작고, 방에 딸린 욕실이나 부엌 등의 시설은 전혀 없다. 일세나 월세의 형태로 임대되고, 대부분 보증금은 없다. 또 화장실을 비롯해 기본적으로 주택에 있어야 할 시설들이 제대로 갖추어져 있지 않다. 기자가 찾아간 영등포1동의 쪽방은 화장실이 없어 골목 입구에 간이 화장실을 마련해놓고 공동으로 사용하고 있었다.

쪽방은 일세나 월세로 이용된다. 일세는 하루 4000원에서 7000원 정도가 일반적이고, 월세는 10만 원에서 15만 원 정도. 방값은 몇 시에 손님이 들어오느냐에 따라서도 다른데 새벽이 가까워지면 더 싸게 방을 놓는다. 사회의 가장 밑바닥 층인 노숙자 바로 위에 자리한 쪽방 사람들은 어떤 식으로든 방값을 내야 하기 때문에 나름대로 일을 해서 돈을 번다. 쪽방 사람들은 대부분 30~50대 남자이고 조사 대상자 중 14.2%가 60살 이상의 노인이었다. 여성 인구는 전체의 5% 미만이었다.

쪽방 사람들의 가족사나 생활사는 노숙자와 별로 다를 바 없다.

11살 때 부모로부터 버림받은 박모씨(43)는 앵벌이를 하면서 사회를 접하기 시작했고, 중국집에서 배달을 하며 어린 시절을 보냈다. 강모씨는 가출 후 아동보호소에 들어갔지만 곧 '탈출' 했고, 아동보호소에서 "나쁜 것은 다 배웠다"고 말한다. 쪽방 사람들은 대부분 교육 수준이 낮아 학력을 보면 무학의 비율이 19.4%로 매우 높고, 중졸 이하가 64.5%였다. 또 결혼을 해본 적이 있는 사람은 절반에 불과했다. 이모씨의 경우 아내가 가출하기 전까지 3년 정도 짧은 결혼 생활을 경험했다. 사고로 장애를 갖게 된 이씨는 어렵게 아내를 만났지만 성장 과정이 불우했던 아내와의 생활은 오래 이어지지 못했다.

"35세에 결혼을 했는데 현재는 8년째 별거 중이다. 계모 손에 자란 아내는 17살에 집을 나와 소매치기 등을 하기도 했다. 아내는 동거생활을 하면서 다른 남자를 꼬셔 여관으로 데려가 돈을 훔치는 이른바 꽃뱀 노릇을 해 이 때문에 아내와 싸웠고 그후 아내는 집을 나갔다"

쪽방 사람들 중에는 질병이나 장애를 가지고 있는 이들이 많다. 이것은 노동 능력을 제약하여 심각한 생활의 어려움을 초래하기도 한다. 질병이나 장애는 자신이 당한 경우만 아니라 가족이 당한 경우에도 큰 부담이 된다. 김모씨(38)는 둘째 아이가 다운증후군을 갖고 태어난 경우이다. 아이를 낳고 아내가 가출했고, 자신도 할머니에게 아이들을 맡기고 집을 나와버렸다는 것.

서종균 연구원은 보고서에서 "쪽방 사람들은 현재의 상태가 지속될 경우 노숙자로 전락할 가능성이 있다"며 "쪽방 사람들에 대한 적절한 프로그램은 노숙을 예방하는 길이기도 하다"고 강조했다.

(마)

턱시도, 산소통, 징, 김밥, 족보, 이들의 공통분모는 뭘까.

여기에 손목시계, 도색 잡지, 휠체어, 화분, 오락실을 덧붙여도 된다. 우리가 생각할 수 있는 무엇이나 집어넣어도 된다. 답은 종로다. 종로에 가면 이 모든 것들을 만날 수 있다. 종로의 어느 구석에 기쁘고 슬프고 아쉬웠던 추억의 한 부분을 묻어두고 있지 않은 사람이라면 서울 시민이라고 할 수 없다.

종로는 6백 년의 애환을 고스란히 담아왔다. 육의전에서 모시를 팔던 할아버지는 동대문을 거쳐 들어온 왜장 고니시를 보고 서러운 눈물을 종로에 펑펑 쏟았을 것이다. 마누라에게 설렁탕 한 그릇 사줄 만큼 '운수 좋은 날'을 찾아 김 첨지의 인력거는 종로를 몇 바퀴나 돌았을 것이다. 아들이 고시에 합격한 날, 남산부터 북촌까지 길어다 주던 물지게를 팽개치고 북청 물장수는 종로를 그렇게 내달았을 것이다.

종로는 이 땅에 살던 무지렁이들의 희로애락을 담아내던 그릇이었다. 종로는 길이면서 마당이면서 좌판이기도 했다. 종루에 매달린 종을 쳐서 도성의 통행금지를 풀던 심장부였다. 금난전권禁難廛權을 휘두르던 시전市廛 상인들이 전국의 경제권을 흔들던 현장이었다. 중국 비단을 팔던 선전, 면직물을 팔던 면주전, 베를 팔던 포전, 모시를 팔던 저포전, 종이를 팔던 지전, 생선을 팔던 어물전이 모여 있었다.

종로는 예사로운 길이 아니었다. 개국 때 만들어진 계획도로였다. 서대문에서 동대문까지 서울을 가로지르는 혈관이었다. 그러니 모든 길은 당연히 종로로 통했고, 종로에서 끝났다. 광화문 앞의 육조 거리도 황토마루(황토현, 지금의 광화문 네거리 부분)에서 종로를 만났다. 남대문길도 종로에서 끝났다. 전차도 지하철도 종로를 지나야 하는 건 당연했다.

— 서현, 〈그대가 본 이 거리를 말하라〉에서

실전 논술 3

인간의 물욕

[문제]

아래 예시문을 읽고, '인간의 물욕은 생산과 발전의 원동력인가, 죄악의 근원인가?'에 대해 자신의 견해를 논하시오.

　(주의사항)　1. 제목은 쓰지 말 것.

　　　　　　　2. 신원을 나타내는 표현은 쓰지 말 것.

　　　　　　　3. 분량은 띄어쓰기를 포함하여 1500자 안팎(±150자)으로 할 것.

※ 다음 예시문들을 읽고 물음에 답하시오.

(가)

나는 지난해 여름까지 이름 있는 난초 두 분盆을 정성스레 정말 정성을 다해 길렀었다. 3년 전 거처를 지금의 다래헌茶來軒으로 옮겨왔을 때 어떤 스님이 우리 방으로 보내준 것이다. 혼자 사는 거처라 살아 있는 생물이라고는 나하고 그 애들뿐이었다. 그 애들을 위해 관계 서적을 구해다 읽었고, 그 애들의 건강을 위해 하이포넥슨가 하는 비료를 바다 건너가는 친지들에게 부탁하여 구해오기도 했었다. 여름철이면 서늘한 그늘을 찾아 자리를 옮겨주어야 했고, 겨울에는 필요 이상으로 실내 온도를 높이곤 했었다.

이런 정성을 일찍이 부모에게 바쳤더라면 아마 효자 소리를 듣고도 남았을 것이다. 이렇듯 애지중지 가꾼 보람으로 이른 봄이면 은은한 향기와 함께 연둣빛 꽃을 피워 나를 설레게 했고, 잎은 초승달처럼 항시 청청했었다. 우리 다래헌을 찾아온 사람마다 싱싱한 난을 보고 한결같이 좋아라 했다.

지난해 여름 장마가 갠 어느 날 봉선사로 운허 노사老師를 뵈러 간 일이 있었다. 한낮이 되자 장마에 갇혔던 햇볕이 눈부시게 쏟아져 내리고 앞 개울물 소리에 어울려 숲속에서는 매미들이 있는 대로 목청을 돋구었다.

아차! 이때에야 문득 생각이 난 것이다. 난초를 뜰에 내놓은 채 온 것이다. 모처럼 보인 찬란한 햇볕이 돌연 원망스러워졌다. 뜨거운 햇볕에 늘어져 있을 난초 잎이 눈에 아른거려 더 지체할 수가 없었다. 허둥지둥 그 길로 돌아왔다. 아니나 다를까 잎은 축 늘어져 있었다. 안타까워 안타까워하며 샘물을 길어다 축여주고 했더니 겨우 고개를 들었다. 하지만 어딘지 생생한 기운이 빠져버린 것 같았다. 나는 이때 온몸으로, 그리고 마음속으로 절절히 느끼게 되었다. 집착이 괴로움인 것을. 그렇다, 나는 난초에게 너무 집착해버린 것이다. 이 집착에서 벗어나야겠다고 결심했다. 난을 가꾸면서는 산철(승가의 유행기遊行期)에도 나그네길을 떠나지 못한 채 꼼짝 못하고 말았다. 밖에 볼일이 있어 잠시 방을 비울 때면 환기가 되도록 들창문을 조금 열어놓아야 했고, 분盆을 내놓은 채 나가다가 뒤미처 생각하고는 되돌아와 들여놓고 나간 적도 한두 번이 아니었다. 그것은 정말 지독한 집착이었다. 며칠 후, 난초처럼 말이 없는 친구가 놀러왔기에 선뜻 그의 품에 분을 안겨주었다. 비로소 나는 얽매임에서 벗어난 것이다. 날을 듯 홀가분한 해방감. 삼 년 가까이 함께 지낸 '유정有情'을 떠나보냈는데도 서운하고 허전함보다 홀가분한 마음이 앞섰다. 이때부터 나는 하루 한 가지씩 버려야겠다고 스스로 다짐했다. 난을 통해 무소유無所有의 의미 같은 걸 터득하게 됐다고나 할까.

― 법정, 〈무소유〉에서

(나)

어느 사회에서나 물질적 재산을 드러내놓고 추구하는 사람들은 높은 평가를 받지 못하고 그것을 가볍게 여기는 사람들은 존경받는다. 요즘 재산에 대한 집착을 버리라는 목소리들이 유난히 높다. 지나친 소비가 여러 문제를 불러오는 터라 검소하게 살자는 반성은 자연스럽다. 그러나 재산과 물욕을 혐오하는 것은 건전하지 못하다.

재산은 삶에 필수적이다. 그것은 우리가 잘 살고 자식들을 제대로 가르칠 수 있게 한다. 물고기나 새들의 수컷이 구애할 때 먹이나 둥지를 만드는 데 필요한 물건들을 갖고 암컷에게 다가간다는 사실은 음미할 만하다. 우리에게 물욕이 그리도 강한 것은 그것이 우리의 생존과 번식에 도움이 되기 때문이다.

그래서 물욕을 억제하기는 아주 힘들고 그 일에 성공하는 사람들은 거의 없다. 물욕을 억제하라고 목청을 높이는 사람들도 예외가 아니다. 그런 얘기를 자주 하는 사람은 종교 지도자들이고 그들은 자신을 청빈의 전범으로 여기는 듯하지만 찬찬히 살펴보면 사정은 크게 다르다.

그들이 자신의 재산이라고 부를 만한 것은 어쩌면 걸친 옷 한 벌뿐일지도 모른다. 그러나 그들은 끼니 걱정을 하거나 잘 곳을 찾아야 하는 처지가 아니다. 모은 돈이 없다고 불안해하지도 않는다.

그들은 자신이 속한 종교 단체가 가진 재산의 혜택을 입기 때문이다. 모든 사회에서 종교 단체들은 엄청난 재산을 가졌고 흔히 가장 큰 지주들이었다. 현대에도 사정은 비슷하니, 종교 단체들은 큰 정치적 영향력과 재산을 가졌다. 따라서 종교 단체들의 구성원은, 특히 높은 자리에 오른 종교 지도자는 사회적으로 높은 대접을 받을 뿐 아니라 보수도 괜찮고 아주 안정된 일자리를 누리는 것이다.

오랫동안 수도한 종교 지도자들은 청빈의 전범으로 칭송되지만 그들이 그렇게 수도하는 동안 세속의 범인들이 늘 걱정하는 의식주 문제는 어떻게 해결했을까 하는 소박한 물음은 좀처럼 제기되지 않는다. 그렇게 유복한 사람들이 집세와 과외비를 마련하려고 동분서주하고, 한창 일할 나이에 밀려날지 모른다는 생각에 늘 조마조마한 사람들에게 물욕을 버리라고 충고하는 모습은 좋게 보려고 해도 마음에 생선 가시처럼 걸린다.

모든 욕망은 진화의 손길로 다듬어졌다. 개체들의 생존과 종족의 유지에 도움이 되기 때문에 그것들이 살아남은 것이다. 따라서 물욕을 억누르는 일은 힘만 들고 효과는 없다. 물욕의 본질을 바로 보고 그것과 타협하는 것이 순리다.

그리고 물욕이 크게 해로운 경우는 언뜻 생각하기보다는 훨씬 드물다. 돈은 대체로 사회에 필요한 일을 해야 벌 수 있다. 비록 어느 사회에서나 나쁜 짓으로 돈을 버는 사람들이 많기는 하지만, 일찍이 새뮤얼 존슨이 말한 것처럼 뭐니뭐니 해도 돈을 버는 일에 매달릴 때 사람은 죄를 가장 적게 짓는다. 그리고 하이에크가 지적한 것처럼 사치는 물질적 풍요에 선행하는 현상이다.

사회와 문명은 욕망을, 그것이 성욕이든 물욕이든 공명심이든 버리라는 얘기를 하거나 따른 사람들에 의해 유지되고 발전해온 것이 아니다. 자식들은 자신보다 좀 낫게 살기를 바라면서 땀 흘려 돈을 번 사람들에 의해 유지되고 발전해온 것이다. 이제는 그런 선남선녀들이 편안한 마음으로 돈을 벌게 하라.

― 복거일, 〈자연스러운 물욕〉

(다)

재물에 대하여 치열하게 집념을 나타내는 것은 아마도 모든 생물 중에서 인간만의 특성이 아닌가 싶다. 그것은 생명에 대한 집착만큼이나 본능적인 것으로, 어쩌면 그 파괴적 특성 혹은 욕망 때문에 조물주는 인간에게 이성이라는 것을 부여했는지 모를 일이다.

며칠 전의 일이었다. 비가 내리는데 우산을 받쳐 들고 산책길에 나섰다. 군데군데 건물이 아직 들어서지 않은 공터는 채마밭이 돼 있었다. 아파트가 군집해 있고 더러는 공사가 진행 중인 삭막한 풍경 속의 채마밭은 다소 기이한 느낌이었으나 반가웠다. 고추며 호박·들깨·콩 등 원주 집에서 늘상 접해온 작물이지만 생명이란 어디서나 항상 새롭고 싱그럽다. 걷다가 걸음을 멈추었다. 부목도 세워놨고 김도 맨 깔끔한 작은 고추밭 속에 붉은 꽃을 매단 봉선화 두 포기가 비를 맞고 있었던 것이다. 집안 뜰도 아니겠고 생산적 가치도 없는 저 봉선화를 누구 보라고 남겨두었을까, 중얼거리며 혼자 미소를 머금었다. 억조창생 미물에 이르기까지 포옹하고 길러내는 숲과 산들을 마구 허물고 수없는 생명들을 말살하는 개발 사업에 영일이 없는가 하면, 반면 화훼 단지라는 것이 산업적 성격을 띠어 뿌리 잘린 꽃들이 엄청나게 유통되는 또 하나의 역설 속에 저 봉선화를 보호한 사람은 대체 어떤 모습일까? 아마도 본래의 사람 모습일 것만 같다. 걸음을 옮기면서 생각한 것은 오래된 옛날 어디서 읽었는지, 미국의 얘기가 아니었나 싶다.

어떤 기업체에서 사원을 선발하는 방법으로 끈으로 묶은 꾸러미를 내놨는데 한 사람은 주머니칼을 꺼내어 끈을 잘랐고 다른 한 사람은 끈을 풀었다는 것이다. 채용된 쪽은 칼을 사용한 사람이었다고 했다. 기업주는 물자보다 시간을 아꼈던 것이다. 물론 그 시간은 기업주의 시간이었지 소비자의 시간은 아니었다. 소비자가 떠맡아야 했던 것은 낭비된 물자의 대가였고 자원의 임자인 지구나 그 혜택을 받는 뭇 생명들 차원에서 본다면 에너지와 자원의 손실이었던 것이다. 아주 미세한 얘긴지 모르겠다. 그러나 도처에서 지속적으로 행해온 그 후유증을 우리는 현재 안고 있는 것이다. 그것은 보이지 않는 유령이며 그것으로 인하여 지구는 병들어가고 있다. 종들은 하나 둘 사라져갔으며 이 활기에 넘쳐 보이는 현실은 실상 자원 고갈을 향해 행진을 멈추지 않고 있는 것이다. 자본주의의 본질은 끝없는 이윤 추구 바로 그 자체라 할 수 있다. 시간과 물자와 인력을 포함한 에너지, 이 세 가지를 집약하여 조작하는 이른바 생산은 자본주의의 결실인 상품으로 나타난다 해서 자본가들의 공간 개념은 지구도 자연도 아니며 국토도 아니며 상품이 유통되는 시장이라 할 수 있겠다. 어떻게 보면 그것은 회의 같은 것이 끼여들 여지가 없는 단순 명료한 체계, 우주 질서를 무진장 생략한 형태로도 볼 수 있겠고, 때문에 철저하게 유물적이며 물신 숭배로 팽배해가는 것은 당연한 일일 것이다. 이러한 사회구조는 상대적으로 정신적 소산이며 삶의 틀과 본이 되는 문화가 문명에 의해 본말의 전도 현상으로 나타난다. 한 시대의 말기 현상이기도 하지만 여하튼 온갖 잡다한 장식과 복제품이 문화라는 허울을 쓰고 있다. 그래서 소비성의 어지러운 범람을 촉진하며 대중적이라는 시세에 편승하여 저질 오락물에까지 이름을 빌려주는 참담한 모습으로 문화는 전락하게 되었으니, 문화란 아예 사라지는 게 아닐까.

문화가 사라지면 인간성도 사라진다. 이 같은 사회적 현상은 비단 물질적인 쓰레기만 퇴적되어 순환을 막을 뿐만 아니라 사람의 의식에도 쓰레기는 쌓여 가치관이 무너지게 되는 것이다. 문화란 삶을 위한 총체적 탐구이며 그 경험의 축적인데 오늘과 같이 분업화, 전문화되어가는 형편에서는 사물을 총체적으로 파악하기가 매우 어렵다. 지식인은 많아도 지성인이 드문 것은 그런 까닭인 성싶다.

정치인의 경우에도 인격을 느낄 수 없으며 욕망에만 탐닉하는 추한 모습들을 보게 되는데 그 역시 그들이 문화적 존재이기보다 문명적 존재인 데서 원인을 찾을 수 있을 것 같다. 그런가 하면 대부분의 사람들이 삶의 질을 높인다거나 경제적 풍요라는 것에 현혹되어 자본주의의 볼모와도 같은 자리에서 엉거주춤하고 있는 것도 숨길 수 없는 실정이다. 생명을 온전하게 보존할 수 없는 제반 사정, 이를테면 환경오염이나 생태계의 파괴, 핵문제 같은 것으로 지구가 휘청거리는 판국에 삶의 질을 높이느니, 경제적 풍요니 하는 이보다 더한 역설이 어디 있을까. 지구의 자원을 무한으로 보았고 후유증을 예상하지 못했던 근대화 시초의 이상이며 갈구였던 풍요의 실상을 우리는 지금 심각하게 인식해야 한다. 삼풍백화점이 무너진 후 회장이라는 사람이, 내 재산이 없어지는데 무너질 것을 알고 나갔겠느냐고 한 그 볼멘 음성이 귓가에 쟁쟁 울려온다. 백화점에 쌓인 상품보다 인명의 값어치가 없다는 얘긴가. 모골이 서늘해진다.

— 박경리, 〈자본주의의 시간〉

실전 논술 4

지식인의 역할

[문제]

예시문 (나)와 (다)와 (라) 속의 '나'는 모두 당대 삶의 한 입장을 드러내고 있다. 이들의 입장을 '지식인의 역할'이란 관점에서 요약해서 정리한 후, 현대사회에서 지식인의 바람직한 역할과 태도를 (가)에서 사용한 비유를 들어 논술하시오.

(주의사항) 1. 제목은 쓰지 말 것.

2. 신원을 나타내는 표현은 쓰지 말 것.

3. 분량은 띄어쓰기를 포함하여 (   )자 안팎(±100자)으로 할 것.

(가)

松問竹	솔이 대에게 말을 걸었다.
風雪滿山谷	눈보라 몰아쳐 산골 가득해도
吾能守強項	나는 강직하게 머리 들고서
可折不可曲	부러지면 부러졌지 굽히지는 않는다오.

竹答松	대가 솔에게 대답했다.
高高易摧折	고고할수록 부러지기 쉬운지라
但守靑春色	나는 청춘의 푸르름 고이 지킬 따름
低頭任風雪	머리 숙여 눈보라에 몸을 맡긴다오.

— 이식, 〈松竹問答〉

(나)

"내 집에 좋은 물건이라곤 단지 〈맹자〉 일곱 편뿐인데, 오랜 굶주림을 견딜 길 없어 2백 전에 팔아 밥을 지어 배불리 먹었소. 희희낙락하며 영재 유득공柳得恭에게 달려가 크게 뽐내었구려. 영재의 굶주림도 또한 하마 오래였던지라, 내 말을 듣더니 그 자리에서 〈좌씨전〉을 팔아서는 남은 돈으로 술을 받아 나를 마시게 하지 뭐요. 이 어찌 맹자가 몸소 밥을 지어 나를 먹여주고, 좌씨가 손수 술을 따라 내게 권하는 것과 무에 다르겠소. 이에 맹자와 좌씨를 한없이 칭송하였더라오. 그렇지만 우리들이 만약 해를 마치도록 이 두 책을 읽기만 했더라면 어찌 일찍이 조금의 굶주림인들 구할 수 있었겠소. 그래서 나는 겨우 알았소. 책 읽어 부귀를 구한다는 것은 모두 요행의 꾀일 뿐이니, 곧장 팔아치워 한 번 거나하게 취하고 배불리 먹기를 도모하는 것이 박실樸實함이 될 뿐 거짓 꾸미는 것이 아니라는 것을 말이오. 아아! 그대의 생각은 어떻소?"

— 이덕무, 이서구에게 보낸 편지에서

(다)

"그것이 어째 없을까?"

아내가 장문을 열고 무엇을 찾더니 입안말로 중얼거린다.

"무엇이 없어?"

나는 우두커니 책상머리에 앉아서 책장만 뒤적뒤적하다가 물어보았다.

"모본단 저고리가 하나 남았는데…"

"…"

나는 그만 묵묵하였다. 아내가 그것을 찾아 무엇 하려는 것을 앎이라. 오늘 밤에 옆집 할멈을 시켜 잡히려 하는 것이다.

이 2년 동안에 돈 한푼 나는 데는 없고 그대로 주리면 시장할 줄 알아 기구器具와 의복을 전당국 창고典當局倉庫에 들이밀거나 고물상 한구석에 세워두고 돈을 얻어오는 수밖에 없었다. 지금 아내가 하나 남은 모본단 저고리를 찾는 것도 아침거리를 장만하려 함이라.

나는 입맛을 쩍쩍 다시고 폈던 책을 덮으며 후— 한숨을 내쉬었다.

봄은 벌써 반이나 지났건마는 이슬을 실은 듯한 밤기운이 방구석으로부터 슬금슬금 기어나와 사람에게 안기고 비가 오는 까닭인지 밤은 아직 깊지 않건만 인적조차 끊어지고 온 천지가 빈 듯이 고요한데 투닥투닥 떨어지는 빗소리가 한없는 구슬픈 생각을 자아낸다.

"빌어먹을 것 되는 대로 되어라."

나는 점점 견딜 수 없어 두 손으로 흩어진 머리카락을 쓰다듬어 올리며 중얼거려 보았다. 이 말이 더욱 처량한 생각을 일으킨다. 나는 또 한번, "후—" 한숨을 내쉬며 왼팔을 베고 책상에 쓰러지며 눈을 감았다.

이 순간에 오늘 지낸 일이 불현듯 생각이 난다.

늦게야 점심을 마치고 내가 막 궐련〔卷煙〕한 개를 피워 물 적에 한성은행漢城銀行 다니는 T가 공일이라고 놀러왔었다.

친척은 다 멀지 않게 살아도 가난한 꼴을 보이기도 싫고 찾아갈 적마다 무엇을 꾸어내라고 조르지도 아니하였건만 행여나 무슨 구차한 소리를 할까봐서 미리 방패막이를 하고 눈살을 찌푸리는 듯하여 나는 발을 끊고 따라서 찾아오는 이도 없었다. 다만 이 T는 촌수가 가까운 까닭인지 자주 우리를 방문하였다.

그는 성실하고 공순하며 소소한 소사小事에 슬퍼하고 기뻐하는 인물이었다. 동년 배同年輩인 우리 둘은 늘 친척 간에 비교比較거리가 되었었다. 그리고 나의 평판이 항상 좋지 못했다.

"T는 돈을 알고 위인이 진실해서 그 애는 돈푼이나 모을 것이야! 그러나 K(내 이 름)는 아무짝에도 못 쓸 놈이야. 그 잘난 언문諺文 섞어서 무어라고 끄적거려놓고 제 주제에 무슨 조선에 유명한 문학가가 된다니! 시러베아들놈!"

이것이 그네들의 평판이었다. 내가 문학인지 무엇인지 하는 소리가 까닭 없이 그 네들의 비위에 틀린 것이다. 더군다나 나는 그네들의 생일이나 혹은 대사大事 때 에 돈 한푼 이렇다는 일이 없고 T는 소위 착실히 돈벌이를 하여 가지고 국수밥소 래나 보조를 하는 까닭이다.

"얼마 아니 되어 T는 잘살 것이고 K는 거지가 될 것이니 두고 보아!"

오촌 당숙은 이런 말씀까지 하였다 한다. 입 밖에는 아니 내어도 친부모 친형제 까지라도 심중心中으로는 다 이렇게 생각할 것이다. 그래도 부모는 달라서 화가 나시면, "네가 그리하다가는 말경末境에 비렁뱅이가 되고 말 것이야"라고 꾸중은 하셔도, "사람이란 늦복 모르느니라" "그런 사람은 또 그렇게 되느니라" 하시는 것이 스스로 위로하는 말씀이고 또 며느리를 위로하는 말씀이었다. 이것을 보아 도 하는 수 없는 놈이라고 단념斷念을 하시면서 그래도 잘되기를 바라시고 축원 하시는 것을 알겠더라.

— 현진건, 〈빈처〉에서

(라)

"내 생각으로는 만약 케플러나 뉴턴의 발견이 어느 과정을 거치지 않고서는 도
저히 그 발견을 이룩하지 못할 때, 이런 경우 뉴턴의 자기 발견을 인류에게 보급
시키기 위해서 그 방해자들을 해치울 권리가 있다는 것입니다. 아니, 그렇게 해
야만 할 의무를 걸머지고 있다고 봅니다. 물론 그렇다고 해서 뉴턴이 마음대로
사람을 죽이거나 시장을 찾아다니며 도둑질할 권리를 가졌다는 것은 아닙니다.
내가 기억하기에는 그 논문을 이렇게 전개한 것 같습니다. 즉, 온 인류의 예를 들
어 건설자나 입법자를 보더라도 태고 적부터 오늘날까지 리쿠르고스, 솔로몬, 모
하메드, 나폴레옹 같은 사람들은 모두 하나같이 새 법률을 반포하고 그 법률에
의해 종래 사회가 신봉해오던 구법을 파괴한 그 하나만으로도 범죄자인 것입니
다. 그들은 자기를 위해서 피를 흘리지 않으면 안 될 경우에 처하면—무고한 피
도 있고 옛 질서를 위해 흘린 비장한 피도 있지만—조금도 주저하지 않고 피를
흘리게 했습니다."

― 도스토예프스키, 〈죄와 벌〉에서

실전 논술 5

민족주의

[문제]

글 (가)의 개념에 입각해서, 글 (나)의 토론자 가운데 한 사람의 입장을 선택해서 글 (다)에서 말하는 '동북아 중심 국가 건설'에 대한 본인의 의견을 논술하시오. 단, 논지 전개 과정에서 (나)의 다른 사람 의견을 비판하는 내용을 꼭 넣을 것.

(주의사항)   1. 제목은 쓰지 말 것.

2. 신원을 나타내는 표현은 쓰지 말 것.

3. 분량은 띄어쓰기를 포함하여 (   )자 안팎(±100자)으로 할 것.

(가)

민족주의는 본래 매우 비합리주의적이고 다의적인 개념이기 때문에 이것에 일률적인 정의를 내리기는 어렵다.

민족주의가 성립하는 데는 2가지 조건이 필요하였다. 첫째, 세계는 하나라고 하는 이상과 이것을 바탕으로 하여 세워진 세계 제국世界帝國이 무너지고 많은 독립 국가가 나타나, 종래의 보편적인 종교·문화를 대신하는 새로운 민족적인 종교·문화를 창조하여야 한다는 것이었다. 둘째, 이렇게 이룩된 독립 국가를 국민들이 '우리들의 국가'로서 받아들여 사랑하고 이에 긍지를 느끼게 되어야 한다는 것이었다.

역사적으로 볼 때 첫째 조건은 16세기 이후 그리스도교 세계의 통일이 무너지고 로마 교황이나 신성로마제국의 지배를 받지 않는 많은 독립 국가가 나타남으로써 충족되었다. 그러나 16세기 이후에 나타난 독립 국가는 그 대부분이 절대주의 국가였기 때문에, 국민들이 이것을 '우리들의 국가'로서 받아들이기에는 너무 거리가 먼 존재였다. 왕은 절대 군주로서 절대권을 가지고 있었으며 국민은 전혀 권리를 가지지 못한 상태에 놓여 있었다. 국민이 그들의 국가를 '우리들의 국가'로 느끼게 하기 위해서는 먼저 군주의 절대권을 제한하거나 배제하여 국민의 권리를 신장시킬 필요가 있었다. 진정한 의미의 '국민의 국가'가 되어야만 비로소 국민은 국가에 애착을 느끼고 긍지를 갖게 되며, 조국(fatherland)이라고 부르게 되기 때문이다.

세계에서 최초로 이와 같은 현상이 나타난 곳은 17세기경의 영국이었다. 그러므로 민족주의를 세계에서 제일 먼저 꽃피운 나라도 영국이라 할 수 있다.

세계사적으로 보면, 민족주의가 세계를 움직이는 결정적인 힘이 된 것은 18세기 초였으나, 영국은 이보다 빨라서 17세기에 이미 민족주의가 싹트기 시작하였다. 세계에서 제일 먼저 자본주의를 발전시킨 영국은 부르주아지의 성장도 다른 어느 나라보다 빨랐다. 그들은 성장 과정에서 중세의 미망迷妄을 타파하는 과학적 정신을 발전시켜, 왕권의 시녀가 되어버린 국립 교회國立敎會의 개혁을 주장하는 한편, 국가와 국토를 국민의 것으로 만드는 혁명적인 정치 이론을 창안하였다. 그리하여 이것을 17세기의 청교도 혁명을 통하여 최초로 실천하였다. 이것은 또한 당시 영국의 식민지였던 미국에까지 커다란 영향을 미쳐 독립전쟁(1776~1782)을 일으키게 하였다. 본국의 압정壓政에 시달리던 미국은 본국과 투쟁하는 가운데 민족주의를 형성하였다. 투쟁의 선두에는 부르주아지가 섰으며, 그들은 민족주의가 갖는 폭발적인 에너지를 교묘히 이용하여 투쟁을 승리로 이끌었다.

그러나 민족주의가 가장 전형적인 형태로 나타난 것은 18세기의 프랑스 혁명(1789)에서이다. 여기에서는 혁명의 와중渦中에 민족주의가 형성되었다. 혁명의 선두에는 부르주아지가 서서 민중을 이끌었고, 민중의 압력을 배경으로 하여 군주의 절대권絶對權을 부인하는 한편, 성직자·귀족의 특권을 폐지하고 인권 선언을 공포하였다. 혁명 정권이 내걸었던 '자유·평등·박애'의 기치旗幟는 프랑스 국민의 피를 끓어오르게 하였을 뿐만 아니라, 프랑스 이외의 나라들에도 커다란 파문을 불러일으켰다. 그런 까닭으로 혁명의 진행은 프랑스의 군주와 귀족은 물론, 전全 유럽의 군주·귀족들까지도 공포의 도가니로 몰아넣었다. 프로이센과 오스트리아의 무력 간섭이 시작된 것은 바로 이 때문이었다. 그러나 프랑스 국민 사이에서 요원燎原의 불길처럼 일어난 애국심과 민족주의는 이를 완전히 물리쳤다.

프랑스에서 민주주의가 민족주의로부터 등을 돌리기 시작한 시기는 나폴레옹이

유럽 대륙에 대하여 침략 전쟁을 시작한 시기와 일치한다. 이 전쟁 중에 유럽 대륙에서 새로운 형태의 민족주의가 탄생하였다. 즉, 프랑스의 민족주의는 프랑스의 침략군에 대한 국민의 저항 가운데서 탄생하였으며, 이의 지도적 역할을 한 것은 부르주아지가 아니고 절대 군주의 정부 및 귀족들이었다. 이들 절대 군주의 정부 및 귀족들은 프랑스의 침략군에 대한 국민의 증오심을 교묘하게 이용하면서 그들의 계급적 이익과 모순되지 않는 형태로 민족주의를 옹호, 발전시켰다. 여기서는 민족주의가 당초부터 민주주의나 합리주의와는 전혀 관계가 없는 것으로 다루어졌고, 국민의 권리보다도 왕실의 영광이, 이성理性보다도 본능이 구가謳歌되었다. 혁명은 미치광이 짓으로 간주되고 도리어 과거의 전통이 찬미되었다. 절대 군주나 귀족들은 이와 같은 민족주의를 이용하여 그들의 권위를 지켰고 혁명을 방지하는 방패로 삼았다.

19세기 말, 제국주의 시대의 개막과 더불어 민족주의의 반동화反動化는 점차 심화되어갔다. 제국주의는 민족주의의 부정否定임과 동시에 그 발전이라고 할 수 있다. 그것은 민족 국가의 테두리를 무너뜨리고 다른 민족을 한 국가의 지배하에 두려는 것이었기 때문에, 그런 점에서는 민족주의의 부정이라 할 수 있다. 반면에 다른 민족을 병합·흡수함으로써 그 힘을 과시하고 권위를 높이려는 것이었기 때문에 그런 점에서는 민족주의의 발전으로 볼 수 있다. 따라서 제국주의 단계에서도 부르주아지는 민족주의를 최대한으로 이용하였다.

민족주의는 그들에게는 외국 침략이나 제국주의 전쟁을 미화美化하고, 약소 민족에 대한 압박을 합리화하며 식민지나 반半식민지의 주민에 대한 착취를 정당화하기 위한 정신적인 근거로 간주되었다. 이와 같은 경향은 1920년대에서 30년대에 걸쳐 파시즘이 나타나, 민족주의가 파시즘의 노예가 된 단계에서 극점極點에 달하였다. 여기에서는 국가 또는 민족이 절대시되고 극단적인 에고이즘이나 침략 전쟁이 신성화된 반면, 개인의 자유·평등·인간성의 가치는 완전히 부정되었다. 나치스 시대의 독일, 파시즘 시대의 이탈리아는 그 가장 좋은 보기였다. 이와 같은 종류의 반동적 민족주의를 아시아에서 발전시킨 국가는 일본이었다.

일본은 비스마르크의 프로이센의 영향을 받아 천황제天皇制라는 절대주의 체제를 확립하여 천황·귀족·지주 중심의 민족주의를 발전시켰다. 일본은 청일전쟁·러일전쟁·제1차 세계대전에서 승리를 거두자 자본주의를 비약적으로 발전시킴과 동시에 천황제를 수정·변질시켜 독특한 파시즘 체제를 만들어내어 대규모 침략 전쟁에 나섰다. '만세일계萬世一系의 황통皇統'이니 '세계무비世界無比의 국체'니 하는 따위가 조작되고, 그것을 지킨다는 구실 아래 국민의 자유가 억압되었으며, 그들의 침략 전쟁에는 이른바 '성전聖戰'이라는 이름이 붙여졌다.

이처럼 민족주의가 변전變轉을 거듭하는 사이에 당초 그것이 부정하려고 하였던 것을 긍정하게 되었고, 타도하려고 하였던 것을 옹호하기에 이르렀다. 그러나 이에 의하여 고전적인 민족주의가 갖는 본래의 혁명적 정신이 역사상에서 완전히 말살된 것은 아니었다. 제국주의 제국諸國에서 민족주의가 자유의 적에게 봉사하며 반동화되어가고 있을 때, 이들 제국주의 제국에 의하여 핍박받고 있던 식민지 민족주의는 19세기 말에서 20세기 초에 걸쳐서 먼저 동부아시아에, 이어서 동부아시아에서 서남아시아로, 서남아시아에서 아프리카·라틴아메리카로 식민지·반식민지 세계의 전역에 퍼져 나갔다.

그리고 그것은 오늘날에도 여전히 역사의 추진력으로서 중요한 역할을 하고 있다. 그러나 식민지 민족주의는 고전적 민족주의의 단순한 재현이 아니었다. 고전적 민족주의는 자본주의가 봉건 세력의 억압에 항거하여 성장하는 과정에서 탄생된 민족주의였으므로, 한결같이 반反봉건적 성격을 띠고 있었으나, 식민지 민족주의의 경우는 이보다 더욱 복잡하였다. 즉, 식민지 민족주의는 자본주의가 무르익어 제국주의의 단계로 접어든 시기에, 제국주의의 압제하에 신음하던 식민지에서 일어난 민족주의였으므로, 반反제국주의적 성격을 강하게 지니고 있었다.

(나)

이 한 : 우리나라에서 민족주의 사상은 우리 민족이 어려운 상황에 직면했을 때 우리 민족을 하나로 묶어주는 기능을 했습니다. 얼마 전 오노의 할리우드 액션 사건에서 국민들의 단합된 항의 또한 민족주의의 모습입니다. 월드컵이나 올림픽 같은 국제대회에서도 민족주의는 온 국민을 하나로 묶어주는 긍정적인 기능을 했습니다.

윤 준 : 우리나라의 민족주의를 이야기하려면 먼저 우리 민족의 기원부터 생각해야 한다고 봅니다. 우리 민족이 단일 민족이라는 것부터 의문입니다. 고조선 이후 삼국시대에 이르기까지 우리 민족은 중국과 만주 지역의 여러 민족들과 결합되고 중국의 한족과도 융화되어 지금의 한韓민족을 형성하였는데, 이렇게 되면 우리나라에서 민족주의는 단일민족의 민족주의가 아닌 국가주의로 보아야 한다고 생각합니다. 민족주의가 심화되면 세계 평화에 역행하게 되고 국제적으로 고

립될 게 뻔합니다. 외국인 노동자에 대한 우리의 배타적 태도는 민족주의의 수준을 넘어 국수주의로 나아갈 위험성을 안고 있습니다. 이제 세계의 경제권은 점차 하나로 묶여갑니다. 이런 때에 민족을 강조하는 것은 배타적이고 시대 흐름에 뒤떨어지는 것처럼 보일지도 모릅니다.

이 원 : 민족주의는 필요하다고 봅니다. 탈민족주의는 너무도 이상적입니다. 탈민족주의의 전제는 전 지구의 공동체화가 될 우려가 있습니다. 현재 이렇게 탈민족주의가 될 확률은 거의 없습니다. 르펜, 샤론, 고이즈미 등과 같이 오히려 극우 보수적 경향의 자민족 중심주의가 부활하는 추세입니다. 현재 나타나는 각국의 민족주의 강화 경향은 급속한 세계화의 반발로 추정됩니다. 인간의 본성은 이상적인 측면보다 현실적인 측면이 강할지도 모릅니다. 지금까지 인간의 역사는 자신과 자국의 이익의 극대화를 위한 끊임없는 노력의 역사였습니다. 민족이란 틀 안에 갇혀 있는 인간 공동체는 다원화보다는 결집력이 강한 공동체가 안전할 수 있고, 그것을 원하고 있을지도 모릅니다. 이상적인 지구 공동체는 없을 것입니다. 앞으로 세계화의 속도는 더욱 느려질 것입니다.

소 라 : 민족주의가 과거에 어떤 모습이었다는 것을 논할 게 아니라 미래에 어떠한 모습으로 나아가야 하냐가 중요합니다. 민족주의는 천의 얼굴을 가졌습니다. 그것을 두고 좋다 나쁘다를 떠나 각 민족의 모습을 이해해보아야 한다고 생각합니다. 우리의 것만 좋다는 생각을 뛰어넘어 있는 그대로를 받아들여야 합니다. 과거에 극단적 민족주의의 모습으로 파시즘, 나치즘 등이 나타났으나 이제는 그러한 극단적 민족주의에서 벗어나 다른 민족의 것들을 이해하는 마음이 필요합니다. 우리 민족만의 모습으로가 아닌 이상적인 지역 공동체(nation-state)를 위해 나아가야 한다고 봅니다. 나와 너의 모습과 문화가 다르더라도 함께 이해하고 공동체의 모습을 실현해가는 것이 21세기 민족주의의 이상적인 모습일 것입니다.

(다)
우리는 농경시대에서 산업화를 거쳐 지식 정보화 시대에 성공적으로 진입했습니다. 그러나 지금 우리는 다시 세계사적 전환점에 직면했습니다. 도약이냐 후퇴냐, 평화냐 긴장이냐의 갈림길에 서 있습니다. 세계의 안보 상황이 불안합니다. 이라크 정세가 긴박합니다. 특히 북한 핵 문제를 둘러싼 국제 사회의 우려가 고

조되고 있습니다. 이럴수록 우리는 평화를 지키고 더욱 굳건히 뿌리내리게 해야 합니다. 대외 경제 환경도 어려워지고 있습니다. 선진국들은 끝없이 새로운 영역을 개척하며 뻗어가고 있습니다. 후발국들은 무섭게 추격해옵니다. 우리는 새로운 성장 동력과 발전 전략을 요구받고 있습니다. 우리 사회 내부에도 국가의 명운을 결정지을 많은 문제들이 가로놓여 있습니다. 이들 과제는 국민 여러분의 지혜와 결단을 기다리고 있습니다.

이 모든 도전을 극복해야 합니다. 우리는 해낼 수 있습니다. 우리 국민이 힘을 합치면, 못할 것이 없습니다. 그런 저력으로 우리는 외환 위기를 세계에서 가장 빨리 벗어났습니다. 지난해에는 월드컵 4강 신화를 창조했습니다. 대통령 선거의 모든 과정을 통해 참여 민주주의의 꽃을 피웠습니다.

존경하는 국민 여러분.

이제 우리의 미래는 한반도에 갇혀 있을 수 없습니다. 우리 앞에는 동북아 시대가 도래하고 있습니다. 근대 이후 세계의 변방에 머물던 동북아가, 이제 세계 경제의 새로운 활력으로 떠올랐습니다. 21세기는 동북아 시대가 될 것이라는 세계 석학들의 예측이 착착 현실로 나타나고 있습니다. 동북아의 경제 규모는 세계의 5분의 1을 차지합니다. 한·중·일 3국에만 유럽연합의 네 배가 넘는 인구가 살고 있습니다.

우리 한반도는 동북아의 중심에 자리 잡고 있습니다. 한반도는 중국과 일본, 대륙과 해양을 연결하는 다리입니다. 이런 지정학적 위치가 지난날에는 우리에게 고통을 주었습니다. 그러나 오늘날에는 오히려 기회를 주고 있습니다. 21세기 동북아 시대의 중심적 역할을 우리에게 요구하고 있는 것입니다. 우리는 고급 두뇌와 창의력, 세계 일류의 정보화 기반을 갖고 있습니다. 인천공항, 부산항, 광양항과 고속철도 등 하늘과 바다와 땅의 물류 기반도 구비해가고 있습니다. 21세기 동북아 시대를 주도적으로 열어나갈 수 있는 기본적 조건을 갖추어가고 있습니다. 한반도는 동북아의 물류와 금융의 중심지로 거듭날 수 있습니다.

동북아 시대는 경제에서 출발합니다. 동북아에 '번영의 공동체'를 이룩하고 이를 통해 세계의 번영에 기여해야 합니다. 그리고 언젠가는 '평화의 공동체'로 발전해야 합니다. 지금의 유럽연합과 같은 평화와 공생의 질서가 동북아에도 구축되게 하는 것이 저의 오랜 꿈입니다. 그렇게 되어야 동북아 시대는 완성됩니다. 그런 날이 가까워지도록 저는 혼신의 노력을 다할 것임을 굳게 약속드립니다.

문제의 답과 해설

• 답이나 해설이 없는 건 생략한 것임.

1부

2장_ 논술의 3요소

49 쪽 **문제의 예시 답안**

과학기술이 발달하고 국가 간의 경제 교역이 활발해지면서, 그만큼 다른 나라와 접촉할 기회가 늘어났다. 세계 각국은 다른 나라의 문화와 다양한 경로를 통해 교류함으로써 자국의 문화를 더욱 발전시키려 애쓴다. 우리나라 역시 일본과 경제 교류에 걸맞은 문화 교류의 필요성을 절감한 끝에 마침내 일본 대중문화의 전면 개방을 눈앞에 두고 있다. 그러나 일제 강점이라는 과거 우리의 아픈 경험 때문에 일본 문화에 대해서는 다른 어떤 나라 문화보다 민감하게 대응할 수밖에 없다. 과연, 일본 문화의 전면 개방이 몰고 올 문제점은 무엇일까?

(11강 '열등감인가, 민족적 정체성인가'를 참조할 것.)

2부

1강_ 창조적인 사고란 무엇인가?

78 쪽 [문제 1]

비판은 적극적인 삶의 태도의 표현이다. 자신의 주장을 남에게 설득하고, 현재의 상황을 현재보다 나은 상태로 바꾸기 위해서는 비판 정신이 필요하다. 비판 정신이 없는 사회는 발전이 없는 사회이다. 현재는 늘 불완전하기 때문에 비판을 통해서 완전함으로 접근해야 한다고 믿기 때문에, 독재를 나쁘다고 파악한다. '절이 싫으면 중이 떠나야지'라는 태도는 소극적인 비판이라고 할 수 있다.

[문제 2]

비난은 합리적 토론을 통해 보다 나은 결론이 나올 수 있다는 전제를 하지 않는다. 반면에 비판은 보다 나은 결론을 목표로 한다. 따라서 비판을 할 경우, 보다 나은 결론을 도출하려는 이 목표와 관련이 없는 감정적인 표현은 자제해야 한다.

80 쪽 총체성, 상상력

예시 문제의 출제 의도

"이 문항은 조선시대 정조대에 활발히 논의되었던 '북학'을 주제로 하여 정조 임금(甲)과 박제가(乙) 사이의 대화를 재구성한 제시문을 통하여 그 두 인물이 취하는 관점을 정확히 이해하도록 유도하고자 한 것이다. 甲이 조선중심주의를 내세운 데 반해, 乙은 조선이 강대해질 때까지는 원수(청 나라)를 배우고 이용해야 한다는 북학론을 내세우고 있다.

이 문항은 하나의 흐름을 가지는 글의 일부를 비워두고서, 수험생들이 제시 문을 읽어 이해한 바를 토대로 하여 논리적 사고를 통해 그 빈 자리를 적절 히 메울 수 있는 능력을 측정하는 데 초점이 주어졌다. 즉, 완결된 글의 일 부를 자신의 독서 능력을 토대로 하여 채워 넣음으로써 글의 흐름을 자연스 럽게 만들도록 요구하였는데, 이것을 통해 작문 능력·논리적 사고체계·폭 넓은 독서 경험을 종합화할 수 있는 능력을 테스트할 수 있는 것이다."

— 서울대학교

2강_ 중세적 사고 vs 근대적 사고

[질문 2]

내가 이 편지를 직접 들고 가즈힐의 댁에 가 있는 듯한 느낌이 듭니다.

[질문 3]

중세적인 관점에서 보자면, 남녀간의 애정은 매우 하찮은 것이었다. 현대 적인 의미의 남녀 애정관은 중세가 끝난 이후부터 자리를 잡았다. 그전이 라고 해서 왜 남녀간의 애틋한 정이 없었을까마는, 지금처럼 개인적으로나 사회적으로 중요한 의미를 띠지 못했다. 동물적인 욕구의 발산이나 종족 보존의 본능이 정신적인 교감보다 훨씬 큰 비중을 차지했다. 이는 동양이 나 서양이나 다르지 않았다. 그렇기 때문에 현대적인 의미에서의 동성애자 로 볼 수 없다.

성인, 경전, 윤리

힌트

[문제 1]

양반으로서, 그것도 조선을 대표하는 사신단의 일원으로서 여자를 곁눈질 로 슬쩍 훔쳐보는 행위가 정조의 눈에는 어떻게 비칠까? 이것 외에도 많이 있다.

박지원의 글에서는 등장하는 여러 인물들이 생생하게 살아 움직인다. '성인과 경전과 윤리의 관점'에 설 때 이런 인물들이 나타날 수 있을까? 말하자면 이런 인물들이 조선 후기에 사회의 새로운 주인으로 떠오르고 있다. 이런 내용으로 진지하게 박지원을 옹호하고, 할 수 있다면 정조를 마음껏 공격해보라.

102쪽 [문제 1]

19살 → 19세, 혹은 열아홉 살

한지붕에 살고 있습니다. → 한 지붕 아래 살고 있습니다.

제 아내와 저희 부모님하고 → 아내와 부모님 사이에

이제 50일 된 아기 → 이제 50일밖에 안 된

가장으로써 → 가장으로서

3강_ 문화와 경쟁력

111쪽 ① (실용주의적) 문화상대론

② 문화진보론

③ (국수주의적) 문화상대론

④ 문화진보론

⑤ 판정 불능

112쪽 현대 사회의 많은 문제들이 무한경쟁에서 비롯된다고 볼 수 있다. 따라서 진화론을 인정하면서도 무한경쟁과 적자생존이라는 살벌한 (피도 눈물도 없는!) 삶의 조건을 인간적으로 바꿀 수 있는 방법이 없을까? 이 문제에 대해 명쾌한 해답을 내리지 못했다고 낙심할 필요는 없다. 결코 쉬운 문제가 아니다. 이걸 명쾌하게 그리고 만인이 만족하게 해결할 수 있다면, 그 사람의 이름은 위대한 정치가나 철학자로 길이 남을 것이다.

115쪽 '빨리빨리 문화' : 물론 단점이 많다. 그래서 성수대교가 무너지고 삼풍백화점이 무너졌다. 하지만 이 열정적인 태도는, 단점만 보완한다면 분명 우리의 경쟁력이 될 수 있다.

'혈연과 지연 등 인맥을 중요시하는 문화' : 역시 단점이 많다. 당파를 형성해 소모적인 싸움이 벌어지기도 한다. 선거를 했다 하면 지역에 따라 표가 갈리는 것도 이 때문이다. 하지만 인맥을 중요시한다는 건, 한번 맺은 인간관계를 소중하게 여긴다는 걸 의미한다. 이것이 발휘할 수 있는 경쟁력을 생각해보자.

119쪽 [문제 1] 경쟁

[문제 2] (나) 문화적 주체성   (다) 경쟁력

4강_ 합리주의의 이해

126쪽 **힌트**

뢴트겐은 합리성과 효율성을 이야기하고, 최익현은 명분을 이야기할 것이다.

129쪽 **힌트**

서양의 결투 문화를 떠올려보자.

5강_ 개인과 사회, 그 영원한 긴장 관계

146쪽 [오답 사례]

"이기주의적이며 이중적이다."

(남의 희생을 대가로 자기 이익을 챙긴다는 근거가 없다는 점에서 이기주의가 아니다. 그리고 '이중적'이라는 표현은 전혀 보탬이 되지 않는 하나마나한 진술이다.)

[정답 사례]

"개인적인 감정과 실리를 구분하는 실용적인 태도이다."

6강_ 문학 속 두 가지 인간 유형

163쪽 **힌트**

[문제 1]

– 당신은 〈권태〉의 '나'와 〈감자〉의 '복녀'를 알고 있나?

– 당신은 현대사회를 어떻게 이해하고 있나?

[문제 2]

– 21세기 한국 사회가 나아가야 할 방향은 무엇이라 생각하는가?

– 21세기 한국 사회의 환경은 20세기 환경과 어떻게 달라지리라 전망하는가?

– 지도자의 역할이 무엇이라 생각하는가?

— 20세기의 지도자상은 어떠했다고 생각하는가?

169쪽 **[문제 1]**

(가) 시시비비를 따지지 않고 원만하게 사는 게 현명하다.

(나) 사람은 명분만으로는 살 수 없다. 명분보다 실리가 중요하다.

(다) 인간의 존엄성이나 가치는 사람에 따라 다르다. 보다 나은 가치의 실현을 위해서는 평범한 사람들이 희생되어도 상관없다.

(라) 인간은 자기 의지를 주체적으로 실현해야 한다. 이게 통제될 경우, 짐승과 마찬가지다.

(마) 인간은 자연의 한 부분이다.

7강_ 보수와 진보는 무엇일까?

생략

8강_ 소외, 이 미칠 듯한 그리움

195쪽 〈감자〉: 일제 시대의 가난과 무지

〈난장이가 쏘아올린 작은 공〉: 1970년대의 열악한 노동 환경과 노동자에 대한 인격적 차별

9강_ 세계화, 무엇을 위한 것인가?

223쪽

	기반	관념	유형	목표	환경문제	정신
세계주의	윤리적, 도덕적	이상적	다양성	인류의 공존공영	지구 환경 보존	상호 의존
세계화	비윤리, 비도덕적	현실적	표준화, 획일화	경제주체의 이익	천연자원 개발	자유 경쟁

10강_ 이미지를 알면 세상이 보인다

240쪽 **힌트**

(1) 이미지는 실체를 떠나서 존재한다는 사실에 초점을 맞출 것.

(2) 이미지는 고정 불변의 가치를 가지는 게 아니라, 자본의 논리에 따라 생산자와 소비자가 원하는 대로 가치가 바뀐다는 사실에 초점을 맞출 것.

250 쪽

	산업으로 바라보는 시선	정체성으로 바라보는 시선
무엇을 중요하게 여기나?	수익성	민족적 자부심
지지 기반이 무엇(누구)인가?	문화 산업 이해 당사자	국민 일반

251 쪽 친일 행위를 하고도 사죄하지 않은 사람, 친일 행위자를 올바로 가려내고 처벌하지 못했던 혹은 하지 않고 있는 정치인, 정치인이 이런 일을 하도록 힘을 실어주지 못한 국민들.

267 쪽 **해설**

비교하라는 말은 어떤 기준을 설정해놓고 기준에 따라서 따져보라는 말이다. 비교의 기준으로는 다음과 같은 것들이 있다.

- 삶을 바라보는 시선의 애증愛憎
- 삶을 바라보는 시선의 깊이
- 삶을 바라보는 시선의 다양성

270 쪽

	죽음(혹은 삶)을 바라보는 태도
베르테르	사랑하는 마음을 영원히 간직하고자, 다시 말해 이 순간의 행복을 영원히 유지하고자 현재의 삶을 마감한다. 죽음은 현재 삶의 순간을 영원으로 바꾸어놓는다.
아리스토텔레스와 제논	사람은 누구나 행복을 추구할 권리가 있다. 이 행복에 방해가 된다면 기꺼이 삶을 버리고 죽음을 택하겠다. 위의 베르테르가 자살을 선택하는 철학적 기반이다.
자살자를 말리는 광신자	인간의 삶은 절대자의 소유물이다. 삶과 죽음은 절대자의 의지에 따라 결정된다. 삶과 죽음의 인위적인 조작은 용서받을 수 없는 죄악이다.
자살자를 교수형에 처하는 당국자	인간의 삶은 사회 전체 구성원의 공동 소유물이다. 그러므로 이 공동 소유물을 개인이 멋대로 폐기하는 행위는 공동의 이익에 반하는 범죄 행위이다.

272쪽 [문제 1]

— 신 19에서 정원은 '오랜만이다', '하나도 안 변했네' 등의 말로 시간과 변화에 대해 민감하게 반응하는 데 반해, 지원은 이런 것들에 무감하다.

— 신 20에서 지원이 액자를 떼는 행위는 시간의 흐름에 따라 변화하는 삶의 모습을 상징적으로 보여준다.

— 신 21에서 정숙과 정원이 나누는 대화, '언제 왔어?' / '방금 왔어' 역시 시간에 대해 주인공이 강박적으로 매달리는 모습을 드러낸다. 그가 시한부 삶을 살고 있다는 사실을 알고 있는 관객으로서는 안타까울 수밖에 없다.

— 신 22에서, 정숙이 열무김치를 사흘 있다가 먹고 배추김치는 그냥 익혀 먹으라고 했더니 얼마나 익히냐고 하니까 사흘이라고 대답한다. 그럼 왜 진작 둘 다 사흘 뒤에 먹으라고 하지 않고 이런 식으로 말하게 했을까? 이것 역시 시간에 대한 강박적인 집착을 드러내기 위함이다.

— 이처럼, 그저 평범해 보이는 네 개의 신이 이어지는 동안 시간에 대한 긴장은 끊임없이 형성되고 고조된다.

275쪽 (1) 현실에서는 시간이 과거에서 미래로 일정한 속도로 진행된다. 하지만 영화에서는 영정 사진으로 디졸브되는 순간 시간이 정지한다. 그 다음 학교 운동장 신으로 이어지면서 시간은 미래의 한순간으로 점프한다. 그리고 다시 사진관 앞으로 와서는 현실 시간으로 이어지지만, 다림의 사진으로 클로즈업되면서 과거의 시간과 현재의 시간이 겹쳐지다가, 다시 다림의 모습으로 돌아오면서 현재의 시간으로 돌아온다. 하지만 그 위로 죽은 정원의 내레이션이 이어지면서, 현재의 시간과 '과거와 현재가 뒤섞인' 정원의 시간이 겹쳐진다.

(2) 현실 속에서 시간이 흘러간다는 것과 별도로, 다시 말해 시간이 가도 변치 않는 영원한 무엇인가가 존재한다는 메시지를 시각적으로 보여준다.

논술이 쉽다

이한상 지음

1판 1쇄 발행 / 2004. 10. 7.
1판 2쇄 발행 / 2005. 1. 25.

발행처 / Human & Books
발행인 / 하응백

등록번호 / 제2002-113호
등록일자 / 2003. 3. 27.

서울특별시 종로구 경운동 88 수운회관 1009호 우편번호 110-310
마케팅부 6327-3537, 편집부 6327-3535, 팩시밀리 6327-5353
이메일 / hbooks@empal.com

값은 표지에 있습니다.

ISBN 89-90287-50-2 43370